辽宁省精神文明建设指导委员会办公室
辽宁省作家协会 编

德润人心

北方联合出版传媒（集团）股份有限公司
春风文艺出版社
·沈阳·

图书在版编目（CIP）数据

德润人心 / 辽宁省精神文明建设指导委员会办公室，辽宁省作家协会编. — 沈阳：春风文艺出版社，2018.6（2021.1重印）
ISBN 978-7-5313-5339-3

Ⅰ.①德… Ⅱ.①辽… ②辽… Ⅲ.①精神文明建设—先进事迹—辽宁 Ⅳ.①D648

中国版本图书馆CIP数据核字（2017）第288051号

北方联合出版传媒（集团）股份有限公司
春风文艺出版社出版发行
http://www.chunfengwenyi.com
沈阳市和平区十一纬路25号　邮编：110003
永清县晔盛亚胶印有限公司印刷

责任编辑：韩　喆	责任校对：陈　杰　于文慧
装帧设计：琥珀视觉	幅面尺寸：155mm×230mm
印　张：18.5	字　数：285千字
版　次：2018年6月第1版	印　次：2021年1月第2次
书　号：ISBN 978-7-5313-5339-3	
定　价：45.00元	

版权专有　侵权必究　举报电话：024-23284391
如有质量问题，请拨打电话：024-23284384

PREFACE

"人无德不立,业无德不兴,国无德不威。"伟大的时代呼唤伟大的精神,崇高的事业需要榜样引领。

辽沈大地,英模辈出,是雷锋精神的发祥地。近年来,又涌现出了郭明义等一大批在全国有影响的道德模范,为全社会树立了榜样,成为引领时代风尚的鲜明旗帜。2017年1月,第七届省道德模范评选表彰活动拉开帷幕。各级文明委组织引导广大群众挖掘身边好人,推选道德典型,一批新的道德模范脱颖而出,全省共评选出23位道德模范。他们或充满爱心、助人为乐,或见义勇为、舍生忘死,或诚实守信、坚守正道,或敬业奉献、虔诚勤勉,或孝老爱亲、血脉情深。他们在平凡中展现道德力量,践行着社会主义核心价值观,汇聚起社会进步的精神动力。他们是道德之路的前行者,是我们这个时代的精神坐标。

习近平同志强调:人民有信仰,国家有力量,民族有希望。要在全社会大力弘扬和践行社会主义核心价值观,以培养担当民族复兴大任的时代新人为着眼点,强化教育引导、实践养成、制度保障,发挥社会主义核心价值观对国民教育、精神文明创建、精神文化产品创作生产传播的引领教育，把社会主义核心价值观融入社会发展各方面，转化为人们的情感认同和行为习惯。为了进一步礼赞和弘扬这些道德模范震撼人心的道德之美，集中诠释道德模范的精神价值，省文明办和省作家协会精心组织省内优秀作家，深入道德模范工作和生活一线，调研采访，精心创作，用精彩之笔，为时代放歌，生动地描绘和讲述了道德模范的鲜活动人的先进事迹，推出了《德润人心》。作家们在采访过程中深切地感到，这些道德模范来自百姓身边，他们的事迹犹如一股清风，温润和感染着我们每一个人。《德润人心》尊崇道德，畅行文明之风，净化人们心灵。我们要以榜样为引领，自觉践行社会主义核心价值观，汇聚全社会道德力量，为辽宁振兴发展，决胜全面建成小康社会目标，开启精神文明建设新征程。

编　者

目录

平凡中的伟大　黄　瑞　　　　　　　　　　　/ 001

大爱，从他的爱心工作室延伸　周以纯　孟　军　/ 014

爱聚成海　王重旭　　　　　　　　　　　　　/ 026

灵魂中升起的歌　姜宏敏　　　　　　　　　　/ 037

清贫的富奶奶和她生命的高地　刘学飞　刘树声　/ 049

遥知不是雪，为有暗香来　宋晓杰　　　　　　/ 061

走近周玉祥　商国华　　　　　　　　　　　　/ 072

六月花儿香　肖显志　　　　　　　　　　　　/ 083

黄嘉旺：见义勇为永葆军人本色　郭宏文　　　/ 096

补天的女人　冯　璇　　　　　　　　　　　　/ 107

底线守卫者　韩文鑫　　　　　　　　　　　　/ 119

苏广林：宁愿一身脏，换来万人洁　刘国强　　/ 132

目录

动车守护神　庞滟　　　　　　　　　　　　／144

单手"爸爸"朱振峰：一切为了孩子　潘　洗　／156

爱的图腾　张笃德　　　　　　　　　　　　／168

我永远是一个兵　张　力　　　　　　　　　／181

无倦苍鹰　张国梁　　　　　　　　　　　　／194

大爱筑起美丽乡村　钟素艳　　　　　　　　／207

我愿意　卜庆祥　　　　　　　　　　　　　／220

这里有个最美的家　祁　顶　　　　　　　　／236

朴实善良的苹果树　翟营文　　　　　　　　／249

青青子衿，悠悠我心　李大葆　　　　　　　／262

风雨中的玫瑰　邱玉超　　　　　　　　　　／278

平凡中的伟大

——记辽宁省道德模范、全国特级优秀人民警察邢泮林

黄 瑞

三次救人

邢泮林记不清自己是怎么昏迷的。身边的护士，静静的点滴架，白色门帘上的鲜红十字，这才让他想起来医院的事情。明明是来送人的，自己怎么躺在了病床上？他急忙问身边的护士："受伤的人怎么样啦？我怎么在这里？"护士说："你还问受伤的人，你都把人吓死啦。你把受伤的人送到七楼手术室，你就昏迷了。你别急了，受伤的人还在手术台上，手术马上结束。医生说你送得及时，不然就不好说了。"

邢泮林想起来了。

下午一点，他刚到丹大高速瓦窑口的执勤点上就接到了报警，距执勤点两公里外，一辆货车发生了事故。他赶到现场时，看见货车已经九十度侧翻。司机从翻到上面的右侧车门艰难地爬了出来，但右手和右手腕已是鲜血直流。邢泮林急忙从车上取下毛巾，系在

伤者胳膊上，可血还是止不住。他又急忙解下伤者的一根鞋带系住伤者胳膊，流血才缓解了。他把事故现场交代给后来赶到的民警，急忙开车送伤者去医院。

正值"五一"假期，又是非典肆虐的时期，邢泮林赶到第一家医院时，医院竟无医务人员值班，急得他赶紧扶着伤者回到车上，去找第二家医院。这时，车上的伤者说："警察同志，我好冷啊！想睡觉啊！"有经验的邢泮林判断，这是流血过多的表现，就对伤者说："你要挺住，千万不能睡啊，马上到医院了。"赶到第二家医院时，伤者已不能走路了。邢泮林只好背起伤者，赶往急诊室。可是，医院里还是没有医生在现场。他背着伤者，只好又回到车里，寻找下一家医院。邢泮林原本想，就是给伤者止血，找一家医院就可以了，所以没直接找大医院。谁知两家小医院在特殊的非典时期竟无人值守。

第三家医院到了，他背起伤者就进了医院的大厅。可大厅里空空的，没有几个人影。他急得不行，大声喊道："人都快不行了，怎么还没有医生啊？"幸亏这家医院接纳了伤者。要看病，挂号、诊疗、交钱、签字，这才能手术。邢泮林没一丝犹豫，他也不敢犹豫，他怕意外发生。此时警察的角色变成了伤者家属的角色，以家属的身份交了三千元钱押金，还在手术单上签了字……手续迅速办完，邢泮林背起伤者，送进电梯。

此时，伤者已经不能言语，两只眼睛似睁似闭着。电梯门打开了，位于七楼的手术室到了，而此刻的邢泮林却休克了。着急、上火、劳累、生气，邢泮林倒在了电梯里。医生们一边对伤者及时手术，一边为邢泮林进行紧急救治。

清醒了的邢泮林，急忙走出房间来到手术室门口，他还在担心伤者。一个小时后，伤者手术完毕。见到邢泮林后，几乎要给邢泮林跪下，邢泮林扶住了他。伤者说："是你救了我的命啊！"医生给他手术时，他似乎听到医生说："这个人，再晚送一会儿就完了，身上的血都快没了。"

伤者是丹东人，因疲劳驾驶，发生事故。一个月后，伤者两口子特意从丹东来到大连感谢邢泮林。两口子拿出两千元钱，邢泮林笑了笑，给推了回去；拿了一面锦旗，邢泮林也劝他们收回去。带着深深的谢意，他们离开恩人邢泮林后，悄悄地走进了《大连日报》社。

第二天，邢泮林救人的故事，传遍了大连的大街小巷。

看到报纸，邢泮林笑了笑。他没想到，这个事故的伤者这么认真。自己这样做，是职责所在，也是良心所在。要是为了报道，四年前那个事故的救人过程要比这次惊险得多。

回想起来，他自己都有点儿后怕。

1999年的阳春三月，沉寂了一冬的公路边的花花草草，借着初春的暖阳，拼命地伸展着腰身。田野里三三两两的农民，开始整理自己的田地。

此时，邢泮林和一名同事开着巡逻车，正在丹大公路上巡逻。突然手机响了，传来了指挥部的命令，让他们赶往登沙河附近的一处路段，在公路的跨线桥下，发生了一起严重的交通事故。

赶到现场附近时，出事的车已经冒起了浓烟。在离事故现场五十米的地方，邢泮林把车停下，跑步赶到出事地点。隔着路障，路边已聚集了十几个焦急的农民。事故现场，一辆捷达小轿车撞在了跨线桥的桥墩子上，车的前体已严重受损，正呼呼地冒着热气和浓烟；驾驶员位置上，一名女司机已经昏迷；右手边的门下，一名男子坐在地上，因受了重伤不能动弹，在痛苦地呻吟着。

看到现状，邢泮林意识到，意外会马上发生，要赶快救人。因为他从车的右侧过来，顺势把右侧车下的男子抱起，冲向安全地带。他抱起男子时，车子已经起了明火，而男子的身上也着火了。邢泮林没想更多，放下男子后，又反身奔向车子左侧去救女司机。

这时，车子上的火势已明显增大。看到邢泮林返回，旁边的群众急得大声喊道："车要爆炸了，危险！别上了……"邢泮林听到这，更是心急如焚，如果车子爆炸了，那名女司机必死无疑。一步、两步、三步，邢泮林冒着可能死亡的危险冲向起火的车子。群众仍在呼喊着："别上了，要爆炸了！"

邢泮林拉开车门，抱起女司机，拼命地往外冲，一秒、两秒、三秒、五秒……刚刚跑出危险区，只听轰的一声，车子爆炸了！一股强大的气流冲倒了邢泮林。女司机得救了，掌声和喊声又一次响起。

男子得救了，女司机得救了，没有邢泮林的勇敢，没有邢泮林的舍生忘死的相救，后果不堪设想！

事后得知，这是一对夫妻，妻子因刚拿到驾驶证，就想在公路上行驶一下，在超一辆大车时，发生了事故。

邢泮林摆脱危险后，把现场交给了同事处理，他又开车把伤者送往大连长春路医院，并给伤者的家人打了电话。一切安排好后，邢泮林悄悄地离开了。

邢泮林的理想里，没有当英雄的概念，但做个好人的想法，从他幼年时起，就扎根在了心里。

他还小的时候，爸爸被错误地划成"右派"，下放到了旅顺水师营子镇前夹山村。爸爸水性好，又爱游泳，每到夏季就经常带邢泮林去村子附近的小水库里洗澡，一来二去也教会了邢泮林游泳。

妈妈虽然是家庭妇女，但为人十分善良。每当左邻右舍青黄不接的时候，妈妈总是拿出自己家的余粮来接济大家。就是借也是鼓出盆口借出，平盆收回。她还经常对小泮林说："长大了，你要做个好人，不做坏人。尽自己的能力去帮助别人。"妈妈的言行，默默地影响着年幼的邢泮林。

上小学一年级的时候，放暑假时，村里的小朋友们都来小水库洗澡玩耍。他班里一个女同学的小姐姐也来水库洗澡，结果发生了意外。

那天小姐姐游着游着就游不动了，想站起来，脚底下却没有底了，一时间蒙了，开始上下扑腾。刚开始时，邢泮林还以为小姐姐是在玩水，可再看，小姐姐不是在玩水，是要被水淹了。这时，一些小伙伴也发现了，一个个大呼小叫着："淹着了，淹着了！"可只是喊叫，没有人敢上前去救。

小泮林见此情景，不顾一切地向小姐姐游去。游到小姐姐身边后,他本想从后面往边上推小姐姐,没想到,小姐姐一下子抓住他,还顺势骑在了他的脖子上。小泮林游不起来了,只能爬着往前走。但他知道,如果此时把小姐姐从肩上推下去,小姐姐呛一口水就完了。小泮林憋着气,使劲往前爬着。他记得离岸边不远,就使出浑身的劲。看见有人救小姐姐了,又有几个小伙伴也来帮忙。好在离岸不远,在小伙伴们的帮助下,小姐姐被救了。从此小泮林也在小伙伴们的心中成了小英雄。

事后,小泮林回家没敢说,是小姐姐的家人领着孩子过来感谢,妈妈才知道了这件事。小姐姐一家走后,妈妈拉住小泮林说:"孩子,你吓死妈妈啦!"小泮林问妈妈:"妈妈你不怪我吧?"妈妈说:"妈妈不怪你,可往后遇到这样的事,前提是要保证自己的安全哪!"

忠于职守

邢泮林的三次救人不是偶然的,他能被评为辽宁省道德模范、全国特级优秀人民警察,更不是偶然的。从他参加工作那天起,他就忠于职守,默默奉献,有着与常人不一样的人生轨迹。

邢泮林高中毕业后,1982年参军入伍了,进入了军队的大熔炉。三年的部队生活教育了他,锻炼了他,也为他的人生打下了基础。而从小受知识分子爸爸的熏陶,纯朴善良妈妈的教育,加上工作后,头顶警徽的闪耀,这些正能量的影响,让邢泮林有了与众不同的人生道路。

1985年邢泮林回到地方,进入大连市运输公司保卫科工作,之后进入交通局公安处、高速公路管理处工作。他与警徽有缘,2006年,交通公安改制,他成了一名人民警察。这一年他被调入大连市公安局公共交通治安管理支队五大队岗勤中队。

干一行爱一行钻一行,或许是模范人物的基本准则。

岗勤中队,主要管理大连北岗桥汽车站。这里人流聚集,最多时每天要有六七千人出入。旅客多人员杂,小偷掏包一度猖獗,让旅客们防不胜防。邢泮林的办公室就在大厅的二楼,站在二楼办公室的门口,大厅一览无余。那时他想,绝不能再让小偷猖獗了,要还旅客们一个安全的旅行环境。到岗不久,他开始每天穿着警装,不停地在大厅中行走。没有特殊情况,每天要走五六个小时。这对小偷而言,是一种震慑,一种警威;对旅客是一种安全,一种放心。三个月后,北岗桥车站,小偷掏包现象基本不见了,这在全国公路车站是少见的。邢泮林的工作,得到了领导们的好评。

那时,北岗桥客运站,每天要有近五百辆车在线上,旅客丢或落东西的情况经常发生。那时,车辆和人员都没有建立档案,查找起来极不方便。邢泮林想,如果把档案建起来,再有发生丢落行为,查找就会方便。从2007年春天开始,他一个人开始建立档案工作。一辆车要建立三到四份档案,因为一辆车同时要有三到四个人在岗。车号、车型、车与人员照片、联系方式、身份证号,有时一辆车的档案他就要忙一天。他不分白天黑夜地足足忙了一年,才把出入北岗桥的车辆档案建完。这项工作的完成,给旅客带来了福音。丢失物品的旅客一报车号,开车的司机,跟车的人员,马上一清二楚。这给邢泮林增加了工作量的同时,也给他的工作带来了成绩。"丢东西了,别怕,找邢警官,保准给你找回来!"这是在北岗桥开出租车的司机们经常对丢失东西的旅客们说的话。

邢泮林在北岗桥汽车站工作了十二个年头,他帮助旅客找回的钱物,折合人民币一千多万元。

2013年4月,一辆从双塔镇开往大连的客车上,一名旅客从后盐下车,把装有给母亲看病的三万元的大信封落在了车上。母亲看病他心急,朋友来后盐接他,就把装钱的信封丢在了车上。等他想起时,客车早就到达终点站大连北岗桥站了,旅客急忙赶到北岗桥站寻找那辆车。找了一个小时,车也没找到。这可急坏了旅客。从后盐到北岗桥,上上下下的客人很多,真的很难办了!就在旅客没有办法时,有人建议丢钱的旅客:"快去找邢警官吧,他能帮你找回来。"

旅客找到邢泮林后,报告了所坐车的线路和时间及丢失的钱款数量。三万元是个大数，况且还是治病的钱。邢泮林听完后，安慰旅客几句后就开始工作。他根据线路和时间，不一会儿就找了停在车场外边的那辆客车和司机。邢泮林询问后，司机说："我没有看见，上下旅客有几拨，说不定被谁捡走了。"

但是，邢泮林在询问司机的过程中发现了疑点。一是司机与他对话时，目光游移，不敢与他对视；二是司机说，跟车的乘务员就是车主。司机还说："反正我是没看见，再不你问问车主吧。"已是中午十二点了，邢泮林不顾休息，又急忙调取车主信息。

电话通了，可车主一口咬定没看见。跟在邢泮林身边丢钱的旅客此时也泄气了，他说："也可能被别人捡走了，算了吧邢警官，别再难为人家了。"按常理当事人都放弃了，办事人还认什么真呢？邢泮林像没听见一样，继续与车主沟通。因为与车主沟通时，在一个小环节里，邢泮林又看出了破绽。他让车主回来，当面讲清，可车主就是不同意回来。正常情况下，为了证明自己的清白，都会回来讲清楚的。有了司机游移的目光，有了车主不想澄清自己的心态，邢泮林更加坚定，这丢失的三万元钱，与车主一定有关系。

邢泮林与车主说："如果你不回来说清情况，下午两点的发车，你就不能动车，车要扣留。"同时，邢泮林还耐心地宣讲法律知识，告诉车主，捡的还回来，你是有功的；捡的私藏起来，破了案，你就犯法了。邢泮林说到这时，那边的车主不言语了，很长时间后又说："等等，我看一下，我那个装东西的大口袋里混没混进来。"一分钟后，车主开口说，"对不起了邢警官，是我装错了，没细看。我马上赶过去。"

三万元失而复得，丢钱的旅客千恩万谢。他拿出五百元钱给邢泮林，邢泮林笑了："快给你老娘治病去吧，老人家正急着呢。"

2014年的春天。这一天本应是山东来连旅客刘女士快乐的一天。与同学们相约，他们要在长兴岛聚会。十几年二十几年不见的同学，马上就能见面了，怎么能不叫她快乐呢！况且她身居国外，这样的机会实在难得。

早晨，她很早就起床了，收拾好随身物品就到西岗区政府门前打车，要赶往北岗桥车站，去坐开往长兴岛的客车。

也许只顾高兴了，刘女士下车时，放在后备厢里的一个袋子忘记拿出来，直到进站排队上车时，才突然想起那个袋子。她的脑袋嗡的一下，几乎空白了。那个袋子里装有一万多元人民币，还有价值两万多元的贵重物品，最关键的是，她的护照在里边。签证的日期已经快到了，她就要返回英国，没有护照，麻烦大啦。刘女士因此万分着急。

身边的人问明白原因后，马上建议说："快去找邢警官，他一定能帮你找回来。"刘女士在别人的指引下，找到了邢泮林，她说明了情况，并表达了自己急切的心情。邢泮林一边安慰刘女士，一边开始工作。

从刘女士乘车的时间、车的颜色以及车行走的线路，邢泮林一步步地开始调看到北岗桥站出租车的视频。从上午九点报案开始调看，一直看到下午五点，也没找到那辆出租车。看到邢泮林劳累的面容，刘女士不好意思再继续查找了，她对邢泮林说："邢警官，你尽力了，就算了吧。回国护照我自己想办法吧。"这中间，刘女士给在英国的丈夫打了电话，告诉他丢东西的事。丈夫是英国人，他安慰妻子说，不要上火，不要给中国警察添麻烦了，护照他找英国大使馆解决。

邢泮林不甘心，仍继续查找。按刘女士提供的时间，他把时间往前提了半个小时。又把这半个小时开进北岗桥车站的所有黄色出租车调看一遍。突然在车站大门口的拐角处，一辆黄色出租车被刘女士认了出来。"好像就是这辆！司机有点儿秃头。"

紧接着，邢泮林通过各种信息联系上了这辆车的司机。可是司机一口咬定车上没有乘客落下的东西。有着寻找经验的邢泮林，此时软硬都使出来了。他一方面做司机工作，一方面讲法律："你捡到东西还给人家，这可给咱大连人都争光了；你要是不给，不但丢了大连人的脸面，你还会受到法律的制裁。"最重要的是，邢泮林告诉这位司机，他从大连的"天眼"中查到了他的车，乘客从哪里上的,放车上什么东西了,又从哪里下的,东西落在了车上。而出租车一天的行车轨迹都查看了,东西还在后备厢。

最后,邢泮林让出租车司机三思,别一念之差成了罪人。

在邢泮林强大的心理攻势面前,出租车司机终于承认了错误,说东西还在他的车上。

丢失物品送回来时,已是晚上七点钟了。刘女士要请邢泮林吃晚饭,被邢泮林谢绝了。刘女士说:"我都放弃了,没想到你为了一个互不相识的人,这么用心查找,真的太感动了。咱们中国警察真是好样的。"

刘女士的贵重物品失而复得,让她高兴万分。回到英国后,她给大连市公安局局长写了封信,热情洋溢地表扬了邢泮林,信中说:"都说英国警察是全世界最好的,但与中国警察比起来,还是中国警察更棒。"

爱心之旅

生活是一种惯性,做事是一种习惯。邢泮林的助人为乐,邢泮林的细微善举,是从小就养成的一种习惯。人的每一种行为一旦成为习惯,或许很难改变。

2012年,邢泮林加入了大连一个"爱心传递"微信群。由一个人的行为,变成有组织者的行为,他很开心。这年12月,他首先在群里发出倡议,救助流浪三无人员。因为他工作的车站,经常有流浪的三无人员出现。夏天是这些人好过的季节,可一到冬天这些人就难了。除了车站,他和群友们还把这一救助活动扩展到了社会中。群友们每人捐出一百元钱,集中购买棉大衣和棉被,两件物品为一套,送给在外面的三无流浪人员。

这个冬天是大连最寒冷的冬天。这个时候如果有流浪人员在外面过夜,就会发生不良后果。

一天夜里,当一场小雨变成小雪后,室外气温已降到零下。邢泮林与两个群友分为一组,开着车在大连四处寻找着。夜里十点多的时候，他们在解放广场马栏河边的一处花坛边上，发现一个流浪人员躺在地上。他身下只有一张地板革，身上盖着一块薄薄的毡子。看到他时，身上的毡子已经结冰了，脚上穿着一双单鞋，一个旧毡帽子扣在头上，叫起他时身子还在发抖。邢泮林马上拿起一件棉大衣，给他披上，又拿出一条棉被让他铺上。

这之后，他们又马上打了110，属地民警来了，救助站的人员来了，120医务人员也来了。检查完身体，这个人被大连救助站接走了。临走前，救助站的人对邢泮林说："今天要是没有你们，说不定，这个人今天夜里就冻死了！"

一周后，邢泮林与群友又在大连的高尔基路边，发现一个五十多岁的流浪汉。这个人是大连的，母亲早已去世；父亲与继母结婚不久，父亲也去世了。继母把房子卖了，把房款的一半给了他。他干临时工时，把脚砸了，老板就不用他了。不久手里的钱花没了，他成了流浪汉，开始夜宿街头。

邢泮林找到他的户籍所在地，与民警和社区沟通后，给他租了房，还办了低保。可不长时间，他又跑了出来，也又一次被邢泮林找到了，并告诉他说："别再跑了，再跑就没有人管了。"邢泮林又一次找到社区，还找到街道，并给他办成了一个廉租房，租金街道可以给他报销，低保费可用来生活。

他有家了，不用夜宿街头了，常常笑嘻嘻地对人说："有家了，邢警官帮的。"

2013年，邢泮林又与朋友们成立一个"你献血我服务"慈善活动项目。这个项目的起因很简单，邢泮林想献血，可一体检才发现，除血压偏高外，他还有心脏病。后来得知，那次昏迷在电梯里，就是心脏病导致的。

他想，不能献血了，我就为献血的人服务吧！所以他组织了一个"你献血我服务"爱心车队。成立四年多来，他先后拉了一千多人次。别人节假日都在休息，他却相反，越是节假日他越忙。十几年来，他很少有休息的时候。

从2010年开始，他为农民工义务送车票，至今坚持了七年，先后送出车票六百六十八张。

从2013年开始,每个周日的上午他要接送献血的人,下午他要去大连"久久养老院",那里的老人们,早都把他当成自己的亲人了。春天种地,秋天秋收,养老院的房前屋后少不了他的身影;雷打不动的每周日去给老人们包饺子,一次他也不落。

特别是大年初三与老人们的团圆饭,十年来,他也没落过一次。他们找个饭店,把敬老院的老人们,还有社会上照顾的残疾人,接到一起吃过年饭。看着老人们高兴他就高兴,忙前忙后,有时连饭都吃不上,这边他刚端上饭碗,那边又有老人需要往回送了。

2014年,邢泮林得到一个信息,瓦房店一名农村妇女要给孩子看病,为了省钱,竟背着萝卜白菜到北京自己做饭。她生的第一个孩子得了脑瘫,她想再生一个孩子,用第二个孩子的骨髓来治第一个孩子的病。可没想到第二个孩子一出生又患有脑瘫。艰难的生活中,她又度过九年。医生说,老二九岁了,是手术的最佳时期,再晚就不好治了。于是她让当农民的丈夫在家照顾老大,她带着老二到北京手术治疗,可是一到北京才知道,她带的钱不够手术费。

邢泮林得知消息后,自己先捐了两千元,还与群里的群友们发起了捐助活动,众人拾柴火焰高,最后给这位妇女捐助了五万多元,孩子进行了手术。手术前,孩子不能行走,手术后孩子扶着墙已经能行走了。为了让孩子进一步康复,这位农村妇女又带着孩子来到大连,让孩子一边读书,一边康复治疗。秋季开学的时候,邢泮林又给孩子送去五百元钱和一个新书包,感动得这位妇女不知说什么好。

邢泮林这样助人行善的小事,谁也记不清有多少件,说不清多少起了。但是他长期帮助一位残疾人的情景,大连东关街的居民清晰地记在了心里。

2009年,邢泮林得到了一个消息。大连东关街附近,有一位残疾人叫任荣璋。先前不残疾的时候,得知自己得了"肌无力"病,为了不给未来的女人找麻烦,拖累人家,他决定不找对象。这个善

良的决定，也证明他是个善良的人。后来他的病严重了，成了残疾人。

邢泮林决定照顾他。

第一次到他家的时候，邢泮林看到，木制的窗户几乎腐烂，墙上处处是霉点，厨房的天棚都成了黑色。邢泮林没说什么，先是推着他到澡堂给他洗了澡，又到理发馆给他理了发。当时任荣璋想，这就是做个样子，也曾经有人这样帮过他，一两次后，再也没影了。让他没想到的是，邢泮林到现在已经照顾他八年了，还在照顾！

第二天是双休日，邢泮林又来了，还把他的连襟也找来了。他们用塑钢窗换掉了旧木窗，厨房的天棚上了新扣板，还把地窖用水泥重新砌上了。两天下来，任荣璋的家彻底换了模样，从无笑容的他，脸上也布满了笑意。邢泮林为了这个新环境，自掏了三千元钱。看着那张开心的笑脸，邢泮林也笑了。

从这个夏天开始，邢泮林每个月陪任荣璋洗两次澡，雷打不动已经八年了。从他家到澡堂，有一公里的路程。长期在屋子里的任荣璋，每次都要求邢泮林推着他去，不能开车。看着外面的风景，他很开心。为此，哪怕夏天再热、冬天再冷，邢泮林也不吱声。每次洗澡，门票都是邢泮林掏钱买，为了省钱，邢泮林还要给他搓澡。钱还是小事，可他身体不便，里里外外折腾时，还得邢泮林背着。一百四十多斤的体重压在身上，应是什么样的感觉？

澡堂的人原来以为他们是亲兄弟，经常说："看看人家兄弟俩，世上少有啊！"邢泮林小他五岁，加上长期的、细心的照顾，不是亲兄弟，还能是别人吗？

任荣璋也真的把邢泮林当成亲人了，每当他突发病症时，总第一时间给邢泮林打电话。一次夜里十一点的时候，邢泮林突然接到他的电话，他说心里憋得慌，要上医院。邢泮林接完电话二话没说，开车赶来了。送到医院检查没大事后，又送回家去，完事了天都大亮了。这样的夜晚有多少次，邢泮林也记不清。

做人难，做好人更难。这是邢泮林亲身的感受。他做的事不被别人理解是常有的事。他说："好在我的妻子孩子理解。我要感谢妻子和孩子，她们理解我，不干涉我。我家不富裕，我拿钱往外捐，她不反对；我把时间都用在了别人身上，也不反对。妻子和孩子都说，我快乐了，她们就高兴。其实，我所有的荣誉都应该是她们的！"

是啊，邢泮林的荣誉很多，他也无愧于这些荣誉。他先后获得了马天民式好民警、中国好人、大连首届最美警察、辽宁十佳最美政法干部、辽宁省道德模范、全国特级优秀人民警察等光荣称号。

走到今天，他无怨无悔。他说，助人行善已成了习惯，哪怕看到路上有块石头，都想停车捡走它，看到有残疾人就想去帮助他。

希望我们都有这种习惯吧！

黄瑞，大连市作协副主席，东北作家网总编，报告文学作家，辽宁文学奖得主。

大爱,从他的爱心工作室延伸

——记辽宁省第七届道德模范,鞍钢矿渣开发公司职工孙宝江

周以纯 孟 军

我们听过很多工作室的名字,科研上的叫"创新""创业",学术、艺术上的叫"创意""策划",等等。有一个工作室,名字却叫"爱心"。

就是这样一个爱心工作室,延伸出许多感人至深的故事,这是让人们永远为之感叹、为之落泪的大爱的故事。

这个爱心工作室的主人,就是鞍钢矿渣开发公司职工孙宝江。

他,立足岗位,用真情浇灌着对祖国、对岗位、对工友们的大爱。他,无私奉献,乐于助人,时刻不忘传承大爱的情怀。他坚持二十年如一日,为厂里、社会献爱心。2013年以来先后荣获辽宁省劳动模范、鞍钢楷模、辽宁省服务群众好党员、中国网事·感动辽

宁人物、辽宁好人、第五届鞍山市道德模范、最美鞍山人、最美慈善义工、学雷锋学郭明义先进个人、鞍钢优秀共产党员、辽宁省第七届道德模范等多个荣誉称号。

厂区：爱心工作室

2016年10月，一个不平凡的日子。

这天，鞍钢矿渣开发公司党政工领导前来祝贺。党委书记张凯紧紧地握住孙宝江的手说："宝江，今天是'孙宝江爱心工作室'成立的日子。希望你在这个平台上更好地发挥作用，为企业创造更大的效益做贡献。"

"有了矿渣党委的支持，我会利用好这个平台，努力工作。"

爱心工作室里，雪白的墙壁上挂着孙宝江和当代活雷锋郭明义的照片，厂领导关心支持他工作以及他在各个地方做好事的照片，每一张照片都是一个感人的故事。

"崇德向善济危难，送炭严冬年复年……"是啊，在孙宝江的心里，早在二十年前，就有一个充满爱心的工作室了。

孙宝江做公益活动要追溯到二十年前，那时就经常为街坊邻居做好事。后来在郭明义的影响下，孙宝江担任起郭明义爱心团队铁西区繁荣街道虹桥社区分队队长。孙宝江做爱心公益活动渐渐被社会认可，名声也越来越大。

孙宝江现在是鞍钢矿渣开发公司矿渣作业区翻罐工。在到矿渣作业区当翻罐工之前，孙宝江在其他几个岗位都干过。这阶段中一个问题被党委书记张凯发现了，一名有大爱之心的职工做公益，无疑是大好事，但是作为一名国有大型企业的职工，如何处理好本职工作和为社会献爱心的关系呢？有一段时期，孙宝江因为经常在社会做公益，难免耽误本职工作，往往在职工中威望并不太高，党员测评也因此经常落在后面。张凯书记过去干过设备经理，是一位观察问题很细致的厂领导，就多次找孙宝江谈心，和他共同探讨如何处理好本职工作和献爱心的关系。孙宝江听着张书记语重心长的话语，深深地被感动了，从而更加明确了在做好本职工作的同时，如何做好公益活动的目的和方向。

张凯书记经过和党政领导研究，对"爱心工作室"今后的发展方向达成了共识，即成为具有思想建设、倾注爱心、精准帮扶、环境保护、安全培训等方面功能的职工凝心聚力的大爱平台。在这个平台上，不仅仅引导职工心存大爱，崇德向善，更要引导职工在干好本职工作的基础上，综合素质不断得到提升，让大爱之心进而向全社会辐射、延伸，促进整个社会功能的逐渐完善，进步发展。

领导的关爱，工友们的信任，使孙宝江更加明确了作为一名国企职工如何处理好本职工作和献爱心之间的关系，方向明确，大爱之路更加温馨广阔！

就这样，"孙宝江爱心工作室"，在新的历史时期，把职工的心紧紧连在一起，把真情像网络一样不断辐射传递！

矿渣作业区甲班班组职工休息室的对面有一个三百多平方米的果园子，这里栽种着李子、桃、樱桃等二十多种果树。还有两处花圃，里面种满了月季花。

在满目灰蒙蒙的矿渣山上有这样的花园，就成了班组职工休息的世外桃源。

然而，在孙宝江来之前，由于没人侍弄，园子被荒草占据，很多果木已经枯死。

孙宝江调来后，一有空，就一个人往园子里钻，割杂草，修台阶，砌围栏……他又自掏腰包，花了一千多元买来树苗、花种，重新进行了补种。

如今这里果实飘香。孙宝江也成为职工们休闲时调侃的新话题。职工称这里为"爱心花园"。

园中还有另一道独特的"风景"——钢三道爱心厕所。

由于翻罐岗位属于露天作业，作业现场无法接水管，职工上厕所一直是难题。作业区曾经为各条渣道设立一个定点大便桶。可由于风吹、日晒、雨淋，"方便"变成了"麻烦"，谁也不愿意去。于是很多人就自找方便，甚至到果园里解决。孙宝江看在眼里急在心上，他四处查看，选定在果园入口的对面处，依坡建个旱厕。他把想法和爱心联队的队友说明后，大家投入到建设中，经过紧张的忙碌，利用四天时间，"钢三道爱心厕所"建成了。职工解决了难题，又可为果园施肥，形成了绿色生态。

孙宝江说，成立爱心工作室，就要设身处地为职工着想，"即使事再小，只要为职工好，也要去做。"

孙宝江发现职工休息室桌子因年久失修，桌面瓷砖已残缺不全，职工放水杯、饭盒等都得拿张报纸垫着。几天后，孙宝江自己花钱买来瓷砖，要来了水泥，与工友们利用一个上午的空余时间就铺好了新桌面。

孙宝江深深体会到企业和党组织的关怀和帮助，把从事爱心公益事业的立足点扎根在基层，并从中发现发掘新的突破口，从单一的捐款救助活动向深层次的企业安全文化及职工健康理念等方面延展。

在他的感召和影响下，"孙宝江爱心工作室"充分发挥典型引领的示范作用，凝聚力量，传递爱心，为和谐企业的振兴发展，提供了强大的精神动力。工作室得到越来越多人的认可，并有越来越多的职工加入其中。

为了建立职工救助扶贫工作体系，孙宝江把困难职工自然状况材料拿到家里连夜整理。在灯光下，孙宝江仔细审查着公司一百二十名困难职工的家庭状况、实际收入、致困原因、思想状况等，一一整理归档。

为了搞好精准扶贫工作，孙宝江利用工余时间对困难职工实际摸底。目的是让所有职工看得起病、子女上得起学、家庭生活有保障。

在摸底排查中，工友李海龙的名字映入眼帘，孙宝江决定到李海龙家看看。一进门，李海龙儿子常年卧病在床的事实得到了验证。孩子才十六岁，由于楼层高，没下过几次楼。孩子总是趴在窗台上看着窗外花开，看伙伴嬉戏。孙宝江与李海龙聊了起来。

"我也不想让儿子成为笼中鸟，每日看着他可怜巴巴的样子，我……可实在没法子。我也想过换个楼层低点儿的房子，可每月就我一个人有限的工资收入，支付儿子的医疗费都困难，哪有钱买房啊。"

"我们志愿者可以背孩子下楼，然后推他走。"孙宝江了解情况后果断地说道。李海龙的双眼湿润了。

从那以后，李海龙的儿子可以晒到温暖的阳光了，天真的笑容里，是幸福的味道。

孙宝江心里装着单位的事，他把单位的事放在首位，把工友的事当成自己的事。因为，单位是家，工友就是自家的兄弟。

2009年，品学兼优的阳光女孩雨含考入辽宁科技大学，一家人沉浸在轻松与喜悦中。

2010年刚过完新年，孙宝江的工友石红艳发现女儿雨含不对劲，头痛、呕吐，视力还迅速下降，结果被查出患上尿毒症，随着症状的加重，雨含的心脏也有些衰竭。如果不及时治疗，将危及生命。

为女儿治病，从此，石红艳一家人踏上了漫漫的求医旅途。沈阳、北京……每次听到一个能治病的消息，石红艳都会满怀希望地前去，可是又失望而回，然后继续无休止地奔波，这个原本普通幸福的家庭开始摇摇欲坠。刚刚借的八万块钱很快就花光了，为了给女儿治病只能卖房子了。高额的医药费用，让石红艳一家人一筹莫展。

人没有过不去的坎！

在矿渣公司党委和孙宝江的帮助下，立即组织开展了"拯救阳光女孩"捐款活动，孙宝江自己从工资中拿出两千元钱捐给了雨含，矿渣公司爱心团队、团委、石红艳原所在的钢渣作业区共筹集善款五万元。孙宝江还联合"郭明义爱心团队"其他队员筹集八万余元善款。经过多方努力，矿渣公司与孙宝江先后组织爱心人士为雨含捐款三十余万元，筹足了手术需要的费用。换肾手术成功了！这是国内很少见的成功换肾手术！爱心挽救了一个雨含，拯救了一个幸福家庭。

如今雨含已经结婚成家，拥有了幸福的家庭。为回报社会，雨含也加入了"郭明义爱心团队"，她想把这些关心与祝福回报给他人。雨含母女同时签署了捐献遗体志愿书；在鞍山火车站进行公益宣传，慰问孤寡老人；捐款挽救海城先天心脏病三胞胎；为白血病男孩朱建赫捐款、义卖……

这是一场爱心接力，雨含在孙宝江的感染下，在投身公益活动的道路上执着前行。

这种大爱，是爱岗敬业，是无私奉献，是助人为乐……

爱心给人幸福，爱心给人欢乐！爱心在"爱心工作室"延续……

社区：爱心花园

2009年8月，孙宝江的家搬到了虹桥社区。刚到这里时，社区卫生脏乱差，垃圾四处飘舞，常年堆积的脏物无人清理，一到夏季就散发着刺鼻的臭味，走到这里的人们恨不得插上双翅飞越而过。

见到这些，孙宝江再也坐不住了。在卧室里独自面对白色的墙壁，孙宝江想起了父亲说过的一句话：宝江，无论在哪儿，做什么，只要对大家有利的事，都值得一干。

翌日，孙宝江这个陌生而又忙碌的身影频繁地出现在社区的街道和巷口处。休息日、工余时间，他开始一个人默默无闻地清理社区街道的垃圾。

又是一个炎炎夏日，他顶着三十多摄氏度的高温，在烈日下从早晨一直忙碌到中午，他不顾垃圾刺鼻的味道，一点点、一块块地清理。邻里们见到了他劳动的身影，偶尔会投来异样的目光。

"这个人在作秀吧。"路过的小两口嘀咕着。

孙宝江听到声音没有抬头，滑落到地面的汗珠瞬间被蒸发。他擦把汗，揉着发涩的双眼，拿起铁锹继续清扫马路边的垃圾。累了就在原地直直腰，渴了就买瓶矿泉水。一来二去，邻里们异样的目光没了，不理解的言辞少了。因为社区环境的改善，大家都受了益。行动是有感染力的，一个好汉三个帮，在孙宝江的带动下，渐渐地有居民自愿加入到孙宝江的爱心行动中来，献爱心的人多了，为大家服务的队伍壮大了，街道的卫生环境发生了翻天覆地的变化。傍晚，出来散步的人多了，三五成群一起聊天的人多了，认可孙宝江的人多了。

在他行动的感召下，从一个到三个，从三个到五个，逐渐召集起二十多个居民，组织成立了爱心志愿者小分队。大家一起动手收拾卫生，栽花种草，改善小区环境。冬天下雪时还组织居民清扫残雪，保持甬路清洁畅通，方便居民出行。

如今的孙宝江是铁西虹桥社区居民的当家人，身为社区第一书记，孙宝江义不容辞地担当着。在居民心中，孙宝江就是一个大管家。

酷夏。闷热难耐。上午九点多钟，虹桥社区里的男女老少走出家门，大家齐动手，推车的推车，搬运的搬运，清扫的清扫……

"小胡，你看，你家的缸又占楼道了，清走吧。"

孙宝江边笑边对街坊们说："今天咱们的任务就是把这里的主道和两侧的垃圾清理干净，多余物件靠边，让咱们小区更好更美。"社区居民每周六都会自发地集合到一起，清理小区垃圾，这已成为虹桥社区法定清扫日。

社区一居民说，孙书记干事就是认真，没有他，咱们虹桥社区不会有这么好的环境。

孙宝江是一个敢想敢做事的人，小区的卫生改变了，他又把点子打在小区的那块空地上。他盘算着，规划着，一个生机勃勃的花园雏形在他的脑海里形成，他仿佛闻到了花的清香，听到了鸟的鸣唱。说干就干，一开春，在他的带领下，社区居民自带工具齐动手，对小区里的这块空地进行了清理，并亲手把花种种下。没别的，就是想让大家生活在一个舒适的环境里。

看上去，一切都在有条不紊地进行，可是免不了，总有一些情况和插曲在发生。有一位老人说孙宝江是整风弄景想出名，于是在花坛内偷偷种植了曼陀罗。这日，全然不知的孙宝江又来到花园内给花浇水，发现了新品种的花，他心里非常高兴。又有邻里奉献出自己的花了，自己的行动正在被大家认同，他观赏着花，心里非常高兴。他站在花园内拿出手机，上网查找花的品名。可当他在网上查到此花名为曼陀罗时，他惊呆了！从植物本身来说，曼陀罗是一种剧毒植物，其香气也有置换作用，对人体危害特别大。此刻，站在花园中的孙宝江，刹那，身体好像被掏空，双手连提一个空水桶的力气都没有了，内心比吃了个大苦瓜还要苦，他反复吧嗒着嘴，越回味越苦，他在内心不停地问自己，这是大家对我的认可吗？

夜晚，孙宝江站在窗前，望着窗外漆黑的夜，他陷入了沉思。望着黑夜中一家家明亮的灯光，隔着窗户传出来的细语亲情，他想给自己寻找个理由，找个让他继续做下去的理由，难道我做得不对吗？

面对不理解，孙宝江真想把那个人找出来理论理论。可是，做好事，别人不理解就不做了吗？

孙宝江没有放弃，这件事反而激发了他。第二天一大早，孙宝江把曼陀罗花清理掉，还花坛一个清新的环境。

花园内有一个普通的木制凉亭，经历了一场火灾后，不仅不能让大家乘凉，更是一个危险地方，无人敢靠近。孙宝江就利用休息时间，组织队员们把凉亭修理好了。改造后的凉亭，极大方便了小区居民们的生活，现在，大家在凉亭里放了桌椅。有的打扑克，有的下象棋。

作为社区的第一书记，在社区建设上，孙宝江既坚持原则又灵活变通，工作细心，勇于担当责任，使孙宝江在社区居民中的声望越来越高，曾经这里是一个破烂不堪的小区，问题不断，争吵不少，孙宝江的到来让这里发生了翻天覆地的变化。孙宝江说，世上最难做的工作就是群众工作，但是对群众你给了他们一份情，他们就会称道你一辈子。

2014年4月8日3时53分，春夜万籁俱寂。

突然一声巨响，把整个社区的人们惊醒了。孙宝江意识到社区里出大事了，他立刻穿好衣服，因为着急，他穿着拖鞋飞快地跑出家门。

凄惨的哭叫声和求救声从不远处传来，刺鼻的煤气味道弥漫在空气中，让人窒息。孙宝江猜想一定是发生了煤气爆炸事故。经验告诉他，如不立即采取措施，二次爆炸的后果会更加严重。

孙宝江不顾一切地往出事地点跑去，出事的居民楼下玻璃碎片满地，他顾不得许多，顶着让人窒息的刺鼻味道寻找煤气泄漏点。确认环境安全后，他用衣服堵住嘴，低着头，绕到煤气管道部位。汗水让他睁不开眼睛，他干脆摸着黑，用手摸找阀门，他用尽全身的力气搬开障碍物，快速关闭了煤气阀门。

周围的环境更让孙宝江大吃一惊。炸飞的窗户东倒西歪，地下一片狼藉，到处都是碎玻璃碴子，此刻他的手隐隐作痛，可能是被玻璃碎片划破了。这时，楼内哭喊声凄厉尖锐，求救声一片。他顾不得别的，救人要紧。

孙宝江拨打电话报警，迅速组织大家对炸飞到室外的老人施救。看到老人没有了生命危险，他意识到楼上肯定会有受伤的居民等待援救，就飞身往楼上跑去。

此刻，天开始放亮。

当他快步跑到三楼一居民家中时，发现一户人家主墙倒塌，一对老年人被碎石块压住。隐约中可以看见老奶奶被压得七窍流血，孙宝江用手试了一下她的体温，发现已经没有了生命体征。这时，废墟下面的老爷爷痛苦地呻吟着。

孙宝江大声呼喊着："还有活的。老人家，挺住。"

又一股刺鼻的煤气味越来越浓，感觉破损的煤气管道就应该在附近，孙宝江不顾个人安危，寻找管道漏点。呀！他惊叫着。楼内煤气管道被炸坏，顺着漏眼，煤气正呼呼喷发着。由于煤气压力大，孙宝江无法把泄漏的煤气管道堵住，怎么办？

他什么也不顾了，飞奔到楼下，边跑边大声呼喊："大家注意了，千万不要使用明火，也不要打灯，不要抽烟，大家注意了，千万不要让煤气再次爆炸了!"他用力呼喊着,并及时疏散居民站到安全位置。

在他的带动下,许多居民冒着生命危险参与到抢救伤员的队伍中。他们挨门挨户排查,不放过一个疑点,生怕遗漏了一个应被施救的伤员。

警察和120陆续来了以后,他又主动配合提供救助信息,为抢救伤员赢得了宝贵时间。在他的带领下,很多人参与其中,出现了一幕幕感人的情景,体现了铁西虹桥社区爱心团队的大爱精神,事后孙宝江团队受到了大家的一致赞誉。

社会:传承大爱

"爱是什么?爱是春天里的花朵。爱是什么,爱是……"歌声回荡在田野、工厂、学校。孙宝江的行动感染着身边的每一个人。

最让他骄傲的是他的儿子孙鸿志。从小学、初中到高中,孙宝江的言行时时刻刻都在影响、感化着儿子孙鸿志。逢年过节,孙鸿志都会把收到的压岁钱全部拿出来捐献给贫困学生。孙宝江总是笑着拍拍儿子的小脑袋瓜。

有一年,儿子在三中读书期间,参加了学校组织的"孝感天下优秀学子活动"评选,从班级到学校,层层筛选。

那天晚上放学后,儿子神秘地来到他身边,高兴地挥着拳头说:"爸、妈,我当选了,得了一等奖,还有一万元奖金呢。"

"一万元奖金可不少啊!儿子,你准备怎么花?"孙宝江接着问道。

"我准备把一万元钱捐了,给那些更加贫困的同学。"

"儿子,你可别像你爸,傻得像个精神病。"

"我们要尊重儿子的意见。"孙宝江回过头对妻子真诚地说道。

"要不咱拿出一半奖金补课,另一半捐出去。"孙宝江妻子拉着孙鸿志的手,带着商量和恳求的语气。

孙鸿志坚决地摇摇头。

"我们家也不富裕,这一万元能帮我们家大忙,你们爷儿俩

啊！唉……"孙宝江妻子无语了。

经孙鸿志同意，把一万元奖金分别捐献给贫困山区和学校，在学校成立了孙鸿志书吧。

如今，孙宝江的儿子孙鸿志考入警官学校读书，同样，鸿志以爱心使者的身份，把爱传播到大学校园里。

"孙宝江爱心工作室"的墙上挂满了锦旗。最新的两面写着"情系教育，奉献爱心""情暖心房，大爱无疆"烫金大字，这是贵州和岫岩山区小学前不久送来的。

那是一次偶然的谈话。

"宝江，贵州大山里的孩子们教学条件太差了，急需衣物和图书啊！"在贵州支教的爱心团队队员黄键给孙宝江打来电话。

"黄键你辛苦了，我们会努力行动，尽力帮助他们。"孙宝江得知这一情况后，便发起了捐衣物和书籍活动。

2016年开春，孙宝江爱心团队通过微信、微博发出号召，半个月时间，铁西虹桥社区"孙宝江爱心工作室"收到了市民捐赠的物品，衣物达三千件，图书万余册。这一次爱心行动援助了贵州大山里的孩子们。

"听说岫岩县不少村子的学校缺少图书室，孩子们买书都要到市里，很不方便！"没过多久，爱心团队队员李爽又传来一条消息。

孙宝江得知情况后，带着爱心团队骨干六人到岫岩石庙子镇考察，下村庄，进农户。他们来到岫岩县偏岭镇小偏岭村贫困户老于家，这户人家住着低矮的小房，至今始终没有通电，两个孩子学习只有依靠蜡烛，可是两个孩子成绩排进了全校前十名……

岫岩县石庙子镇中心小学、西堡小学、黄家小学、东堡小学的孩子们没有课外图书，更没有图书阅览室……

面对此情此景，孙宝江一阵心酸，想想市区的孩子，要啥有啥，跟老于家孩子的学习条件相比真是天差地别呀。

"我们不能不管岫岩大山里那一双双充满渴望的眼睛，那些渴望求知求学的贫困山区的孩子们！"孙宝江想。

2016年5月中旬，大地一片欣欣向荣的气息。孙宝江发出倡议，开展"爱心传递，书送未来"，为贫困山区学生进行捐书助学活动。

孙宝江真情地呼唤，号召爱心人士为岫岩县石庙子镇的同学们伸出温暖之手，捧出善良之心，用真情与爱心整理书籍，将闲置的课外图书捐赠给贫困山区的孩子们，为山区孩子们架起一道了解外面世界的桥梁，用爱心传出一份情，送出一本书，成就一个梦。

铁西区新陶小学是一所农民工子弟学校，多年来该校部分学生受到了社会爱心人士的资助。为了回报社会的帮助，师生共同参与了捐书助学活动，六百本课外书凝集了同学们的爱心，让书香和爱的暖流在菁菁校园永远传递！

时间凝聚了爱的精髓，时间展现了爱的力量。

从5月19日开始，队友崔铭妍在网络"市志愿云"上发出捐书号召，到6月20日止，仅一个月时间，全市先后有铁西区黎明小学、新陶小学、晨光小学和铁东区山南小学、立山区前沙河小学、市第四十二中学等共计二十二所中小学校积极支持，并主动到孙宝江爱心团队捐书。

2016年6月20日上午，孙宝江爱心志愿者团队在队长孙宝江的带领下，满载着对岫岩县石庙子镇西青苔峪等四所小学同学们的深情和爱，给孩子们送去课外读物两万七千余册，价值近四千元的图书架十副，另外赠给四十名学生文具用品大礼包，受到岫岩县教育局领导和学校师生们热烈欢迎。

"问渠哪得清如许，为有源头活水来。"这个活水，就是大爱情怀的传承。

人们祈盼着大自然永远天清气朗，微风习习，到处弥漫着扑鼻、醉人的花香。人们期待着人世间永远充满了爱的温馨，大爱的百花园花开怡人、沁人心脾。大爱的百花园繁花似锦，永远盛绽不衰……

周以纯，辽宁省作协九届理事，原鞍钢文协秘书长，诗人；孟军，鞍钢文协理事。

爱聚成海

——记本溪疾控中心副主任医师、"溪缘爱心联盟"慈善义工队创始人侯书文

王重旭

一双坚忍不拔的眼睛，看着你的时候，自信得让你感觉没有丝毫的回旋余地。滔滔不绝的讲述，让你沉醉于爱的世界甚至忘记了时间。

一个人的能量究竟有多大？或者说，一个普通人的能量究竟有多大？令人难以置信的是，就是这样一个身材瘦弱的普通女子，既非高官，又无背景，既非富商，亦非豪门，却通过自己的不懈努力，在慈善的路上，走得风风火火，做得风生水起。

在这个世界上，每一个有志之士都在用自己的方式改造世界——有以革命的方式，有以教育的方式，有以科技的方式……而我眼前的这位瘦弱的女子，则以慈善的方式，担负起改变世界、美化人心的责任。她用雷锋的精神激励自己，一步一个脚印，使她的爱心团队不断发展壮大，成为本溪最有影响的一支爱心慈善团队。她如一团火，一丝光，给困境中的人以快乐，给沉沦中的人以希望。

她是谁？

她是谁？

人们不禁要问，她是谁？为什么她会有那么大的魅力，能把那么多沉沦的心导引至希望的彼岸？为什么她会有如此大的号召力，把那么多的爱心人士聚集在自己的周围？人们凭什么相信她，愿意跟她在一起？

她叫侯书文，1965年出生，今年五十二岁，本溪人。1984年考入沈阳医学院，1985年在学校入党。大学毕业后回到本溪，分配在本溪市卫生防疫站，现在的疾病预防控制中心，副主任医师。

2009年1月，侯书文凭借一己之力，发起创建了"本溪市防艾志愿者同盟会"，现叫"本溪市溪缘爱心联盟"，到今天已经整整八年了。这八年中，"溪缘爱心联盟"在侯书文的带领下，秉持"奉献、有爱、互助、进步"的理念，致力防治艾滋病、结核病、禁毒、控烟、扶贫助困、植树养护、普法宣传、低碳环保、扶贫助学、敬老爱老、健康快步走等等公益活动。经过八年的发展，"溪缘爱心联盟"已经由最初的十几人，发展成一个拥有八百多名义工志愿者的大型公益团队。在这些年里，他们累计开展各类志愿服务活动一千三百多次，参与志愿服务的人员多达万余人次，累计志愿服务时间三万多小时，捐赠物品上万件，捐款六十多万元。受益群众达五万多人次。其中侯书文自己就为这个团队的运营及帮扶弱势群体捐助十五万余元。现在，侯书文的团队已经成为本溪市影响最大、人数最多的民间志愿者团队。

毛泽东主席曾说过："一个人做点儿好事并不难，难的是一辈子做好事，不做坏事。"如果说一个人一辈子去做好事是很难的话，那么，一个人不但自己一辈子做好事，还要带领大家，带领一个团队去一辈子做好事，那就更难更难了。

说难，当然是难了，可是侯书文做到了，她不仅自己做好事，还带领一个庞大的团队做好事。我问侯书文，你又不是领导，你又

不是腰缠万贯的大款，你又不给人家发奖金，你凭什么让那么多的人听你的号令，跟你去做慈善，跟你去做义工，跟你去健康快步走，甚至大老远地到你家里听你讲课？

侯书文没有半点儿犹豫，直截了当地对我说："这事要说难，也很难，要说不难，一点儿都不难。你得承认，首先这世界上还是好人多，尽管他们也常常需要别人的帮助，但他们首先还是希望自己能够帮助别人，我不过是给他们搭建了一个平台。人以类聚，物以群分，因为这个平台是做好事，做善事的，所以那些爱心人士自然就会聚拢在我的身边。

"其次，我是一个组织者，我深有体会，就是一个组织者不得有半点儿私心，要甘于奉献，要甘于牺牲，要受得了委屈。不但要投入大量的时间和精力，还要舍得搭进自己的钱财，既不为名，也不为利。这样大家才会信服你，你的队伍才会有凝聚力。

"第三，就是要求团队的这个组织者，要有一定的专业知识和组织能力。这一点也很重要，说我有钱，我有时间，我有爱心，不行，你没有组织能力，人心拢不到一起；没有专业知识，你说的话就没分量，大家就不信服你。"

说完，侯书文的脸上露出一丝浅浅的笑意。我知道，这笑意既是一种爱心付出之后的快意，也是一种对自己团队所取得的成就感到的惬意。

为了谁？

对一个有行为能力的成年人来说，他所做的一切，都不是盲目的，随意的，都是有一定的目的性的。那么，侯书文所做的这一切，究竟是为了什么，又是为了谁呢？

艾滋病这个名词刚一传到本溪的时候，本溪人丝毫没有放在心里，因为那仿佛是别人家的故事，对本溪来说，也许还是一个遥远的未来，也许压根就是天方夜谭。

但是，尽管本溪是一个相对封闭的城市，尽管艾滋病的概率极小极小，但是作为一个医务工作者，侯书文宁可信其有不可信其无，防患于未然，责任重于泰山。

侯书文深知自己的职责：一个防疫工作者，如同战场上的哨兵，必须时刻保持警惕，在敌人到来之前，就要时刻睁大眼睛。

终于，保持高度警惕的侯书文，和艾滋病患者不期而遇。

她接触的第一个艾滋病病毒携带者是个帅小伙，尽管侯书文为他叹惜，但医生的职责还是要求她必须把这个不幸的结果告诉他。谁知那帅小伙和侯书文瞪起了眼睛："不可能，我每次都戴了安全套！"当侯书文耐心地给他讲解使用安全套也会有破损的意外和真实的检测结果时，那帅小伙顿时像泄气的皮球，泪流满面。

侯书文心疼他，多好的青春，就这样毁掉。

还有一位才华横溢的女孩在得知自己的病情后，绝望地写道："我现在是分裂的两半，一半是飘离肉体的，平静地看着病情的发展；一半是敏感真实的，无助无奈的，茫然痛苦的。在过去的日子里，自己有太多的发展方向，因而一直很洒脱地活着，无拘无束，快乐逍遥，享受生命带给我的所有快乐和美好。我的全部生活就只有一个方向：活着！为活着而活着！如果老天可以给我一次重来的机会，我会说：我想活！"

侯书文看到，现实中一方面人们对艾滋病知识有所欠缺，一方面又对艾滋病莫名地恐惧，对艾滋病患者极度歧视与恐慌，如临大敌。甚至有人以为在一个屋待着就能传染，以为握个手就能传染，所以对艾滋病患者唯恐避之而不及，不肯和他们一起吃饭，不肯和他们握手，更不敢和他们拥抱。侯书文感到，宣传艾滋病防治知识，给予艾滋病患者以关爱，已经迫在眉睫。

于是，侯书文以一个医生的良知和一个中共党员的志愿奉献精神，在经过单位主管领导同意后开始了社会大卫生观的探索，组建了志愿者夜校，利用业余时间给来到她身边的青少年和社会闲散但有爱心的人免费培训上课，希望更多的人认识艾滋病，了解艾滋病。在本溪开展防治艾滋病的科学教育和模式探索，她的想法得到单位领导的支持。

现实是严峻的,在中国,在某些地方,感染艾滋病病毒的人越来越多,几乎呈几何级数增长,看着不能不令人吃惊,不能不令人忧虑。要防治艾滋病,必须从源头抓起。

在一段时间的防治过程中,随着接触的病人的增多,侯书文发现,艾滋病病毒感染者大多是青少年,尤其是单亲家庭的青少年。

于是,侯书文创办了一个志愿者夜校。开始的时候在自己的办公室,但是随着人员越来越多,她便在市电大租了一间教室。再后来,她干脆把自己在繁华地带的房子卖掉,买了一处大一些的房子用作教室。

她的学员中有的是艾滋病患者,有的是防艾志愿者。她把自己的防艾知识传授给他们,把课上得生动活泼,把防艾知识讲得深入浅出。她还根据年轻人好动的特点,组织他们进行足球赛。参加足球赛的运动员有统一的服装,背心前面印着"做聪明人学会保护自己",后面写着"防艾志愿者",她认为,要达到预防的目的,就必须大张旗鼓地宣传,让人人知道,个个明白。

而且,侯书文觉得光她个人讲还不够,她还让学生讲,学生讲好了,出去就能宣传好。有一个学员在侯书文这里学到了防艾知识,就利用早班车的机会,在车上讲,讲得头头是道,俨然也是一位防艾专家。

一个感染了艾滋病病毒的孩子,没有体检的钱,侯书文知道了,就把钱给他拿了;一个患病的孩子没有吃饭的钱了,给她打电话,侯书文立刻给他送去了二百元。一天半夜,一个孩子给她打电话,她和这孩子唠了五十分钟之后才知道,孩子是坐在楼顶上,是想和她做人生的告别。最终,侯书文打动了他,他放弃了轻生。第二天,他给侯书文发短信说,谢谢你侯姐。侯书文说,这些孩子,更需要关爱。

每年5月的第三个星期天是国际艾滋病烛光纪念日,侯书文就组织防艾志愿者,也举办了这样的纪念。他们的第一次烛光晚会选址在太子河边上的枫叶广场,可是广场管理者怕出事不给供电。没有办法,侯书文就和志愿者一起,自己装发电机,自己买柴油,自己租车,自己搭舞台。那天,演出现场吸引了一千多观众,演出达两个小时。整个活动花了三千多元钱,都是侯书文自己掏的腰包。

侯书文是靠工资吃饭的,她也有家,也有孩子,也需要钱,可是,她心里惦记的还是那些在生死线上挣扎的孩子,和那些更需要帮助的人。

我问她:"你把钱都用到了别人身上,你的生活怎么办?"侯书文说:"没关系呀,别人买个衣服千八的,我就穿几百的,几十的,也挺好;别人一年买三双鞋,我就买一双,甚至不买,不也挺好吗?"

"溪缘爱心联盟"的名气越来越大了,可是难免有些人对她质疑:"侯书文舍家撇业,整天忙忙碌碌,真的没有一分钱的回报?真的不为名不为利吗?"

对此,侯书文淡然一笑,她说:"我是要求名,但我求的名,是团队的名,一个团队没有名,怎么能把对慈善有热情、有爱心的人士吸引过来?我是要求利,只是这个利是利国,是利民。只要对孩子的成长有利,只要对中国的慈善事业有利,我就理直气壮地去求。"

侯书文喜欢听这首歌,因为这首歌也唱出了她的心声。是啊,自己这样奔波,这样辛劳,为了谁呢?为的就是"我的兄弟姐妹",就是为了让这个世界"美",让这个世界上的每个人都"美"。

还有谁?

中国的慈善,绝不是一个人的力量能够成就的。必须有一大批有爱心的慈善家,必须有一大批勇于奉献的志愿者。那么,侯书文的身边又是一个怎样的团队呢?

在采访的时候,侯书文一再说:"单凭我个人的力量,难以把团队做得这么大。我真的感谢我的那些队友,感谢他们对我的支持。不是我带领了他们,而是他们支持了我,没有他们在我身边,凭我一个人,我能做什么呢?"

这些年,"溪缘爱心联盟"义工团队在禁毒、防艾、普法宣传等方面开展慈善帮扶,在这些活动中,侯书文真切地体会到,人是最可宝贵的,有爱心的人更是最可宝贵的。

侯书文对我说:"你看,现在很多人都说侯书文这个人了不起,率领那么大的一个团队,做了那么多的好事。可是,你知道吗?我的队友们力量更大,就拿防艾宣传来说,因为有了那些学员,有了那些防艾志愿者,他们的宣传呈几何式扩展,这叫一传十,十传百,百传千千万。"

说到她的团队,侯书文便滔滔不绝起来。

她说,我们在"爱心暖职场,礼包送健康"活动中,团队的志愿者们为每位外来务工人员免费发放健康包,里面装有各种生活用品和健康知识手册,并帮助外来务工人员树立科学的艾滋病防治观念。想想看,没有大家的热情,凭我一个人,能送多少?

她说,我们在每一次的慈善演出中,音乐的制作与录制,宣传视频片的制作,宣传海报以及传单的制作,见证书以及帮扶协议等的起草,主持稿的撰写,音响、麦克架以及背景布的设计安装,等等,都是需要很多人力来做。我感谢所有帮着团队张罗、参与到团队活动中的伙伴们。说到这些人,侯书文如数家珍:流星、雨月、小嘴、冰冰……她说,靠我自己,怎能唱起这台戏?

我们到政府广场搞宣传的时候,那些打旗的,背音响的,做展板的,发宣传品的,开车的;演出的时候,说快板的,编节目的,联系地点的,召集队伍的;栽树的时候扛工具的,挖坑的,浇水的;到贫困户家帮助秋收,到残疾人家帮助打扫卫生,到敬老院为老人服务,哪一项人少了能行?

还有很多政府部门、群团组织、企业、街道办事处,还有金凯达、辽宁湘辉律师事务所,以及长建党员车队的义工朋友等等,还有那些观众朋友的鼎力支持与合作,没有他们,我们就是再努力,能做多少?

她的团队每年一百五十多次公益活动,这么多年来仅普法宣传演出活动就累计搞了八百多场,吸引数十万市民参与其中;关爱贫困儿童，关注孤寡老人，先后为四名离异家庭的孩子筹集善款十二万多元；他们开展"微孝行动"，常年为结对子帮扶的弱势群体和其中两所敬老院的三无老人提供无偿照料爱心服务；关注绿化环保，带领志愿者栽下九片公益林，总面积达七百多亩。这些活动，人少了怎么行？

她组建的本溪市健步走队暨戒烟俱乐部、结核宣传志愿者行动队等，每天傍晚在公园成为一道风景，他们三百六十五天不间断，坚持带领大家开展健身戒烟运动已达四年之多，累计健康行走六千多公里，影响带动更多的人走进安全快乐健身戒烟的行列。没有这些人的鼎力支持，积极参与，谁能坚持这么多天？

"溪缘爱心联盟"的公益文化中有个好传统，每年团队评选出十佳年度公益明星和特殊贡献奖，并在年度春晚中予以表彰和奖励。对于每个公益明星，她都能讲述他们身上的闪光点和感人故事。

"溪缘爱心联盟"义工团队，由来自机关、企事业、学校等各行各业的广泛热爱公益的人力资源组成，现有义工志愿者八百多人，其中青年人占百分之八十。他们建立了自己的公益演出团和规范的培训制度，已在彩屯、平山、明山等地区建立了总站下的志愿服务分站，现有溪缘本钢分队、溪缘法律义工志愿者分队、溪缘医务义工志愿者分队、溪缘高新区义工志愿者分队、溪缘青年团、溪缘枫叶之都禁毒志愿者分队、溪缘蒲公英爱心志愿者演出团等各个公益分点。这些都离不开每个有担当的骨干公益明星的努力。

现在，"用知识传递爱心，用行动做义工"，用生命感染生命的信念来"践行本溪精神，参与公益活动，促进民生改善，建设和谐本溪"，已成为他们不变的公益宗旨。

一位叫郑晓禹的义工志愿者说："当一名义工志愿者是我一直追求的梦想，成为溪缘爱心联盟中的一员是我今生最大的福分。六年多的时间里，我一直努力践行着志愿者精神。每每看到孩子们那单纯无助的眼神、敬老院里老人们孤单的背影，都深深触动我的心。尽我所能为他们做些事，也是我最开心的时刻。"

侯书文感慨地对她的那些志愿者伙伴说："不要觉得我们帮了

他们，他们就应该感谢我们。其实我们也应该感谢那些被帮助者，是他们让我们把我们想做的事情在他们那里得到了实现。"

侯书文说，她也曾有过踌躇迷茫的时候，因为慈善对她来说，单凭着一腔热情，很难长期、有效地持续下去。

事情的确如此，尽管前进的路上碰到很多困难，也有很多挫折，但是侯书文的坚持，感动了很多有识之士，这些人就是那些站在她背后，不仅给她精神上的支持，甚至还给她引路的人。侯书文说："我忘不了他们，这些人时刻都让我感动，是他们给了我信心和力量。"

正采访的时候，一个人打来电话，对侯书文说："侯姐，你一定要坚持下去，团队的事情不能没有你，大姐，你一定要挺住！"侯书文告诉我，经常有人打这样的电话。他们知道侯姐面临的困难，怕她倒下，怕团队半途而废，便常打电话，激励她。侯书文说，这样的电话每次都让她非常感动，因为自己的身后站着那么多支持她的人。

她像谁？

面对激情满怀的侯书文，我的脑海里立刻浮现出两个人——特蕾莎修女和雷锋。

在慈善义工团队的日日夜夜，侯书文也碰到了这样的问题。

我问侯书文，特蕾莎修女和雷锋，你更喜欢哪一个？

她想了想说："这两个人都了不起，我都喜欢，我是一个医生，是一个女性，所以特蕾莎修女是我的榜样。我喜欢雷锋，因为我们这一代人，就是在学习雷锋中成长起来的。"

侯书文说她小时候，父亲是本溪重型厂普通工人，人口多收入少，家里生活就很困难，当时厂里有工会互助小组，他们家经常得到小组工友的帮助。她的父亲是个知道感恩的人，常对孩子们说："人要感恩，这些叔叔常常帮助咱们，将来你们一定要报答他们。"后来侯书文和妹妹考上了大学，仍然得到这些叔叔的帮助。

侯书文说,她在学校读书的时候,社会盛行的就是学雷锋,老师的教育就是要学雷锋,做好事,那时候侯书文最听的就是老师的话,只要老师说的,就一定认真去做,而且一定要做好。大学的时候,碰上什么突发事件,她都抢上前去,甚至不怕危险。由于学习好,还乐于助人,所以大学第二年,侯书文就入了党。

有一次,辅导员老师在班里开展一场有关"不在其位,不谋其政"的讨论,很多同学都认为孔子这句话说得对,不在那个位置,就不要自作多情。可是侯书文却不这样看,她认为,不在其位也要谋其政。人人关心国家大事,对国家有好处;人人关心他人,对社会有好处。雷锋做的好事,都是不在其位的好事,哪一件是分内的,哪一件是必须做的?如果都是分内的,那就不是雷锋了。老师很欣赏她的观点。

大学毕业的时候,老师找她谈话说准备让她留校。可是侯书文坚决不同意,她认为自己是学医的,就应该到一线去,才能发挥自己的作用。她坚决要回本溪。同学们不理解,有多少人想留校而不能,可她不但放弃留校机会,还要回到那个全世界都出了名的污染城市——本溪,这不是疯了吗?

她回答说,不错,本溪是一个污染严重的城市,可是如果连一个本溪人都不愿意回去,那谁还愿意去改变本溪的面貌呢?

于是她回到了本溪,努力工作,做了许多许多分外的事。可是,她又不认为这是分外的,因为这都是她家乡的事,所以她认为自己所做的一切,都是分内的事。

她喜欢这样一首歌,叫《中国有我》:

  我是一滴水,也能卷起千波浪,
  我是一颗星,也能照亮浩瀚夜空。
  只要一小扇窗,世界就会看见我的梦,
  请给我一秒钟,我就有超越无限的可能。

  中国有我,更多精彩的时刻,

公益有我，续写更多的传说。
…………

这些年，侯书文获得了很多荣誉，远的咱就不说了，仅2017年，新年伊始，她就被省委宣传部命名为辽宁省学雷锋学郭明义活动示范点和岗位学雷锋学郭明义标兵；接着在4月，她又被评为第七届辽宁省道德模范。

至于以前获得的荣誉，多得连她自己都记不清了。她从来不记这些，因为每一个荣誉的获得，都是她率领团队做慈善做义工的一个新的开始。

现在，侯书文更忙了，因为她觉得肩上的担子更重了，要做的事情更多了，她要率领她的团队，为本溪的慈善事业做更多的事情。

"溪缘爱心联盟"团队的一位志愿者说，侯姐每天风尘仆仆，老是有做不完的事，总是那么忙，马不停蹄地忙。

真的，能不忙吗？她要做的事情实在太多了。

太阳每天都是新的，对侯书文来说，每一天都是她的新的开始……

王重旭，辽宁省作协理事，本溪市作协主席，散文、报告文学作家，辽宁文学奖得主。

灵魂中升起的歌

姜宏敏

在一个静谧而炎热的夏天的上午,我走进了坐落于丹东市振兴区的标牌小区。标牌小区比邻丹东市最大的家装市场,却难得地避开了喧闹,乐享清静。

标牌小区是二十世纪八九十年代建成的老旧小区,不过看上去,这里却没有任何想象中破败零乱的痕迹。尤其是那个花坛:蓬勃的花草,芬芳的花香,弥漫着怡人的气息,成为居民们悠然消夏的所在。没有人引路,没有人介绍,我在小区的院子里转了一圈,最后在南侧的院子里找到了一排低矮的平房。一看就知道,这平房是由自行车车棚改造而成,门旁豆绿色的墙壁上挂着"党员活动中心"的牌子,还挂着一些荣誉奖牌。我拉开半开的房门,发现屋子里只有一位头顶灰白发丝的老者。他有点儿驼背,着蛋青色的衬衫,看上去很清爽。这就是八十八岁的申传兴。他正在整理桌子上的书刊。

我打量了一下这间党员活动室,整个房间整洁有序,桌上整齐地摆着各种杂志,外间南墙上也挂满了各种荣誉奖状;南北墙上则挂着党员及党组织的工作目标;最醒目的是北墙上电视屏幕旁边红地黄字的入党誓词。这是一个充满荣誉感、责任感和色彩感的空间。没有过多的礼仪，没有过多的客套，我简单地介绍了我的来意，申老无声地笑了一下，说："你的采访跟别人不一样。"

1929年2月10日，申传兴出生于吉林省中南部的东丰县，七岁丧父。他是由母亲和哥哥抚养成人的。说到母亲对他这一生影响最大的是一句话：要听话。

申传兴向我解释说，母亲要他听话的意思就是，在家要听大人的话，在学校要听老师的话，入团了要听团组织的话，入党了要听党的话。

这是母亲对他的要求。他这一生就是揣着这句话走过来的。

然而，令申传兴不无遗憾的是，入党的时候，母亲已经不在了。但他相信，母亲知道他入党了，一定会再嘱咐他这句话的。

1945年，申传兴在东丰县读高中的时候，县里来了八路军。而他对八路军的认识来自他的老师。那是在日本投降后不久，学校恢复了正常的教学。他和同学们又回到了学校。学校来了两个老师，一男一女。男老师姓刘，是男生的班主任；女老师姓王，是女生的班主任。刘老师经常站在操场的讲台上给他们讲革命道理，有一次讲到忘情时竟摔下了台子，站起来后继续讲。刘老师的那种激情和执着给申传兴留下了深刻的记忆。这激情和记忆成为点燃他人生理想的火种并一直在他的心中燃烧。后来他才知道，班主任刘老师原来是当地共产党政府的地区专员；另一个班的女老师，是县教育局长，也是专员的妻子。经常来找刘老师的那个人，是中共东丰县的县委书记，还是刘老师的警卫员。不久，八路军打四平失利，老师们要撤离。临走，刘老师号召大家跟着他走。申传兴是班长，当然是要坚决跟着老师走的，但是，阴错阳差，他没有如愿跟着八路军撤往哈尔滨。

动荡的战争年代，申传兴是亲历者。他知道，没有共产党就没有安定的幸福生活。1948年，东北刚刚解放，已经从东丰县来到四平寻母的申传兴，考入了当时的辽北省税务局，一干就是二十三年。20世纪60年代，辽宁省抽调三万名干部支援地方经济建设，申传兴来到了凤城县煤矿，一干又是十七年。这期间，他当过财务，当过矿长，当过煤炭运销公司的经理，是一位既懂管理又懂经营，既有人脉又有资源的处级领导干部。人到离休，申传兴认为自己这一生是平凡的。然而，申传兴却不甘平庸，他以一个离休干部的身份开始了另一段堪称普通而令人敬佩的人生。

"三无"岗位写忠诚

离休使申传兴深深地陷入了一种不安之中。看着手里烫金的中华人民共和国离休荣誉证，他心潮起伏，忐忑不安。他明白，这不是一个离休证明，而是一份荣誉。自己这一生，并没有像那些老革命，为了中华人民共和国的建立，在枪林弹雨中摸爬滚打，与民族的敌人做过殊死的战斗，却与他们同样获得了这份荣誉。如何才能对得起这份荣誉？他陷入了沉思。

申传兴离休后做的第一件事，说起来很普通，就是加入了中国共产党。但是，五十八岁的申传兴在离休后入党，他为什么非要选在这个时间节点入党呢？

这个问题，我在心里问了许多遍。相信所有认识申传兴的人都会这样问。申传兴说，入党是他一直的理想。早在1951年，他就写过一次入党申请书。后来，他却没有再写过。倒不是有情绪，也不是觉得自己做得不够，做得不好。既然组织上没吸收他，他就用默默而努力的工作，证明自己。从来不问自己做得够不够，他认为做工作不是做给别人看的，是发自内心的。面对离休荣誉证书，他觉得自己得到的太多了。他没有在人民解放事业中流血牺牲，却与那些老同志享受同样的待遇。于是，他决定要走完另一种后半生，用自己的后半生来感恩，他要对得起自己所获得的荣誉。他要以入党宣誓的方式，奋斗一辈子。

申传兴是个很自信、很淡定、很有方向感的人。他默默地干了二十三年税务，又默默地干了十七年的煤炭。其间，大大小小换了二十余次工作。直到他五十八岁离休。

1987年11月25日，丹东市煤炭局党委书记找申传兴谈话。党委书记问他："离休以后，你想干的第一件事是什么？"

申传兴毫不犹豫地说："入党。"

党委书记欣慰地说："咱俩想到一起了。"

这欣慰说明了申传兴的心与党组织是贴在一起的；这欣慰说明了申传兴几十年的努力，方向正确；这欣慰说明了他一直没忘初心；这欣慰说明了一切。

时隔三十六年，申传兴写了第二份入党申请书。

申传兴的入党申请书写了十个内容。三十年了，他对申请书的内容依然记忆清晰。他要求自己，凡对党有利的事，干一辈子；凡对老百姓有好处的事，干一辈子；凡对社会有益的事，干一辈子。最后向党表明心迹："离休不离党，学习不断档，为民再上岗，奉献写人生。"他清晰的思路，是经过了一生的思考和校正才理清的。所以，他写得从容不迫，写得诚恳，写得坚决，写得实在。

听说申传兴离休了，最高兴的是当地的煤矿主。

有一天，一位跟申传兴相熟的矿主找上门来，请他去当顾问，薪酬是每个月一千元。当时，申传兴的离休工资是每月一百六十八元。

申传兴摇摇头，笑着拒绝了。

矿主很意外，也很吃惊："嫌少？那好。想要多少，你定。"

申传兴又笑了，又摇了摇头："你想错了。跟我的工资比，不少了。但我不能去。"

矿主更意外了："为什么？"

申传兴说："因为你这个地方，给钱。所以，我不能去。"

矿主不解，也不信。

之后，又先后来了两位矿主，他们以为前面的人给得太少了，就又开出一千二百元甚至更高的薪酬。但是，他们的请求照样都被拒绝了。

最后，他们得知，申传兴在居民组当起了小组长。凭着一份共产党员的初心，申传兴毅然走上了"无品、无权、无钱"的三无岗位,无怨无悔地践行着为人民服务的伟大目标。这一干就是三十年。他用自己的行动实现了决心,入党申请书要执行一辈子。屈指一算,申传兴入党已经三十年了。三十年的足迹就是两个字:忠诚。

申传兴入党三十年,一万多天,始终都在践行入党誓言。他无私地为人民服务,没有一点儿虚假和勉强。他这一生注定是没有休息了,一直在路上。生命不息,奉献不止。

普通人中的英雄

申传兴的离休生活是从一次发现开始的。

1987年11月24日,从丹东煤炭运销公司经理的岗位上退下来后,申传兴回到了凤城县城,住进了凤城镇石桥18居民组。后来,附近的几个居民组又合并成立新的居民组,称为18号大院。18号大院靠近凤城当时最大的农贸市场——中兴农贸大市场。

有一天,申传兴发现了一个问题。每天下午的三四点钟,院子里总有十几个小学生在玩耍。孩子们一直疯玩到天黑也不回家。申传兴觉得奇怪,他便问孩子们,为什么不回家。孩子们告诉他,进不去家。原来,这些孩子的家长都是附近大市场的个体户,因为忙碌没有精力管孩子。经过了解,他发现这些孩子在学校大多成绩较差。他觉得这样下去很危险。于是,他跟老伴商量,要管这些跟他非亲非故的孩子。他女儿结婚离开娘家,腾出了一间房,虽然不是很大,但可以给孩子们一个课后写作业的空间,再说了,遇到刮风下雨的天气,也可以让孩子们遮风避雨。老伴听了他的话,当即同意,说自己是小学老师,正好可以辅导孩子们学习。

有了学习的地方,孩子们却提出了问题,坐在炕沿儿上写作业不得劲儿。申传兴立马就把家里的火炕给拆了,把炕沿改成了板凳儿。

不久,老师们发现,过去那几个不写作业的学生开始交作业了。

好奇的老师们一问,原来是有个神秘的老人在管孩子。老师们便把情况跟学校领导汇报了。同样好奇的校领导想看个究竟,便带着老师偷偷地来到了18号大院。果然,过去那些疯玩的孩子都在规规矩矩地写作业。校长和老师很感动,问申传兴缺什么。申传兴说,缺桌椅。校长当即决定把学校闲置的桌椅给他用。

冬天来了。

每一个冬天,东北人都在谋划,怎样温暖地度过这个寒冷的季节。这个冬天,申传兴也在谋划,只不过他不是为了自己。为了保证孩子们不被冻着,申传兴特意在家里砌了一道火墙。从不求人的申传兴还去找当初来求他当顾问的那个煤矿主要了一车煤。事后,这个矿主偷偷地来到18号大院窥探了一次。他失望地发现申传兴还真的不是为了自己。他被感动了,表示还要再送一车煤。申传兴说,用不了那么多。

申传兴不是个贪别人便宜的人。为了这一车煤,他果真到那个矿主的矿上去了一次,帮助那个矿主进行了一次检查,指出了问题,提出了改进的意见。矿主连连表示,用一车煤换来了申传兴的金点子,太值了。

当然,申传兴在18号大院关心的绝不仅仅是孩子们。居民们选举申传兴当了居民组长。

18号大院属于城乡结合部,八十六户居民有一半是菜农。居民们没有家园意识,平时只扫门前雪,生活虽然极其不便也能忍受。刚当上18号大院的居民组长,申传兴就不得不面对一个难题:那个臭气熏天的垃圾山。他联系和依靠居民组的三位老干部,宣传动员居民一起来解决问题。他还花了九十八元钱买了辆独轮车运垃圾。居民们在他们的影响下,陆续加入到改造家园的行列里来。用了三个月,他们将垃圾山搬到了附近的一个大坑里,又在垃圾山的原址上建起了六个公共厕所。垃圾山搬走了,他们出行还绕不开那条破损路,严重影响居民的生活。他们又带领居民们用了三年的时间,从那个大坑里取土,将那条路垫平。

这就是一个年过六旬"无品、无权、无钱"的老人干的工作。

1993年3月,他享受有关政策,带着大儿子一家,离开凤城来到了丹东市振兴区三纬路标牌小区，住进了15号楼206室。这是一个新小区。七栋楼的四百五十五户邻居们陆续入住，装修成了唯一的风景。因为进出的车太多，进出不方便，也没人管。他便去找物业。物业的人说，没法管。他坐不住了，就默默地帮大家搬东西。装修的邻居们忙碌着，谁都没注意，有一个老人在默默帮着他们搬这搬那。终于，有人发现了有个老头，在默默地帮大家，也不知道姓什么。这件事引起了三街社区王书记的注意。有一天，她敲开了申传兴家的门，问他："想选一个楼长。但这不是个官，也不挣钱，就是跑个腿，学个舌，你干吗？"

申传兴说："不给钱吗？我干。我就是想找不给钱的活干。"

王书记吃惊地看着他。

申传兴上任后先印了一个名片，发给邻居们，上面印了他的工作职责：维护邻里和谐、老年人权益，搞好平安建设，保持楼道卫生。他干了三年楼长，所在单位得了三届振兴区文明楼道称号。

申传兴就是这样一气干了八年15号楼的楼长，从1993年一直干到了2001年，他出任了标牌小区的党支部书记，又要担负更繁重的工作了。

他就是这样，以普通人的身份为普通人虔诚地服务，最后赢得了普通人的信任与依赖。我想用英雄这个称号来冠以这位老者。申传兴就是普通人中的英雄。

明白人申传兴

耄耋老人申传兴思路清晰得惊人。采访的过程，他基本是按照自己的思路进行讲述。他回忆二三十年前的事情，能讲到年月日，甚至是上下午。2007年，申传兴开了一次家庭会议。他在会上给自己的儿女立了一条规矩：自己的事情自己解决。好事情不要找他，比如你们中了大奖，他不要。坏事也不要找他，找他他也不能解决。比如，家里着火了，找他，他能去救火吗？他说中国的老年人负担太重了，儿女无论什么大事小情都要找父母，不管父母年龄多大,能力多强,都要成为儿女遮风挡雨的避难所。老人们活得很累。耗费生命。他的儿女们严守他的规矩。2008年,他的小儿子家真的着了火。小儿子真的就没找他甚至都没告诉他。还是一位老邻居事后在2009年告诉了他。他问大儿子,大儿子告诉他确有其事。申传兴没有自责。他始终认为,家中没有矛盾和麻烦,才能全身心地为大家多做事做好事。

申传兴的生活也是自理自立的。老伴去世这么多年,他自己洗衣做饭,不用儿女。他说,他们洗也是往洗衣机里一扔,跟我洗有什么区别?现在的生活条件好了,不必非要给儿女增加负担。但是,他却把别人家的事记得仔细。

申传兴有一本"书记五百行"的民情纪实册,册子上密密麻麻地记着进百家门、熟百家人、知百家情、解百家难、暖百家心的情况。申老还有两本账,一本是小区"孤、残、病"特困账,另一本则是"急、难、愁"的问题账。2012年,申老在全市首创了"零距离服务"工作,建立了零距离面对面"听"、零距离心对心"唠"、零距离实打实"帮"的"三零"服务模式。这些,成为申传兴为居民办事的"法宝"。

居民董洁、贺昭君夫妇,都不同程度患有肢体残疾,无法外出工作。申传兴帮两人打申请报告,沟通城管、物业等多个部门,在小区门口特设了个水果摊,让他们自食其力、养家糊口。

失业多年的回占军,爱人被查出患了癌症,儿子还在读大学,家里没有任何生活来源,申传兴帮助她在小区里找到了保洁员的工作,解了回占军的燃眉之急。几年后退休了的回占军有了稳定的收入后,主动辞去了保洁员的工作,她要把这份工作留给更需要的人。六十多岁的回占军还郑重地向党组织递交了入党申请书,成为一名共产党员,并担任了楼长。

居民贺昭君家里厕所出故障冒臭水,夫妇俩无力疏通,情急之下给申传兴打了电话。正在吃饭的申传兴撂下饭碗就跑了过来,卷起衣袖,顶着恶臭,抓起工具就干了起来。

大学生孙美丽毕业后在标牌小区租房办了一个课后托管班,在创业初期,由于孩子吵闹扰民、办学不正规等问题受到居民多次投诉。申传兴知道后主动帮助她跑工商跑税务,解决她和居民间的纠纷矛盾,让这个外乡姑娘感受到了温暖。如今托管班发展成了培训中心,孙美丽也主动申请加入中国共产党,并在培训中心建立了党支部,常年给家庭困难的学生优惠或减免培训费。

2013年,居民吕延松被诊断为重症肌无力。数次的手术治疗,巨额的医药费让吕延松丧失了继续活下去的信心。申传兴得知后第一时间来看望他、开导他,给他精神上的鼓励,同时帮他争取物资扶持。申传兴对吕延松的帮助让他逐渐有了继续活下去的动力和勇气。从2015年6月起,每到标牌小区党支部学习的日子,虚弱的吕延松在爱人的搀扶下,用口罩遮住插进鼻腔的管子,坚持参加党员学习。

"有申老在,我们心里就踏实。"这是小区居民常挂在嘴边的一句话。

活得明白,或许也是老人长寿的一个秘诀。俗话说,世间本无事,庸人自扰之。专心地做一件事并深深地沉浸在其中,身心必怡然。

专家申传兴

第一天的采访中途被打断了一次。有位居民急三火四地来找申传兴,告状似的说:"申老,你快去看看吧,房管所的人不干活。"

申传兴冲我笑了一下,站起身就快步走出了平房。

我好奇地跟了出去。

院子里已经站了一堆人。中间有两个穿制服的工人坐在三轮车上,一副满不在乎的模样。申传兴走过去,拍了拍其中的一个人的肩膀,说:"你我不认识。"又指了指另一个抽烟的人,说:"他我认识。"

那个被申传兴认识的人一听,连忙把手中的烟头掐灭,从车上跳了下来,笑着说:"申老,怎么还把你给惊动了。我没说不行啊。我是说，这个活得上家里看看。"

申传兴脚不停步，笑着朝一楼楼梯口走过去。那里是一个仓房。他进去看了看又出来，说："走，上二楼看看。问题出在二楼。"

过了一会儿，申传兴得意地下来告诉我："问题解决了。下水道管子里掏出一块抹布。通了。"

其实，不光是房管所，这里所有跟居民衣食住行有关的部门，都跟申传兴熟悉。申传兴已经成了服务专家。这里的居民，不管谁家的下水道被堵，暖气不热，屋顶漏雨，煤气漏气，只要找到申传兴，没有解决不了的问题。管理部门也好，施工单位也罢，谁说不行都不好使，因为瞒不过申传兴。

申传兴是一个把学习看得很重的人，他每天凌晨三点起床，看书看报，写材料。晚间从六点开始，看中央、辽宁、丹东的电视新闻，就是再忙再累，每天也要保证六个小时以上的学习时间。他订阅了八种党报、十二种党刊，他还有二十本学习笔记，五本剪贴报册，每当看到党的最新理论、榜样事迹等重点学习的内容，他都细心地剪下来贴在册子里，反复阅读学习，还在每张剪贴报上认真地做好备注。为了在小区营造学习氛围，申老每天按时更换小区报栏内的报纸，使得党员群众能及时了解党中央精神动态，让读书看报成为小区居民的新时尚。

申传兴善于学习，也善于琢磨问题，善于解决问题。极强的综合素养，使他有办事能力、组织能力、鼓动能力。他处理问题总是那么有条不紊。他的言谈举止丝毫不像一位耄耋之年的老者。

"愚公"申传兴

2001年6月，申老又被居民全票推选为标牌小区党支部书记。标牌小区是老旧小区，也是丹东市出名的"脏乱小区"，先后发生过多起刑事案件和治安案件，有一位中学老师大白天就被人杀死在家中。居民经常结队上访。上任之初，申老和三名党支部委员，用一周的时间走访了一百零三户居民，最后归纳出居民"房子漏雨、暖气不热、环境脏乱差"等十五个生活难题。申老下定决心，就算把鞋底磨漏了、嘴皮磨薄了，也得把老百姓最关心的问题解决好，让男女老少乐起来。但是，他是个无品、无权、无钱的"三无"干部，怎么才能解决这些棘手的问题呢？

标牌小区的车棚，被一个叫马老三的居民给占用了。马老三用车棚装自己的建材和各种杂物。结果，居民的自行车只能散放在外面，几年中丢失了二百多辆。申传兴找到马老三，让他把车棚让出来。马老三将了申传兴一军："你说让我腾我就腾啊？有能耐，你把小区的暖气都弄暖和了。"

是的，取暖一直是标牌小区的大难题，连申传兴自己都身受其害。申传兴没有被将住。他真的就开始解决居民的供暖问题了。标牌小区的供暖不行，主要问题是管道问题。可是，他去找供暖办主任时，供暖办主任说："钱刚花完。今年没钱了。"

为解决供暖问题，申传兴就一趟一趟地去找。人家提出困难，他就帮助人家找解决问题的办法，然后跟人家商量。直到人家理屈词穷，没有办法拒绝。

供暖办主任终于答应把他们的问题列入计划。

申传兴的机智，他的不舍，他的磨劲儿，他的真诚，他的无私，成为他的法宝。他用自己的法宝，找怕了各个职能部门。他就是靠这种愚公移山的愚劲儿移走了挡在解决问题路上的每一个困难。一个无权无势更无私的老人，怎么能让那些不给老百姓办事的人不害怕?！无私，所向披靡。

标牌小区搬来了一户华侨。因为下水堵，把楼下也给淹了。这位华侨找人来修了几次，前后花了三千多块钱。第一次说修好了，可过了不久又堵。华侨不认识别人只好又找那个人来修。万般无奈，华侨找到申传兴求助。申传兴找来房管所的人才发现，原来是那个修下水道的人为了赚钱，竟在下水道的管子里塞了一根木棍子。要把棍子拽出来就会弄一身粪汤水。大家正在犹豫，谁都没注意，申传兴已经伸手干上了。等到大家听到下水疏通的声音时才发现，申传兴已经是满身的粪水。

在场的人都被老人的行为弄得不知如何是好,只是一个劲儿地催他快去洗洗,换一身干净衣裳。

为了解决六十八户居民房子漏雨问题,申传兴跑房产、去物业,一次不行就反复去,找下属不行就找领导。在第八次去物业的路上,天突然下起了大雨,申传兴浑身被浇个正着。看到浑身湿透的老人,物业负责人感动地说:"您别再来了,我们一定把事情办好。"

四百五十户居民、一百五十四层楼道窗扇玻璃、一万五千多块彩砖……每一个和居民相关的数据,申传兴都了然于心。申传兴用九年的时间,靠这种愚公移山的精神,把小区居民的十五个生活难题全部解决,为小区建设争取资金一百五十三万元,解决了房子漏雨、山墙透寒、暖气不热、环境脏乱差等十五个大难题,跑来了一百五十平方米的花坛、二百五十平方米的健身广场,改造了二十三个下水井,在小区栽种了二十三棵路树,小区居民楼墙体外表被粉刷一新,标牌小区由最初的脏乱差小区一跃成为丹东市的"文明样板小区"。

走在申传兴的身边,我能感受到一种力量。申传兴指着鸟语花香、和谐安宁的小区说,各级政府已经为小区的改造投入了几十万元。小区已经旧貌换新颜,他没有理由不好好地工作。他不把这一切看成是自己的成就,而是把这眼前的一切当成了鞭策自己的力量和动力。那种对工作如履薄冰的不安,成为驱使他不停前行的不竭动力。这就是这位耄耋老者高贵的灵魂。

我与申传兴握手作别。我再次端详标牌小区门口站立着的申传兴,一位儒雅的老者,一位谦谦君子,一位八十八岁的耄耋老人。他始终无声的笑容看上去很年轻。他用三十年如一日的不懈奉献,挺拔了生命的高度,开掘了生命的深度,夯实了生命的厚度,延展了生命的长度,拓宽了生命的宽度。这就是一曲灵魂中升起的歌,一首生命的赞歌。我的胸中涌动着想要歌唱的激情,我要歌唱这"灵魂中升起的歌"。

姜宏敏,丹东市作协主席,小说、报告文学作家。

清贫的富奶奶和她生命的高地

刘学飞　刘树声

年龄，只是增加了您的亲切、优雅；岁月，累积的是您一生的辛劳、善良。您是20世纪60年代就被毛主席接见过的劳模，您一生奔波，从城市到乡村，义务办讲座几百场。您是长者，您是榜样，您是真正的共产党员。说您是优秀志愿者是远远不够的，遥遥苍穹，您是最亮的一颗星。您为党的事业奋斗的执着精神，让人折服。您的大爱温暖了无数受您帮助的人。

——开原市雷锋式志愿者颁奖词

富老师家住开原市的一个没有花园绿地和物业的老旧小区，五十六平方米。室内装饰素朴简陋，卧室里的一张二十世纪六七十年代的木质办公桌上放着电脑和打印机，所谓的客厅里放着书柜，一张简易折叠桌上摆着富老师为我准备的水果，墙上是二十世纪的一走咔咔响的老式石英钟，旁边是一幅"惠风和畅"的条幅。书房除了各种奖状和荣誉证书外，其余都是书籍。老人说电脑、家具、书柜都是子女们淘汰的。没有几样像样的东西。富老师每天就在这样的环境里孜孜不倦地学习，默默钻研新时期中小学德育教育思想，撰写各类报告、讲稿和心得笔记。

富巍老师于1936年出生于开原市八宝镇北英城村，小学只念了几年即考入铁岭师范初师班，三年的学习只有四科是四分，其他都是五分（当时学业水平是五分制），因学习成绩优异被保送到中师班学习，三年各科成绩均为五分，1958年铁岭师范学校中师毕业，被保送到东北师范大学学习，因为家境贫困尚有读高中的弟弟，她放弃了继续读书的机会而选择了就业。富老师说这种选择她不遗憾，共和国多了一位将军——她的弟弟现为某战区将军。1958年参加工作，在开原市第三中学从事中学语文教学三十三年，当过七年后进生班级的班主任，之后到开原市职业教育中心任工会主席。富老师的文件夹中，保存着她各个时期的国家、省、市的荣誉和奖励一百三十余次。典型的有1960年参加全国群英会，被国务院授予全国劳动模范称号；1983年被中华全国妇女联合会授予全国"三八红旗手"称号；2014年被评为"中国网事·感动2014"先进人物……

辛劳奔波了一辈子，退休了，已经是子孙绕膝、颐养天年的时候了，更何况已年过八旬，但富老师不甘虚度晚年，依然追逐梦想，初心不改，乐于奉献。十多年来，她应不同层面、不同单位的要求，写出不同内容讲稿四十余篇，近三十万字；十多年来，她的足迹踏遍了开原市二十一个乡镇（街），深入到城乡一百四十五所学校、机关、社区、企事业单位和部队。那张开原市地图仿佛深深地印在了她的脑子里，哪里有贫穷的孩子，哪个地方还需要一场什么样的讲座，她都一清二楚；十多年来，她传承爱国主义教育精神，宣传开原市发展的巨大变化，义务做报告五百七十多场，行程三万余里，听众达三十多万人次；十多年来，她为灾区和困难群众、学生捐钱、捐物奉献自己的爱心，同时还为山村小学捐献图书一千余册，为十五所小学上了几百节作文辅导课以及其他专题讲座。

她就是富巍,一位清贫的富奶奶,五十八年党龄的老党员,铁岭市、开原市、开原市教育局关工委义务德育报告员、开原市雷锋式志愿者、五星级志愿者之一,她谱写着奉献之歌,她用一米五的身躯挑战着生命的高地。

心怀热爱,开启逐梦旅程

1991年,富老师退休了,老人退休也难得清闲,因为家里还有一个瘫痪在床生活难以自理的大女儿。有一年平安夜,富巍老师应邀参加开原市"爱家乡庆丰收万名市民游"活动。在霓虹闪烁、灯火璀璨中亲眼见到了家乡蒸蒸日上的喜人景象,亲身体会到了家乡发展而内心无比激动。"做一名开原人,我感到由衷的荣幸。虽然年纪大了,但我对家乡有一种特殊的爱恋,也应该为建设家乡贡献一点儿力量,有一分热,发一分光。"富巍老师说,"我当时就想,开原有着悠久的历史传承,秀美的山川风物,厚重的文化底蕴,更有着日新月异的巨大变化。如果能讲给广大青少年,让他们了解家乡、热爱家乡、长大建设家乡,该是多好的事情啊!"富老师决心当一名义务报告员。偶然的机会富老师遇到了开原市关工委主任,说出了自己的想法,主任当时就表态,聘请她做开原市教育局关工委德育报告团成员。富巍怀着心中的梦想,开启了她的逐梦旅程。

挑战眼疾亲自调研

干一行,就要把它当作一项事业,富老师不断地看书学习。可是看书对她来说是一件非常困难的事情。富老师双眼患白内障,视力只有0.2。每当看书时,都要戴上最大度数的花镜,再用放大镜放在书上,一个字一个字地看,有的文章字太小,用放大镜也看不清楚,她就去复印社扩印后再看,她用顽强的毅力阅读的《爱心献给下一代》《资治通鉴》《话说中国》和家乡丛书等堪比她的身高,撰写出《我们可爱的家乡——开原》《爱我中华》《让留守儿童在爱中成长》《中国梦》等多篇不同内容风格的讲稿，为不同层面的听众带去精神食粮。有时为了获取准确翔实的资料，富老师还要深入实际进行调研，美丽的象牙山、幽静的龙潭寺、迷人的尚阳湖、安业民纪念馆、空军机场、工业园区，处处都留下了她带着汗水的足迹。在撰写《我们可家的家乡——开原》时，她参观、走访、考察，直到这篇上万字讲稿的完成，经历了三个月的时间。这样艰辛的劳作，对于健康的中年人来说也是一项具有压力的工作，耄耋之年的富老师说："不管怎样我都无怨无悔。"

九十分钟报告二十六次掌声

富老师带着讲稿和干粮，自费乘车，义无反顾踏上了给城乡中小学校师生义务做报告的旅程。

2007年4月，富老师去林丰乡中学。这所山区中学离市区八十多公里，大半学生没有走出过大山，火车也只是在电视中见过，也不了解山外世界有怎样的精彩。

校长褚洪斌说："这里是偏远山区，弹丸之地，建校几十年，您是第一位从城里来的给学生做德育报告的老师。我们欢迎您，谢谢您！"

富老师所做的《我们可爱的家乡——开原》报告，一开始就引起了学生的极大兴趣，孩子们喜欢聆听家乡历史的厚重与沧桑，聆听古老传说的瑰丽和神奇，憧憬着未来的绮丽和美好。报告好像为孩子们打开了望向山外的一扇窗。校长告诉富老师："您的报告非常精彩，九十分钟，赢得了二十六次掌声。"

这是富老师退休后，第一次走进山区。她说："山村泥土芬芳，鲜花绽放，为农村学校做有意义的工作，心里有说不出的喜悦。"这一年，她做了五十九场题为《美丽开原，我的家》的报告。

2007年5月，富老师到开原市聋哑学校做报告，她微笑着面对学生，热情生动地讲家乡的故事，边讲边用美丽的图片现场演示，报告结束时，孩子们蜂拥围了上来，有的竖起大拇指，有的拽住她的手，有的拥抱，有的比画"我爱家乡开原"……

2008年，富老师去松山堡乡邸屯小学做报告，为了不给学校增加负担，她在亲戚家住了三天。给学校师生做了一场爱家乡的报告，还讲了八节作文课。回城那天，全校师生五十六人到校门口送富老师上车，孩子们大声喊着："富奶奶，我们爱您！"师生们向她频频招手。车已经走出很远了，还能依稀看到孩子们仍站在那里不肯离去的身影。富老师说："此时此刻，一种感动在我心里油然而生，心里真是暖融融的，关爱活动过程就是我享受快乐的过程。"

2008年，正值开原人民的优秀儿子——中国人民解放军海军战斗英雄、共产主义战士安业民牺牲五十周年。富老师三次去业民村，和英雄的亲属畅谈，采访村里相关人士，参观安业民烈士纪念馆，并拍摄英雄事迹图片三十余幅，写出《学英雄精神，做英雄传人》的解说词。接着深入到学校、部队、社区等处进行图片展览，讲解英雄的光辉业绩，弘扬英雄的爱国主义精神，激发青少年学英雄、建家乡、爱祖国的情怀。

一束鲜花、一条红领巾是对我最高的奖励

2009年是伟大祖国六十周年华诞。仅9月份，富老师就做了二十多场《爱我中华》报告，几乎每天讲演一场。

在八宝镇中心小学，全校师生六百多人凝神谛听，当听到富老师讲到精彩之处时，全体师生不约而同地起立，高唱《歌唱祖国》。"五星红旗迎风飘扬，胜利歌声多么嘹亮，歌唱我们伟大的祖国，从今走上繁荣富强……"高亢的歌声响彻校园上空。报告结束，两名少先队员走上讲台给富老师献上一束鲜花，戴上一条红领巾。富老师说："那一刻，我热泪盈眶，心中充满了幸福。"

临走时校长送上一百元钱作为车补，富老师坚决不收。她说："做关工委工作是一种快乐。钱我一分不收，这条红领巾和这束鲜花就是对我的最高奖励。"

在红旗小学，一个学生听完报告拉着富老师的手说："富奶奶，我在城里长大，以前没觉得咱开原怎么美。听了您的报告，我才知道开原这么大、这么美、这么好！"

偏僻的地方，更需要温暖的手

2013年，富老师听说开原市最北的莲花镇砚台村有一个只有一名教师、五名学生的山村学校，便惦记着去看一看那里的孩子，然而，在开原，根本没有客车直通偏僻的砚台村，她打听了很久才得知，去砚台村需要先从开原到昌图，之后再转车，而且每天只有一趟。尽管如此，富老师并没有放弃。她说："越是偏远学校的孩子，越需要社会的关爱和教育。只要走得动，哪怕前路漫漫，风雪交加，我也一定会把对下一代的教育工作坚持下去。"富老师自掏腰包给学生们一人买了一个书包，给任课教师买了一件棉背心和一些粉笔，打听好了车次以后，就带着干粮出发了。汽车出昌图往东，驶过几十公里布满碎石和泥坑的乡村公路，艰难地在连绵起伏的山岭间盘山路上穿行。晚六点，冬天的夜色早已降临，只有皎洁的月光倾洒在她前行的道路上，冷风阵阵，吹得树叶沙沙作响。

第二天，在村民家借宿的富老师早早来到学校。简易的校舍、斑驳的墙壁，没有灯，没有水，许多闲置的教室都没有窗户，孩子们上课改在老师的办公室。几个孩子来得都很早，一名双手冻得通红的女生正在生炉子。看到此情此景，富老师招呼着学生们围坐一圈，从学生们容易理解的角度讲起了写作。从清晨到太阳落山，整整一天时间，每个学生都全神贯注，不时记着笔记。看着这些孩子，他们个个饱经风霜，一张张稚嫩的小脸和一双双清澈的眸子闪烁着对知识的渴望和对外面世界的期盼。

莲花镇砚台村，每当春暖花开时，山花烂漫，一望无际，数百年来，朴实的村民们祖祖辈辈就生活在这如诗如画的大山里。富老师离开时，孩子们眼含热泪，紧紧地拉着她的手，不愿放开。村民们也自发地送她到村口，让她来年春天一定要再来，看看这缤纷的花海、起舞的蜂蝶、清澈的河流……后来，富老师和志愿者团队真的又来了两次，还送来了慰问金、学习用品、办公用品。

走进大学校园，走进军营

2011年5月，富老师在铁岭师范高等专科学校，给师范系师生做了一场《爱满校园》专题报告。一千多名师生，没有一个人走动或离去。报告博得了一次又一次的掌声，报告内容激发起学生作为人民教师的光荣和责任感。学生们纷纷表示：毕业后要做一名好老师，把爱心献给孩子，把青春献给教育事业。富老师说："这是我第一次走进大学校园做德育报告，大学生动情的表态，给了我极大的信心和力量。"

有耕耘就有收获，爱家乡的报告像种子一样撒在同学们的心田里生根发芽。"能为青少年做些事，使他们思想受到启发和教育，使他们健康成长，是我最大的心愿。这也是我作为一名老共产党员、老教师应尽的职责。这是一段美不胜收的情意之旅，所到之处都凝聚一份爱，让我珍惜，让我更加热爱孩子，热爱关心下一代的事业。"

2010年3月，富老师应驻开某部邀请，给新兵营做报告，报告结束后，富老师又给新兵营捐赠了图书。十年来，富老师在驻开部队做报告十六场，受到了部队官兵的热烈欢迎。

雷锋式的奉献者、郭明义式的志愿者

这些年，富巍老师不但为关爱孩子做义务报告，而且还默默无闻地为社会奉献着。

雷锋说："一滴水只有放进大海里才永远不会干涸，才能分享到浪花的快乐。"富老师说："我不是雷锋，但是，我要学习雷锋，做一名愿意奉献、有爱心的老人。"

松山中学，富老师发现一名贫困的学生思维敏捷，天赋极佳，就鼓励他要努力学习考入重点大学,还送他衣物等生活用品。

象牙山脚下康屯小学,富老师给他们送去一百本少儿读物。

给八宝镇北花楼小学上作文课时,了解到学生需要作文方面的知识,富老师买了五十多本作文辅导书送给他们。

八宝镇茨林子小学,富老师得知一男孩家中生活困难,就给他拿去一百元钱和二十几件衣服,鼓励他好好学习。

八棵树镇耿王庄小学离城五十余公里,富老师去那里做报告时给学校带去了一百本图书。

开原市翰林小学二年级的一名学生,父母在外打工,一年四季都住在学校。富老师得知后就经常去看他,给他拿去背心、小衫、短裤和儿童画册,还给他讲故事,教他儿歌,领他做游戏。

莲花镇莲花村一个大学生即将辍学,富老师给孩子带去一千元钱并和开原市志愿者一起前往探望,及时送去了助学款,解决了她的学费问题。

富老师说:"奉献也是一种追求。当梦想回归到现实,我才发现事情并不是我想象的那么简单。困难接踵而来,艰辛的路上流下辛勤的汗水。我虽然年岁已高,但我的决心坚定不移。"

2005年8月20日,当开原山区受洪灾时,富老师立即到教育局捐献三百元钱。她说:"我的家乡受灾我怎能袖手旁观,我也要为灾区人民出一点儿微薄之力,尽一份爱心。"

2008年"5·12"汶川地震,富巍将一个精致的信封寄至开原市民政局,除了捐款五百元外,还寄去了自己精心绘制的一颗"红心",代表着退休老教师与灾区人民心连心的拳拳爱意和深厚情感。

甘肃玉树地震,富老师为灾区捐款一百元。此外,她经常参与"世界献血者日"宣传、关爱农民工子女等活动,到大街的电线杆上清小广告,到象牙山风景区捡白色垃圾,到孤残人家收拾屋子、擦玻璃,到养老院给老人讲健康知识。

2009年3月,开原市志愿者协会成立,富巍成了协会骨干成员和活跃分子,本着"奉献、友爱、互助、进步"的准则,尽己所能,不计报酬,帮助他人,服务社会,践行志愿者精神,为构建和谐社会贡献自己的绵薄之力。

2016年2月,西丰县泉河村发生重大火灾,富老师和开原市志愿者团队一起顶风冒雨前去探望,为受灾群众送去了煤气罐等生活必需品。

2013年3月4日,开原市委市政府命名富巍为雷锋式的志愿者。富巍老师发言时说:"人不能没有梦想,没有梦想就没有前进的动力,就会失去方向。梦想只有努力实践,辛勤劳动,排除一切干扰,奋斗到底,才能梦想成真!"——这是一位耄耋老人逐梦路上的真情独白。

咬定青山　初心不改

富巍老师最初做报告员到农村学校做报告时,本来对平常人不算什么的小事,对她来说都是困难,由于在职时,因为晕车很少下乡,所以去哪个学校应该坐哪趟车,从哪上车,她基本上都不知道,因此坐错车、走冤枉路是常有的事。

"记得第一次下乡去金英小学,我花四元钱,坐的是开往河西方向的小客,到马圈子边,车顺着大堤往北走。这是一条坑洼不平的土道,车颠簸得厉害,这下我受不了啦,心都要颠出来了,脸色苍白,恶心不止,我咬紧牙,闭着嘴,不敢动怕吐。浑身一点儿劲儿也没有,盼着快点儿到达学校。客车颠簸二十多分钟才到站,我下车后再也坚持不住了,吐了之后才好受些。到学校老师们对我说坐错车了。我才知道我绕远了。有更近的路可走,而且只需花四元钱乘公交车到许台下车,走一会儿就是学校了。"

还有一回去南英城小学,由于不知道通往南英城的车次,富老师坐上开往三家子的客车走了。车开到六社,乘务员让她从那里下车顺道往北走。当时是11月份的时节,田野空荡荡的,天又下起大雾什么也看不清,周围一片寂静,听不到鸟的叫声,看不见人的踪影,四周雾气茫茫。富老师走了两公里多的路才到学校。

"这是我第一次孤身独行在雾气笼罩的田野中,第一次体会到心里不安与恐慌的滋味。"她说,"真正的困难是到各地联系做报告时,人们的不接纳和不理解。有时还常遇到白眼、冷落、猜疑和讥讽。"

有的问:"你是推销啥的?""你做这工作一个月挣多少钱?""下乡教育局给你补助多少钱哪?"

有的连嘲带讽:"没有所图,这年头哪有不要钱的买卖?"

连有的负责人都说:"我就不信,不要报酬来做报告,连车费都自己拿,不可思议。"

"这些事情被我的儿女知道了,都来劝我说:'妈妈,您都这么大岁数了,一个人外出,我们不放心哪!搭着钱遭着罪,还让人家不理解,何苦呢?'"

"妈妈,您就听我们一次劝吧,别做了,行吗?"

"不行!"

咬定青山不放松,立根原在破岩中。千磨万击还坚劲,任尔东西南北风!

逐梦艰辛,温情暖心怀

2010年9月中旬,她到业民镇各小学演讲,富老师从清辽小学做完报告到富强小学,快晌午了,为了不给学校添麻烦,她就没有直接到学校去,而在一个老乡家大门口的石头上坐着休息。这时从屋里走出一位老妇人,来到大门外看她干嚼煎饼,就问她是干啥的。听富老师说完,老人热情地让她进屋里歇着,富老师谢绝了。老人说:"天这么凉,还刮风,快进屋吧,喝碗开水热乎热乎,我们年岁大了,干吃煎饼咋行啊!别说是给学生做报告来了,就是路过这里,进屋避避风,喝口热水也行啊!"说着老人家就拽着富老师的手进了院并来到屋里。老人又是让座又是倒热水。"当我端起大碗喝水时,一股暖流涌上心头。人间自有真情在,这些年我之所以一直能做,能坚持,就是因为有这些相识的和不相识的人们的帮助、鼓励和支持。"富老师说,"我忘不了爱心司机,免费送我去乡村学校做报告，给我客运时间表和里程表的事情；忘不了学校的鼓励和欢迎；忘不了孩子们亲切地叫我富奶奶的甜美声音；忘不了2011年春节前，省领导率慰问团来开原走访、慰问，在铁岭市开原市两级主要领导陪同下，冒着严寒来到我家看望我，还不住地嘘寒问暖，表达关爱之情……"

老牛自知夕阳晚，不待扬鞭自奋蹄

2014年1月，富老师参加扶贫活动，不小心脚背骨折。医生嘱咐，静养一百天。但她只休养两个月，脚未痊愈，就出去做报告。9月的一天，富老师在路上，绊了一跤，两腿膝盖严重受伤，右胳臂青肿不能动，歇了三个月。伤情刚刚见好，她又出发了，应邀去沈阳铁路三小、苏家屯老干部局、社区和学校做了六场报告。这一年，富老师先后两次摔伤，还坚持做了二十四场报告。

2016年12月初，富老师住了十天医院，出院第二天气力不足，还到开原市第二高中向两千八百多名学生做了一场孝道演讲。

富老师工资三千多元，她要维持家庭支出，还要照顾患病在养老公寓的女儿，开销也不少，是"清贫富奶奶"。即使这样她还要节衣缩食，精打细算，每月至少留出一百元钱作为公益资金。平时多素少荤。2016年的3月，她把退休金基本都捐了，生活费只留几十元。她说："我也补课，而且我补的人还多着呢。只不过我补的是道德情感孝心课，是免费的。"

不忘初心，方得始终

富老师说："育人，就是我毕生奋斗的梦想；奉献，才是我人生中最美的夕阳。不忘初心，继续前进，追逐梦想，永在路上。"

采访结束的时候，富老师自豪地告诉我，她的家庭中有八位人民教师；富老师说，她培养的学生有的在中央了，有的在国外工作；富老师说，她养了几盆花，其中有两盆兰花，兰花清雅；富老师说，她的父母一辈子没吵过架，告诉他们要孝敬爷爷奶奶；富老师说，国学大师周有光老人九十岁了才开始学习电脑，我七十五岁起步学习使用电脑……可敬的老人，可爱的平常心！富老师不仅仅是楷模，是典范，她更是一种精神，一面旗帜。她是金钱上的清贫者，却是真正的道德上的富奶奶，她用低矮的身材挑战着生命的高地！

走出富老师那充满浓郁书香的家时，雨停了，一抹红霞映照着天边。是呀，美丽的晚霞！

刘学飞，铁岭市昌图县作协主席，昌图一高中教研处主任，诗人，儿童文学作家。

刘树声，笔名润生。铁岭市作协会员、开原市作协副主席。

遥知不是雪，为有暗香来

——记"盘锦丽梅爱心团队"队长杜丽梅的先进事迹

宋晓杰

隔着车窗玻璃，她向我笑着点头，左手在接听手机，右手在向我打着招呼。拉开车门，我们对视一下，听到她正在安排明天去红海滩拍戏的相关事情。我静静地坐在副驾驶座上，审视着她，竟不禁笑了一下：对！这应该就是她日常生活中最直观的形象——几乎同时做着两件以上的事情。"真的，要做的事太多了，时间不够用啊！"她的话，应验了我的猜测。

上楼。进屋。落座。坐在我面前的，果然是一个快言快语、阳光明媚的人，如她家客厅里干净、通透的玻璃窗。这与我想象的相差无几。

关于她的事迹，在见到她之前，我已经大致了解一些。但是，在短暂的交谈之后，还是令我惊叹——在不同的时期、不同的境遇下，她做了那么多好事，帮助别人解决了那么多难题，甚至在面临生死的危急时刻，她仍然能够谈笑风生，风轻云淡，让我忽然想起：如果在过去的战争年代，她一定是刘胡兰、赵一曼式的女英雄。

人们常说：一个人偶然做一件好事并不难，难的是数十年如一日，急他人之所急，想他人之所想，用一己之力，影响并带动身边数千人，风雨无阻地做着同一件利国利民的事情。这才是最令人敬佩的。她是谁？她都做了什么？是什么驱使她这样做？在漫长的岁月中，她是否有过迟疑？她走过了怎样的心路历程？

她叫杜丽梅，一个平凡的名字，一位普通的女子。但是，近二十年来，她用自己的实际行动书写了一首感天动地的美丽诗篇，在辽河岸边、在辽宁乃至祖国其他地区的大地上，如盛放在冬日里的蜡梅，驱走了瑟缩者心中的寒凉，点燃了沮丧者美好的生活。

在她的名字之前，可以加上这样的定语："中国好人""辽宁省'三八红旗手'""辽宁省学雷锋学郭明义先进个人""辽宁省最美妈妈""爱心大使""第十二届全运会火炬手""辽宁省道德模范""盘锦丽梅爱心团队队长""盘锦市个体劳动者协会常务理事""盘锦市双台子区慈善协会名誉会长""盘锦博爱残疾儿童康复训练中心名誉校长""盘锦市双台子区政协委员"……她其他的身份还有：山村女孩、出租车司机、火锅店老板、曾经的癌症患者、公益人士、爱心大使。特困户称她为"盘锦的活雷锋"，希望工程的孩子称她为"杜妈妈"，志愿者称她为"亲爱的团长大姐"，新闻媒体称她为"盘锦最美的慈善大使"……

一、走出山村，初遇磨难

杜丽梅出生于20世纪60年代末。1986年，十七岁的杜丽梅嫁到盘锦，她的婚房是租的，夏天阴暗潮湿，冬天滴水成冰，生活的艰辛可想而知。腊月二十八，他们买回了二斤豆芽，就算是过年了。杜丽梅抱着孩子大哭。这时，大姑姐过来一看就明白了事情的原委，她转身送来过年的鱼、肉。从那时起，杜丽梅就在心里暗暗发誓：一定要过上好日子！

为了买房子，杜丽梅开始了最初的生意：批发水果、鸡蛋、煤、开服装店……就这样，凭着吃苦耐劳的性格，他们的日子一天天好了起来。1994年，杜丽梅从亲戚家借了十三万元，买了一辆出租车，成为盘锦市第一批女出租车司机。然而，那辆"捷达"轿车，不仅没有让她的生活更快捷地达到小康，反而差点儿要了她的命。

1998年12月31日下午，在盘锦市双台子区体育馆门前，两个男子叫住了杜丽梅。两人上车后，一个坐在副驾驶位置，一个坐在后排。杜丽梅一边开车，一边和他们聊天。当出租车行驶到大洼时，天已经黑了。这时，杜丽梅的爱人打来电话。她说刚到大洼，马上就回去了，不用担心。谁知，坐在前面的男子突然说："大姐你停下！"那个男子说自己没带钱。后边的男子下了车，走过来，拉开车门，嘴里说着"给你钱"，却突然将杜丽梅向里推去！坐在副驾驶位置的男子顺势用胳膊搂住杜丽梅，把刀架在她的脖子上。杜丽梅立刻明白眼前发生的一切——遇到劫匪了！

杜丽梅急中生智，淡定地说："钱和手机，你们拿去好了！"两个劫匪互相使了一个眼色。杜丽梅看明白了，他们不只要车，还要命！突然，她一手抢刀，一手去抢方向盘，车开始在马路上打晃。两个劫匪有些蒙了，他们没有想到，一个弱女子竟这么大胆！情急之下，开车的那个劫匪大喊："扎死她！扎死她！"这时，杜丽梅发现一辆大货车停在他们前面的路边，她使劲一打方向盘，失去平衡的出租车不偏不倚正好撞到了大货车上……两个劫匪见形势不妙，猖狂而逃。杜丽梅大喊："抢车了！"……她浑身是血，被扎了九刀，但她顽强地挺了下来，直到劫匪被擒……

二、大难过后，踏上慈善之路

从病床上苏醒过来的时候，她知道捡了一条命。为了安全，家人不再让她开出租车。于是，她在盘锦火车站附近兑了一家火锅店，虽然很累，但钱挣得踏实。

一波未平，一波又起。2012年，春节过后，她突然全身发胖。

7月，到医院一检查，得知患上了子宫原位癌，需要立即手术……

术后，虚弱的身体急需营养品补一补，可是她却舍不得钱。家人给她买补品的钱，也让她悄悄捐了……在她心中，别人的困难才是最大的困难。"老天把命留给我，就是对我的最大眷顾，就是让我更好地为更多需要帮助的人工作。"

因体力不支，杜丽梅主动放弃了经营多年且效益良好的火锅店，全身心地投入公益事业当中。她身患癌症，却仍在病房里指挥团队捐款救助之事，医生、护士无不为之感动。出院的第一天，杜丽梅不顾医生的劝阻，在志愿者的搀扶下，到盘锦精神病院为失去双亲的精神狂躁症患者孔德良过生日。这年3月，她还为贫困户、残疾人提供约三千元的免费餐食。

每当提起杜丽梅，凡是知道她的人无不交口称赞——因为她的无私，因为她的坦荡，因为她的执着。她像默默燃着的蜡烛，像飞来飞去的萤火虫，她从未嫌弃自身的光亮微小——而正是这微小的光亮，以自身的"火"引燃他人的"火"，才使人与人之间充满了希望与光明。

田正玉是盘锦市高升镇于家村人，在过去的十六年里收养了五个流浪儿，生活过得比较窘迫。杜丽梅在报纸上得知情况后，开车去了田正玉家。家里的房子，实在是破旧不堪。田正玉和老伴患有严重的关节炎。杜丽梅立即联合几个生意上的伙伴，每人出资两千元为老人修好了房子，还不定期地给他们送去生活费、日用品。2012年12月10日，杜丽梅接到电话，电话那头田正玉已泣不成声，好一会儿才断断续续地说：老伴病重，在医院抢救，可是连装老衣服都没有。丽梅泪满眼眶，她说："大哥，你别哭，明天我就把东西送过去。"第二天，杜丽梅买来所需的丧葬用品，送到医院……田正玉老伴去世那天，"丽梅爱心团队"又到老人的家中送去一千五百元慰问金，帮忙料理完后事才离开。临别时，老人紧紧握着杜丽梅的手老泪纵横："我拿什么来回报你呀丽梅妹子，咱们素不相识，你资助我这么多年，真是活雷锋啊！"

老伴去世后，田正玉到外地打工，有一次，在沈阳的列车上突然晕倒。杜丽梅接到火车站方面打来的电话，迅速赶到沟帮子火车站，和志愿者一起把虚弱的田正玉带回盘锦。原来，田正玉先在内蒙古打了几天工，准备到沈阳找点儿活儿，在火车上突然感到头晕、恶心。同车的好心人曹洪柱一直忙前忙后地照顾他。后来，田正玉的症状加重，曹洪柱和列车工作人员劝他赶紧回盘锦，并让他提供亲属的联系方式以便接站。田正玉自幼父母双亡，老伴刚去世又无子女，找谁呢？他想起了杜丽梅……列车员联系上杜丽梅并说明了情况，没想到杜丽梅真的带着爱心团队来了，这一举动让在场的人无不动容。回到盘锦后，志愿者还陪同田正玉进行了体检，医生诊断：过度劳累，身体缺乏营养，需休养。为了他的健康，杜丽梅和爱心团队又为他买了药品、补品。如今，田正玉也成了一名志愿者。

特困户李威，家住马圈子，快五十了尚未娶妻。他于1994年车祸失忆，不知道自己来自哪里，还有哪些亲人，实际上，他是个孤儿。工厂老板看他可怜，在他失忆期间让他看大门打更，再加上捡破烂维持生计。虽然他患有高血压、糖尿病，生活不能自理，但是李威却资助了六名困难学生。他曾经资助的一名铁岭籍大学生毕业后一直照顾他的生活起居。

李威失忆期间失去了户口，在盘锦市公安局的帮助下，他恢复了户口，从此每月有了七百七十元的低保保障。在围栏场一位孙姓老板的帮助下，他买了一辆三轮车，平时他和照顾他的孩子一起开着三轮车在兴隆台步行街以卖气球维持生计。杜丽梅到他租住的房子里一看，一贫如洗呀，只有一套被子，还露着棉絮。杜丽梅和爱心团队的志愿者累计为他捐款、捐物约一千一百元。

住在廉租房的巩志平，今年四十六岁，由于遭遇了一起事故使双下肢留下重大残疾，无劳动能力，妻子离家出走，十六岁的孩子失学。2010年，杜丽梅开始对他家资助，使孩子重返校园。两年共资助一点五万余元。

双台子区胜利街道新兴社区八十九岁高龄的低保户刘旭，患脑血栓瘫痪在床，生活不能自理，家中还有三个智障女儿，老伴去世多年。杜丽梅得知情况后,多次为她家送去米、面和钱物。

十四岁的王浩宇外出打工,多病的爷爷一人在家,房主说他们已经拖欠一年的房租了。杜丽梅得知后,当即捐出两千四百元,又捐出两千元作为爷儿俩的生活费,让他们过了个愉快的春节。当王浩宇爷爷再次找杜丽梅,说他们目前生活又面临困难时,杜丽梅当即召集队友,迅速给他们买了五十公斤大米、十公斤豆油、八把挂面送过去。

2015年春节,盘锦市内及沈阳市一户在内的六十八户特困户,陆续收到了来自"盘锦市丽梅爱心团队"一百八十多名志愿者送来的年货:二十斤大米、二十斤白面、十斤豆油、十斤鸡蛋、十斤猪肉、两只笨鸡、十斤鱼、二十把挂面、一箱饮料。盘锦市高升镇、沈阳市的两位志愿者,还为有小孩的二十五户特困家庭每家准备了两双新鞋、两件新衣服。"丽梅爱心团队"的常务副团长朱德强,为十三户膝下无子的特困户家庭捐出一千元现金、四十箱饮料,还购买了青菜,让老人们实实在在地感受到了来自社会的温暖。

"丽梅爱心团队"还开展了"助力希望工程,帮助贫困孩子共享阳光"的活动,五年来,累计资助四百多名特困学生。团队中,还经常有志愿者主动认领贫困孩子,既助学,又助长,他们成了贫困孩子成长过程中的第二监护人。杜丽梅一直有一个心愿:"不能让一个贫困孩子读不起书,不能让一个贫困孩子因读不起书而掉队。"

十岁的刘英杰,家住棚户区。这是一个破旧的大院,里面住着好多人家。在门外就能听到鸭、鹅的叫声,空气中刺鼻的臭味让人窒息。刘英杰的家住在院子的深处,跨进门槛仿佛掉进冰窖里一般——因为没钱买煤取暖,屋子里一点儿热乎气儿都没有。东西两间小屋里,除了有几块破板子,炕上有一床破被子之外,就什么也没有了。全家唯一的生活来源就是照顾亲属的养鸭场,每月有三五百元的收入。刘英杰的爸爸患有糖尿病综合征住在医院;母亲姚俊荣患有高血压和心脏病,常年吃药维持;哥哥患有精神病,经常离家不归……妈妈说刘英杰读书很认真,学习成绩也挺好。"丽梅爱心团队"成员、诺远资产的刘总鼓励他们要坚强，要看到光明。当诺远资产的员工们把捐款、书包、棉衣、棉帽、围脖送到刘英杰和母亲手里时，母女俩哭了。杜丽梅告诉她们："别怕！有我杜妈妈在，你们的日子会好起来的！"为了刘英杰能安心读书，志愿者王迪承担了刘英杰小学的全部学杂费。

郭玉涵是"丽梅爱心团队"资助的特困学生郭子涵的亲妹妹。这是一个非常贫困的家庭，年纪轻轻的母亲带着三个孩子：老大十三岁、老二八岁、老三四岁。家里的顶梁柱于三年前病逝了，年迈、多病的公公、婆婆从黑龙江赶来，在棚户区租了个房子过日子。说是房子，却四处漏风，外边下大雨，里边下小雨。因为他们是外地户口，不能享受低保，一家六口人的生活全靠年轻母亲在外打工每月一千八百元的收入。杜丽梅得知情况后，从2013年起，"丽梅爱心团队"便开始帮助他们。如今，郭玉涵、郭子涵姐妹俩不仅没有辍学，而且成为学校的优秀学生。

刘洋的父亲刘学志是铁西社区的低保户，患有糖尿病，无劳动能力；母亲梁云丹平时打些零工。他们一直租房子生活。然而，本已窘迫的生活却因十二岁的儿子刘洋的患病发生了改变——象棋天才刘洋患上了罕见的尤文氏骨癌，做过两次手术后，沈阳的专家建议放弃治疗……巨额的医疗费让本就一贫如洗的家庭雪上加霜，更何况康复的希望微乎其微。杜丽梅通过街道妇联知道情况后，立刻带领十二名志愿者来到刘洋家。杜丽梅一边鼓励刘洋和父母积极配合治疗，一边留下慰问金五千元。后来，杜丽梅又积极协调新闻媒体和体育界爱心人士，通过组织义卖等活动，全国各地共为刘洋筹集善款八十七万多元。

从小就失去父亲的石湑升，是一位大二的在校生，家庭生活完全靠母亲打零工维持。可是，天有不测风云，他忽然患上了白血病！杜丽梅从双台子区政协得知这一消息，立即在微博上发出了求助信息，同时公布了石湑升母亲的联系电话和银行卡号，仅两天时间就捐款七万多元。在杜丽梅等爱心人士的帮助下，石湑升与他的母亲骨髓配型成功，并进行了骨髓移植。目前，石湑升的身体恢复得很好，并已参加了工作。

2013年9月，杜丽梅接到一位母亲的求助电话，已经身患白血病三年的五岁的小女孩胡艳雅危在旦夕。怀孕五个月的母亲准备用脐带血救大女儿，可是，不仅苦于没有医药费，而且因长期只吃面条，缺乏营养，有生命危险。杜丽梅二话没说，紧急呼吁爱心团队积极捐款救助。仅一天，便筹集善款五千多元。10月18日晚六点，"丽梅爱心团队"又在市政府广场举行了一场爱心在行动捐赠义演。广场大屏幕上，滚动播出胡艳雅的影像，现场筹集善款近四万元。10月19日，"丽梅爱心团队"来到了沈阳市兴隆大家庭中街恒隆广场负一层，杏坛小学生爱心义卖，向盘锦"面条妈妈"献爱心送温暖。在场的小朋友们虽然只有六七岁，但他们却把自己心爱的玩具拿出来拍卖，筹集善款八千九百元。2013年10月9日至19日，短短十天，总计筹集善款十三万元。

如果奉献需要一种力量驱动，那么这股力量莫过于责任和担当。杜丽梅的骨子里，就有那种舍我其谁的男儿般的责任和担当。2012年8月5日，辽宁岫岩地区遭受了百年不遇的洪水，杜丽梅立即组织团队行动起来，并驱车二百公里专程赶往灾区。他们带去了一百五十套被褥、五十箱矿泉水、五十箱方便面，并把这些救灾物资亲手发放到每一位受灾群众的手上。

一名二十一岁的受灾群众名叫张雪，是两个月小孩儿的母亲。结婚时婆婆给她盖的二层小楼连同家当，全被洪水卷走了……从杜丽梅和志愿者们到那儿的一刻起，张雪就一直哭。他们要回程了，她还在那儿哭，一边哭一边嘴里还念叨着："什么都没有了，我什么都没有了……"杜丽梅接过张雪怀里的孩子不停地安慰她："不要悲观，不要绝望，要勇敢地面对生活。有党的关怀，有大家的帮助，一定会重建家园的。请放心！只要有人在，生活总会好起来的！"说着，杜丽梅又掏出二百元钱塞给小宝宝……

2014年8月4日，杜丽梅在广播中听到云南鲁甸地区发生了六点五级地震。灾情就是命令。闻听此消息，她一分钟也坐不住了。于是，杜丽梅立即组织团队义演，发起捐赠活动，并将收到的二点六万斤爱心大米、二点七万元善款第一时间送抵灾区。

"一方有难，八方支援。"每当有自然灾害发生，杜丽梅总是闻讯而动，积极组织爱心团队的志愿者捐款、捐物，为灾区人民解难，为党和国家分忧。杜丽梅常说："人多力量大，我们聚在一起成为一个团队，就是希望能帮助更多的人，我们有钱出钱，有力出力，让他们感受到社会的关爱。"杜丽梅是这么说的，也是这样做的。

三、星火燎原，大道向远

近二十年来，杜丽梅从当初开出租车时每天三十五十元地往外拿，到开火锅店后每月三千五千地给，再到每年十万八万地捐，她从无怨言。当年，虽说她是年收入百万的老板，但穿着极为朴素，把收入的百分之八十都用在了慈善事业上。最后，因为"不务正业"，把火锅店干脆也捐了出去。她说，自从开始善举后，再不舍得往自己身上搭钱，有时候，缺东少西还得向刚刚自立的女儿哭穷。出钱也就罢了，还得出力、出人。一年三百六十五天，她天天为别人奔忙。为了让救助者能够随时找到她，她还在高家村买下了一百平方米的平房作为自己的工作室。可是，与女儿家相距不过千米，她却连四岁的小外孙都没时间去看一下。

我好奇地问："你这么做，家里人没意见吗？"她笑呵呵地说："咋能没意见呢？哪个女人像我这么风风火火、天天不着家？刚开始的时候，家人不理解，甚至反对。到后来，他们见我大有'一条道儿跑到黑'的劲头儿，而且，做的也是善事，他们就不管我了。现在，丈夫、女儿和女婿积极支持我，都成了我的强大后盾。老公包下了家里的全部家务，让我能够全身心地投入慈善事业当中。女儿呢，一看我钱包里没钱了，就悄悄地往里放一些。"真的，所谓的"成功"，并不是一个人在"战斗"。看来，"辽宁省最美家庭"果真名副其实！

好吧，我们来看一看这样一组数字：从1999年至今，杜丽梅已从事公益事业近十九年。而这十九年分为两段：第一阶段，1999年2月至2009年2月。十年间，她个人资助特困户十户，每月每户送去二百元钱、五十斤大米、五十斤面、两桶豆油。年节时，还有鱼、肉、蛋各五斤。平时还要为他们买药。累计金额已超过二十万元。

杜丽梅常说："一个人做点好事并不难，难的是能否坚持下来。其实，我做得还不够，我非常敬佩学雷锋标兵郭明义大哥……一个人的力量是微小的，大家联合起来才能办大事。"于是，在杜丽梅无私大爱精神的带动和感召下，各行各业有志于公益事业的志愿者，积极主动地加入她的团队中。第二阶段：2009年2月，她组建了"盘锦市丽梅爱心团队"，从最初的几个人已经发展到如今的三千余人，下设二十三个分团。

据不完全统计，近二十年来，杜丽梅累计捐款七八十万元，这就意味着她平均每天最少要捐出一百二十元钱。"杜丽梅爱心团队"帮助的贫困户从最初的十户发展到目前的六十八户。没有人给他们派任务，但他们严格要求自己：每半个月调研、走访一次。春节、端午节、八月十五，要送去慰问品，包括二十斤面、二十斤大米、两桶豆油、十斤鸡蛋、十斤鱼、十斤猪肉、五种应季蔬菜、服装鞋帽等，每户平均五百元；累计资助了四百多名特困学生；组织团队志愿者搞大型义演七场次，街头义卖十次。先后救助了王海、石湑升、安宁等三十六名大病患者，成功救活二十一人。为鞍山岫岩、盖州市西海小学、抚顺清原、云南鲁甸等受灾地区募捐粮食、生活物资约折合十万元。不仅如此，每年的重大节日，她还带头走访、慰问福利院、敬老院、残障学校，给老人们买衣物、送年货、举办文艺联欢会。每逢儿童节，跟孩子们一起过节、送礼物给孩子们。她还经常带领团队参加植树造林、环境保护、义务献血、省内组织的人体器官捐献等社会公益活动……

《辽沈晚报》评选的"十佳责任人物"奖给杜丽梅的授奖词是这样写的："一个城市帮助一个白血病男孩，一个爱心团队将冰冷的现实变成了感人的童话。"而她在获奖感言中说："一个人的力量是有限的，众人的力量是巨大的。我要用我的余生把慈善事业做到底。"随后，她把一千元奖金当场捐给了六岁的小英雄范雨涵。会后，她又专程到孩子家，与孩子结成了助学对子。

杜丽梅说："说好话，行好事，做好人，不为任何代价、任何回报而付出。"是的，她始终以"帮难、助危、解困"为人生之乐，像上天派来的慈善大使，以星星之火点燃危困者的希望之光。"墙角数枝梅，凌寒独自开。遥知不是雪，为有暗香来。"她如默默盛开的蜡梅，而暗香徐徐袭来，让更多困厄、危寒中的人，看到了生命的曙光。这首诗，正是她奋斗人生的真实写照。

宋晓杰，辽宁省作协理事，辽宁文学院教务处主任，诗人，辽宁文学奖得主。

走近周玉祥

商国华

腼腆，是周玉祥给我的第一印象。

面对他，一连串的疑问涌上我的脑海，是他吗？板寸头，一米七的个子，三十岁左右的面孔，说起话来羞怯的眼神。真的是他，在弥漫的烟火中救出了两个孩子？

我的目光定格在他的脸上，手指滑动着手机上周玉祥披红戴花的光荣照，对他赞美的词语从我的嘴里跳出来。

"大叔，都是过去的事了。"周玉祥的脸颊泛红。

"听别人说，和你自己说是两码事！"我向他抛出了开场白。

"楼上着火了，我爬上楼了，把两个孩子救出来了，就这么点儿事。"汗珠从周玉祥的鼻尖上冒出来。

"这么简单吗？我想听你救人的细节。"我对采访的要求进一步做了强调。

"本来就很简单的事，谁遇到孩子被大火困住了都会去救的。别说是人，就是一头牛，我也会管的。我爷爷说，大恩不言谢嘛！"周玉祥的回答像是抛出了结束语，又好像是要转移话题。

大恩堡村的心灵奠基

"玉祥，据我了解，你小学还没念完，如何理解的'大恩不言谢'呢？"我调整了采访的思路。

"'大恩不言谢'是我爸、我妈常说的一句话。我们村就叫大恩堡村呢！"

好像是"大恩"，也许是"大恩堡村"，对周玉祥有一种特殊的反射。我注意到，刚才还一个劲儿擦汗的周玉祥，说到大恩堡村的时候，目光中立刻流露出了一种自豪和骄傲的神情，额头上的汗腺好像也接到了骤停的指令，他原本躲避的目光，刹那放射出一种自信。

我知道用什么样的语言，能打开周玉祥情怀的"阀门"了。

"玉祥，采访你之前，我是认真地做了功课的。我在网上浏览过你的老家，是桓仁县的大恩堡村吧？这个村四百多户人家，对吧？但有一件事我想问你，一般的村落都是张家村、李家店的，你们村的名字，该是有什么故事吧？"

面对我探究的目光，周玉祥的眼神瞟向了窗外，像是在召唤他心中的向导。

"桓仁，你一定去过吧？"周玉祥转头问我。

我点头，接过了他的话茬。

"那还用说吗？桓仁县山高林密，峰峦重叠，负氧离子的含量最丰富了，是个休闲、旅游的好地方。"我边说话，边观察着他的反应。

然而，我的话没能打动他，他只是迎合地"嗯"了一声，随即冒出了一句让我吃惊的话。

"负氧离子、正离子的我不明白，但我从小就知道，我们那一带是当年杨靖宇他们抗联活动的地方，我家附近有座佛顶山，那里就有杨靖宇当年的练兵场。当年，他们在那里抗击过日寇，这事你知道吗？"

我开始刮目相看我眼前这个晚辈了。说起桓仁那块地方，在周玉祥出生之前，我就去过多次了，今天，我为何在他的面前大谈起森林的负氧离子，而忘了抗联的根据地了呢？

"小周，桓仁，我很熟。该说说大恩堡了吧！"我急于想把去桓仁的道岔扳到大恩堡。

周玉祥笑了。

"我七岁那年的一天，缠着爷爷给我讲故事。爷爷给我讲的那个故事，这辈子都刻在我的骨头里了。

"爷爷说，1939年的冬天，接连下了几天的大雪，从山上走来了一支抗联的队伍，他们在咱村安营扎寨的时候，太阳已经偏西了。村里的乡亲听说自己的队伍下山了，纷纷到抗联的宿营地去迎接。就在抗联队伍支灶做饭的时候，村里的老乡看见大锅里煮的是清一色的苞米粒子，许多人看着看着掉泪了。"

周玉祥说到这儿，摆出一副说书人的样子看了我一会儿。面对周玉祥的神态，华来镇沉淀的底片，一张张地浮上脑海。

"玉祥，你们村坐落在华来镇吧？二十几年前，我去过牛毛山、龙头山、青龙山、虎头山、佛顶山还有抗联教导团的遗址和抗联的被服厂呢！没错吧？"

我的采访与周玉祥走到一条道上了，我之所以一连串地点出华来镇境内的几座名山，完全是为了弥补我与小周交谈中露怯的过失。

周玉祥点头。

"我们那地方是丘陵地带，沟沟岔岔的，我家住在步家沟，隔不远还有张家沟、崔家沟。对了，你忘说了一个地方，咱们那儿还有个大鹰砬子山，山上有个仙人洞，你去过吗？"

我摇头。

周玉祥以浅笑回答了我的眼神，就此，他说话的底气更足了。

"听我爷爷说，仙人洞当年也是抗联队伍藏兵的地方。"

我被他没讲完的故事吸引了。

"玉祥，咱们先不说仙人洞，你刚才说，乡亲们看见抗联战士吃的是清水煮苞米粒子都掉泪了,以后又怎么样了?讲下去啊!"

"听我说呀!我这不是像说书那样,给你来点儿倒叙嘛!你是问我咱村的乡亲们跑回家后,又发生了什么,是吗?

"我爷爷是这么说的。他说,步家沟的乡亲们看到大锅里煮的苞米粒子,不只是掉泪了,他们都跑回家了。过了没多长时间,一个让人动情的场面出现了。就在抗联队伍要开饭的时候,步家沟的大爷、大娘,一个个从家里走出来,顶着雪花,每个人手里都端着一个最大号的饭碗。那个饭碗比你们沈阳的小盆还大呢!饭碗里装满了黄灿灿的大黄米。更让人想不到的是,抗联队伍下山的消息,传到了张家沟和崔家沟。这两个沟的老百姓,也一个个从家里走出来,重复着步家沟乡亲们的举动。面对乡亲们手里的大黄米,抗联的队伍明白,这大黄米可是乡亲们过除夕吃的呀!就这样,两天后,村里人都听到一个好消息,附近一个日本鬼子的据点,被抗联的队伍来了个全窝端。

"爷爷说,中华人民共和国成立后的1954年,几个当年的抗联老战士坐着一辆吉普车来到了村里,他们是专程来感谢当年的那一碗碗大黄米的。也就是那天,那几个抗联的老战士给县领导留下一句话,他们说:'这几个沟里的人对我们有大恩大德,村里人回话说,都是自家人,大恩不言谢!'就这样,咱们那几个沟由此出名了,县上根据抗联老战士的建议,给我们几个沟起了一个新名字——大恩堡村。从那之后,大恩堡村的故事,就在我们那一代落地生根了。听说,三个沟合成一个村的事,还写进了当年的地方志呢!"

讲完故事的周玉祥,像换了一个人,一种眉飞色舞的神情洋溢在脸上,放射着丰盈的自爱和自尊。一种对大恩堡村人的敬仰,从我的心头扑到了周玉祥的脸上。我知道,让周玉祥说出火中救孩子的时机到了。

"玉祥,我知道你为什么执意要先讲大恩堡村的故事了,该讲火中救孩子那件事了吧?"

"非要说吗?这件事与咱大恩堡村的故事,可没法比呀!"周玉祥的眼神中透着一种俏皮。

"你说的这个故事，与你救人那件事，有着传承的关系，或者说，没有大恩堡村的故事，也不会有你'感动沈阳好人'的称号，我理解得对吧？"

显然，我的话打开了周玉祥回忆的闸门，发生在2016年5月20日10时，那场火中救娃的故事，在周玉祥不停歇的嘴角抖动中，在我的心中形成了一个完整的视频。

生存路上播种的善良

2016年5月的沈阳，满街的嫩芽吐绿。

周玉祥驾驶着一辆装满塑钢窗的汽车，行进在从沈北到铁西光明街的路上，看得出来，周玉祥的心情非常愉悦。他边把着方向盘，边追索着这些年留在铁西的脚印。应该说，他对这条路再熟悉不过了。特别是铁西光明新村，那里可是他曾经落脚的地方。

生活会让许多人到外边去闯荡世界，生活也会让一些人在家中死守田园，周玉祥无疑是属于前者。

迎着2003年元宵节的花灯，十六岁的周玉祥走出了桓仁的崇山峻岭。

走出大山去谋生，周玉祥整整思索了一年。

还是21世纪的钟声刚刚敲响的那年的秋天，从大恩堡村通往邻村小学校的山路上，十几个平日里结伴上学的小伙伴，突然少了一个人。小伙伴们不时地驻足张望。他们看见了，在不远的山坡上，一个手握藤条的孩子，也在目不转睛地看着山路上的小伙伴。

"周玉祥！周玉祥！"

对于小伙伴的叫喊声，周玉祥一片木然。他听到了，以至于伙伴们喊叫他名字在大山里的回声，他都听到了。此时，周玉祥有一种感觉，他觉得大山里回荡的每一声呼唤，都像一声声闷雷，撞击着他的脑袋。周玉祥刻意转过身，随之而来的是吧嗒吧嗒的泪珠落在了草丛里。回答小伙伴的是围在周玉祥身前身后哞哞的牛叫声。

那年，周玉祥十三岁。还有一年，他就要小学毕业了。

周玉祥何尝不想上学。他的梦想与许多小伙伴一样，期待有一天走进大学的校门。然而，他刚刚种下的梦，就被父亲的一声声痛苦的叫喊声惊醒了。

本来，周玉祥家里的日子还是过得去的，全家三口人栖居在两间草房里，一亩多的水田，三亩旱田，糊口是没问题的。但就在他九岁那年，他的父亲得了一种怪病，头痛的时候，连吃几片止痛药都无济于事。周玉祥实在无法忍受那种苦楚的场景了，伴随痛苦的呻吟，父亲双手抱着头，一个劲儿地往墙上撞。一种不想活在世上的呐喊，让周玉祥第一次听到了人生的悲歌。为了给父亲治病，母亲把家里最值钱的两头牛卖了，家里唯一剩下的一个电器，就是爷爷送给他们的电饭锅了。

那年的秋后，母亲把家里收获的稻子，一粒未留地卖了，又向亲属借了钱，带着父亲走进了沈阳的大医院。父亲的病查出来了，脑垂体瘤，非手术解决不了父亲的病痛。可是，天文数字般的手术费从哪儿来？周玉祥选择了退学。为筹集父亲的手术费，帮母亲搭把手，从那天起，周玉祥当上"牛倌儿"了，他边放牛，边采集榛子、蘑菇、山核桃之类的山货。尽管如此，五位数的手术费，依然还在筹集的路上。

三年过去了，周玉祥父亲的右眼失明了。大夫向他的母亲发出了最后的忠告，脑垂体瘤如不手术，再发展下去，将会连带左眼失明。周玉祥的心越来越凉了，他想象到了一个揪心的画面。平日里目光炯炯的父亲，突然变成了睁眼瞎……

周玉祥要挣比"牛倌儿"更多的钱。

2003年的冬天，周玉祥告别了山林中留下的脚印，实现了他人生中的第一步跨越。这一步，他跨越了三百公里，在沈阳干起了安装、维修铝合金门窗的杂活。

见到比当"牛倌儿"多得多的钱了，周玉祥有了每个月二百六十元、三百元、五百元的收入。从他拿到第一个月工资起，周玉祥给自己立下了规矩。每月的工资留下三十元零花钱，其余的全部寄到家中。

那一年，他十六岁。

十六岁，对每个孩子来说是花季的年龄，在大都市，十六岁的孩子一个月的零花钱，甩出千八百的都是轻飘飘的事，甚至连眼睛都不会眨动一下的。周玉祥无法与那些孩子相比，他与他们犹如生活在两个世界。

周玉祥有了喘口气的机会了。

2008年7月，母亲的一个电话让他的眉头舒展了。妈妈告诉他，村里有新农村的合作医疗，手术费的四万元钱也准备齐了。

几天后，周玉祥父亲的脑垂体瘤摘除了。五年了，周玉祥节衣缩食攒下的钱，终于派上了用场。父亲的眼睛算是暂时保住了。

命运似乎在和周玉祥挑战，笑脸又一次和他拜拜了。

两年过后，他父亲的脑垂体瘤又长出来了。为此，周玉祥又萌发了一个新梦，这个梦是从打工仔到当老板的憧憬。

2013年的迎春花开得特别早，周玉祥的思维与视野同时扩大了，为他的视野垫底的是周玉祥门窗加工有限公司。

汽车就要到目的地了，就在这个时候，他的回忆也被一阵阵叫喊声打断了。顺着叫喊声的方向望去，周玉祥看到路边一栋楼房的三层平台，冒出了滚滚的浓烟，楼下如蜂似蚁的人群，爆发出一阵阵撕心裂肺的叫喊声："救人啊！快救人啊！屋里有孩子！快打119啊！"

咣当一声，周玉祥猛然踩住了汽车的离合器。

"老板，那边都等着安窗户呢！"随行的工人提醒周玉祥。

"没听有人喊屋里有孩子吗？"

周玉祥跳下车，分开围观的人群跑到楼下，撞上了从三楼跑下来的居民高凤梅。

"屋里有孩子，门被反锁了。我刚才还听见孩子的哭声了，现在哭声都听不到了。怎么办啊？"高凤梅捶胸顿足叫喊的同时，透露着一种向周玉祥求助的眼神。

"已经给119打电话了，一会儿他们就能到。"一个认识高凤梅的邻居宽慰道。

没有让周玉祥思考的时间了，他几步蹿到一楼的窗栏下，双手紧紧地抓住一楼的铁窗罩，几步就攀上了二楼。正在他向三楼平台攀爬的时候，突然脚下一滑，随之而来的是，马路上千百人同时发出的惊叫声。

周玉祥的手接触到三楼阳台的窗户了，他知道从哪个方向使劲儿，能将塑钢窗打开一个缝隙。他做到了，因为那是他干了十几年的手艺了，哪里是塑钢窗的软肋，周玉祥比谁都熟悉。就在他用力推开塑钢窗的时候，一股浓烟夹带着火苗从窗户里蹿了出来。巨大的烟火冲击力，差点儿把周玉祥从窗户上推下来。

火头向他的头发和眉毛扑来，浓烟一次次钻进他的眼睛、鼻孔，周玉祥顾不上烟火的夹击了，他跃起身，从窗台冲进了屋里。没走几步，又被蹿起的大火推了出来。周玉祥稳了稳神，又一次冲进了烟火之中。他先后走进两个房间，都没找到小孩，直到他走到房门口，才看见一个女孩双目紧闭，倒在房门下。

周玉祥明白，生命与死神的较量就在于，谁赢得了时间！

周玉祥抱起女孩，快速冲到平台，先把小女孩的头伸出了窗外。一阵欢呼声夹杂着掌声，从楼下的人群中传到了楼上。就在周玉祥试图将自己的嘴巴也伸出窗外的时候，又一阵叫喊声向他直扑过来。

"还有一个男孩呢！快去救男孩啊！"

周玉祥紧绷的神经又紧了一扣，他把女孩放到窗下，正要反身回到房间，又是一股火舌向他脸上扑来，把周玉祥推了一个趔趄。一阵阵的咳嗽过后，他抹了一把眼睛，屈身冲进烟火中。终于在厨房里找到了躺在地上的小男孩。他不由分说地抱起孩子，快速冲到了阳台，一只胳膊夹起一个孩子，把他们的头伸向了窗外。

"小伙子，好样的！纯爷们儿！119已经到了！"

周玉祥看见了，如山林般密集的人群，都在向他挥手，马路上的人群沸腾了，千万张笑脸一齐向他投来。

周玉祥看见一架119的云梯，已经搭到了三楼平台的窗口，在消防队员的帮助下，两个孩子被抱到地上，在一阵水龙的冲击下，屋里的大火也被消防队员扑灭了。

当救护车拉着两个孩子驶向医院的时候，周玉祥拉开了货车驾驶室的车门。周玉祥的汽车刚刚发动引擎，一个声音从打开的车窗钻了进来。

"救人那个小伙子跑了，就前面开车那个！"

"救人那小伙儿，停车！停车！"

周玉祥望了一眼反光镜，加大了油门。

周玉祥的车开走了。围观的人群依旧望着周玉祥汽车开走的方向，议论纷纷。

"听说那两个孩子的父母是外地来打工的。"

"我听说，是两个孩子被反锁在家里了！"

"多危险啊！不玩火哪有这码事！"

"幸甚啊！没那个小伙子，这里早就是悲声一片了。"

问询、感怀、猜疑、寻觅的各种情节，连同周玉祥冲进烟火抱出两个孩子的照片，迅速从人们的手机，传到了天南地北。

绽放的星光与飘浮的灰烬

周玉祥确实火了，从沈阳火到了北京。

2016年11月7日，当年的"牛倌儿"从公安部领导手里接过了全国119先进个人的荣誉证书。

2017年1月，周玉祥在"沈阳好人""本溪好人"的评比中，披上了"感动沈阳好人"与"感动本溪好人"的绶带。

勋章、证书、绶带下的周玉祥似乎长了几岁，沉稳的轮廓日渐清晰。

"周玉祥是好人做好事，好人好事都在继续。"对周玉祥做出如此评价，缘于社区张继先书记继续讲下去的故事。

在张书记发给我们的照片中，大都是周玉祥铝合金门窗志愿者服务队为社区的孤寡、残疾、特困户和六十五岁以上的空巢老人，免费修理安装门窗的照片。端看一幅幅定格的照片，张书记向我们说起了周玉祥自从北京开会回来，发生的一桩桩往事。

社区有一户张姓的八十多岁的老人，孩子在外地工作，家里的塑钢窗坏了，一直关不上窗户。社区在排查中发现了老人的困难后，直接把电话打给了周玉祥。第二天上午，周玉祥就带着维修队为老人修好了窗户，并免费将老人的窗户重新安装了新的把手。

社区曾想统计一下，周玉祥志愿者维修队成立之后，服务的次数与免费的金额数，几次统计都未能如愿。原因很简单，周玉祥第一次接到统计数字的电话，就做了下面这样的回话。

"既然叫志愿者，就应该没有服务次数和金额的要求吧？"

张书记的解释为周玉祥的回答添加了注释。

"周玉祥的善举，已经超出了他们公司的范畴，正是在他的影响下，与他熟悉的几个同行业的老板，纷纷加入他的志愿者服务队，他们有钱的出钱，有料的出料，为此，他们还建立了志愿者维修基金，这些基金也大部分是做塑钢窗的老板拿出来的。他们这个举动，如同给社区的许多居民，或者说一些居民，点燃了一盏传递周玉祥善举的灯盏。

"我不说在今天的沈阳了，就说在今天的光明社区，谁家的两个孩子如果遇到了那种险境，而结局又让他们由哭到笑了，该怎么想呢？那可是从死亡线上逃回来了，对谁都会一辈子感激涕零吧？这是大恩大德呀！可是……"

可是什么？可是什么呢？我读出了张书记的难言之隐。

"张不开嘴呀！这件事发生在我们社区，我们脸上无光。还是不说了吧！"

"是孩子的父母没去感恩吗？"我的发问直击张书记的心扉。

"也别那么说，孩子的家长也曾给周玉祥打过一次电话，从言语中表示了谢意，但我们觉得这还不够，我们期望的是创造一种场合，让父母带着孩子与周玉祥有个见面的机会，以此把人世间的这种感恩、回报的美德继续传承发扬下去。然而，非常遗憾，我们的想法并没得到孩子父母的认同。虽然我们几次去做工作,回答我们的是,没过多久,这家人就不声不响地不知道搬到哪里去了,至今没有任何音讯。"

张大的嘴巴,木然的神态,惆怅与疑惑的心绪,让我好长时间处于一种无语之中。我不禁想起了古汉语中对"善"字的解读。"善"为会意字,从羊,从言,这仿佛是在告诉我们,人与人应像羊一样说话、待人。由此说开去,在我们这个社会谁都知道,受人滴水之恩,必当涌泉相报的道理。何况,周玉祥救的是他们的两个将要被大火夺去生命的亲生骨肉呢?更何况,当时社区为家长与周玉祥的见面,提供了一切方便的条件呢!

至此,我觉得我的这篇文章也该收笔了。在我的面前,一边是道德的星光,一边是星光下的灰烬。毋庸置疑,善良点燃的道德之光,越发灿烂了。但光亮下的灰烬,又该如何清除呢?我想见到那两个孩子父母的愿望,显然落空了,但即便是有了见面的机会,我还能说些什么呢?孩子的家长又怎么回答我呢?我要说什么,相信我不用说了,大千世界,人们如何评价他们,每个人心里都有一本账。

对孩子父母的态度,我报以惋惜。周玉祥面对孩子父母的态度,是一种什么心境呢?

周玉祥的回答是:"我救那两个孩子的时候,从未因为想让他们的家长有一天来感谢我、回报我,我才冲进去的呀!但我相信,那两个懂事的孩子都会记得他们曾经历过的惊心动魄的一幕。他们会明白,我们的社会还是好人多的!"

我想起一句话,把好人介绍给好人!

商国华,辽宁省作协理事,沈阳市作协副主席,铁西区文联主席,诗人、小说家、剧作家、报告文学作家,中宣部"五个一工程"奖、辽宁文学奖得主。

六月花儿香

肖显志

"六月里花儿香,六月里好阳光。六一儿童节,歌儿到处唱。"人还没进屋歌声已经飘了进来。不用看,丈夫王永强就听出是妻子程静。虽然她五音不全,可嗓子脆亮,还带着几分童音。

是啊!屋后龙首山上的花儿开了,开得漫山遍野。紫色的野玫瑰沐浴着习习春风,春风把它的香气向四周弥漫;丁香花一串儿一串儿缀满枝头,惹得蜜蜂嗡嗡围绕;桃树上一小朵一小朵粉色的花儿,绽开灿烂的笑容,好像在说"看我漂亮不漂亮"……花儿把龙首山点缀得那么美丽迷人。

"歌唱我们的幸福,歌唱祖国的富强。"妻子携着歌声进屋,也携着山上的花香。

"啥事这么高兴?"丈夫王永强忙着手里的活儿问。

"你瞅瞅,今天是啥日子?"妻子程静嘴巴努了下墙上的电子钟。

王永强瞥了眼,说:"六月一号啊!"

"六月一号是啥日子?"程静接着问。

王永强停下手里的活儿,说:"哦!六一国际儿童节呀!"

"答对了！加十分。"程静笑起来，说，"给儿子去电话了，祝儿子节日快乐！"

"哎呀！你呀你……"王永强接着干手里的活儿，他是在切肉丝，要给妻子做瓜片炒肉丝。虽然程静在单位很勤劳，当然在家也是，屋子总是拾掇得干干净净、整整齐齐的，可就是不会做饭做菜，用老师说的就是"偏科"。为此，饭菜都是丈夫包圆了。

"《六月里花儿香》是六一儿童节歌。"程静说着又唱起来，"我们自由地成长在这光荣土地上，我们要学好本领把身体锻炼强壮。努力努力努力，为了实现共产主义伟大理想。"

丈夫炸锅，翻炒着说："跟儿子说啥了？"

"不管他长多大，到什么时候都是个孩子。"程静拖着地说，"正在写毕业论文呢！"

儿子王心彤在湖南民政职业学院读老年服务与管理专业，也可能是受爸爸、妈妈职业的感染，儿子高考时选择了民政专业。

"写得咋样？"王永强问。

程静美滋滋地说："那还有差？有我有你还有他在我们养老院的体验，非常顺手。"

"老猫房上睡，一辈传一辈。"王永强说话间菜炒好了，程静拿过饭盒，说："啥父母，啥孩子。"

王永强把菜倒进饭盒，觉着不对，问："咋？哦……又是给老人送去？"

程静莞尔一笑，说："是孩子。"

王永强也想起来了，也笑了，说："六一儿童节。"

程静工作的银州区社会福利院里有四个孤儿，都管她叫"妈"。

"那我再多做两个。"王永强说着，手脚麻利，很快又做了两个炒菜，分别装了，递给妻子说，"快送给你的儿子们过节日去吧！"

"强啊！我替儿子们谢谢你！"程静说着拎起饭盒匆匆出了家门。

望着妻子的背影，王永强喃喃地跟自己说："多幸福，那么多儿子……还有那么多爹妈……"眼前浮现出妻子跟孤儿们唱歌、跳舞、玩耍的场面，默默叨咕着"多幸福"……也哼起来"六月里花儿香，六月里好阳光"……

自从程静来到铁岭市银州区社会福利院工作，就拥有了那么多"爹妈"，那么多的"儿子""女儿"。也许是父母过世得早，她就把福利院的老人们当作爸爸妈妈，每位老人的生日都记得跟自己亲爸妈一样准成，顺嘴就来，一天都不差。这可把王永强忙活坏了，今儿说李爸生日，他就赶忙下厨，做两个好菜，再做个小蛋糕，当然生日蜡烛早就预备妥了，然后乐呵呵地送到福利院。

"真是个好儿子。"这就是程静给丈夫的表扬，"跟爸爸一起过生日吧！"妻子的邀请让丈夫别提多高兴了。苦点儿累点儿没啥，跟老人在一起过生日，看到老人脸上的笑容，就仿佛看到了爸爸……

王永强跟程静结婚二十多年了，恩恩爱爱没红过脸。虽说王永强是铁岭市内人，程静是开原八棵树农村人，可没有一点儿城里乡下之分，和和睦睦平平淡淡地过日子，有了大儿子王心彤，培养儿子上了大学，眼瞅着就毕业了，学的又是养老专业，就要跟他们一样走向民政工作岗位。

福利院的院长韩伟玲来了，看着老人脸上的笑容，知道又是程静在给老人过生日。韩院长是长她十几岁的老大姐，对程静这个小妹妹格外欣赏。别看程静是副院长，可更是个服务员。有一点让韩院长佩服到心底——那天半夜，她来到院里查看，发现一个人影在寝室里晃动……有贼？她蹑手蹑脚上前，看清楚了，原来是程静。她在干什么？只见她把头贴在老人的胸口上，是在听……听什么？程静一抬头发现了院长，说："我听听老人的心跳……"

哦！韩院长明白了，程静是为了防备老人猝死，在观察他们的心跳，一旦发现心跳异常，以便及时抢救。因为以前有老人"睡死"的先例。

"程静，你心真细。"韩院长拉住程静的手说，"都赶上对你亲爹妈了。"

程静小声说："跟我亲爹妈没啥两样……"

"快回家睡吧!"韩院长撵着说,"又让永强睡空床了。"

"看你……"程静不好意思了,说,"听完了,都没啥异常。"

"快回去吧!"韩院长推着她。

程静出了福利院,天很冷,望夜空,星星很亮,是在看着这个杏核眼、嘴角总是挂着微笑的女子。望着星星,她边走边唱起来:"我们抬头望天空,星星还亮着几颗,我们唱着时间的歌,才懂得相互拥抱,到底是为了什么……"

2015年国庆节前的那个深夜——寒风在窗外走来走去,还不时地趴在窗户上往里看。副院长程静正值夜班,在办公桌前写着什么。从笔记本上看长短不一的句子是诗歌。她20世纪90年代末毕业于铁岭师范中文系,对文学很感兴趣,特别是诗歌。常常不由自主地轻诵徐志摩的诗:"轻轻的我走了,正如我轻轻的来;我轻轻的招手,作别西天的云彩……"现在写什么呢?"擦干了泪水,告别了父母,又走近了父母。正像当年脱离了父母的怀抱,又拥进父母的怀抱。福利院,我的家,家里有那么多我的父亲母亲……"

"嗒嗒嗒!"

寒风急促地敲打着窗户玻璃。

程静预感到什么,搁下笔,起身就往监护室跑。果然,老人崔金淑心脏病突发,几个围着的老人急得直跺脚。程静毫不怠慢,掏出手机拨打120急救电话。不到十分钟,急救车赶到了,她和护理班长将老人抬上车,风驰电掣送到医院。

崔金淑老人被推进急救中心抢救,程静便跑前跑后地办理入院手续、缴费,很快就都办妥当了。医生及时抢救,终于使老人转危为安。

当晚,程静见崔金淑老人仍处于昏迷状态,就让护理班长先眯会儿,自己在老人床前守护了一夜。

天亮了,初升的朝晖透过窗玻璃洒在崔金淑老人的脸上,老人睁开了眼睛,映入她眼帘的是程静。

"闺女啊!多亏了你……"崔金淑老人激动地说,"闺女,要不是你……"

程静赶忙握住老人的手,轻轻抚摸着手背说:"别激动,激动对心脏不好……"老人渐渐平静下来,说:"闺女,是你把妈从阎王爷那里拉了回来……"

"妈,好好养病,啥也别想,就好好养病。"程静温柔的话语让老人微微点头,两滴大大的亮晶晶的泪珠滚下眼角……

是啊!星星看着呢!像这样的事看得多了,每颗星星都能记得程静对福利院老人亲生女儿般的呵护。

"啊!妈呀!"

是谁在惨叫,听着怪瘆人的。

刚刚叫了两声,程静就三步并作两步地奔上四楼,直往发出叫声的房间奔去。

是施景秀老太太得了三叉神经痛,痛得直叫唤。

程静赶忙拿过毛巾,毛巾紧摁着施景秀老太太右边脸,用力地摩擦,一会儿老太太叫声小了,是疼痛减轻了。

院长韩伟玲也赶到了,当即决定马上送医院治疗。来到区医院,医生做了诊断后说,这儿治不了,得马上转院。

施景秀老太太转到沈阳盛京医院,要住院一个星期观察治疗。老太太没儿没女,咋办?程静对韩院长说:"院长,你回去吧!这里有我就行了。"

韩伟玲院长说:"三叉神经痛这病平常看好人一个,可一发病就要命了……可够你受的了。"

"放心吧!院长,我会当自己妈妈一样伺候老太太。"程静这样说可不是在嘴上,而是发自内心。

院长深深点头,她深信程静这个副院长一定会把施景秀老太太伺候好的。"我放心,放心!祝愿你们早点儿回来。"她说着离开了医院。

院长走后,程静给丈夫打了电话,说要一个星期不能回家了,在沈阳盛京医院伺候施景秀老太太。这不是啥偶然的事,丈夫王永强习以为常了,说:"静啊!你就安心伺候施景秀老太太吧!不用惦记我,反正我用不着你伺候,可你也要注意点儿自己的身体……"丈夫的理解让程静心里头很暖。

在这一个星期的治疗日子里,程静配合着医生,给施景秀老太太唱歌、讲故事、说笑话,让老人整天乐呵呵的,保持了乐观情绪,避免了急躁和焦虑,这就避免了因情绪诱发的三叉神经疼痛。刷牙洗脸对三叉神经痛患者可是个难事,为了避免病痛的发生,程静利用老人疼痛发作后的间歇期,为避免冷水刺激发病,她把水兑温,撩到自己脸上试试再给老人洗脸和刷牙。再有,她还留心天气变化,阴天了就把窗户关上,避免老人被风吹着脸,到外边晒太阳,程静给老人戴上口罩、戴上头巾,怕让风吹着。在饮食上,程静做得更细心了。第三天韩伟玲院长又来探望,这工夫施景秀老太太没发病,正在歪头晒太阳。

"不咋发病了。"施景秀老太太对院长说,"多亏程静这闺女的伺候啊!吃药打针有大夫,可在吃上都是程静闺女变着花样儿给我做……"

韩院长瞅瞅施景秀老太太,阳光照在老人脸上泛着亮光,一副安详舒心神态,问程静:"你咋给老太太做的?"

程静笑了下说:"没咋做,就是听医生说的做些绿豆、丝瓜、黄瓜、苦瓜、马齿苋啥的清热解毒的食物,平常多给吃点儿新鲜的水果,这样能补充足够的维生素。"

"真难为你了。"韩伟玲抓着程静的手说,"要不,我替你顶几天吧!"

程静甩掉院长的手,说:"那咋行。你要负责全院的工作呢!反正只剩下三五天了,我也伺候熟悉了,别麻烦啦!"

"谢谢!谢谢你!"韩伟玲院长还是抓住程静的手,说,"替施景秀老太太谢谢你,我们全院谢谢你!"

一个星期过去了,施景秀老太太的病情好多了,已经整天不发作了。医生说患者病情稳定了,可以出院了,不过回去要注意细心保养。

回到福利院,程静按照医嘱,悉心照料施景秀老太太,院里听不到瘆人的惨叫声了,宁静让阳光也变得格外柔和。

福利院的老人围住施景秀老太太问这问那,听施景秀老太太讲程静副院长在沈阳咋伺候她的,都咂巴嘴羡慕。

"哎哎!啊啊!"

谁?

是养员方世贵。

只见方世贵捂着肚子疼得哈下腰,从面部表情看痛苦至极。

人们呼啦围了过来,七嘴八舌地问方世贵咋的了。

程静听见了,头一个跑过去,接着韩伟玲院长和王慧玲副院长也都闻声奔了过来,把老人当即送往医院。到了市第二人民医院,说治不了;再到区医院,还是治不了;最后转到市中心医院,才得入院治疗。经过诊断,医生说是腹股沟疝,俗话说就是小肠换气。如果不及时治疗后患无穷,会导致肠梗阻,甚至死亡。

韩院长问医生怎么治。医生说临床主要采取两种治疗方式,一个是保守治疗,减轻疝带压迫,用外敷中药;再一个就是根治,动手术。

韩院长看看程静,再瞅瞅王慧玲,征求她俩意见:"你们看怎么治?是保守治疗,还是去根儿动手术?"

程静说:"最好是去根儿。"

王慧玲也说:"就动手术吧!"

三位院长忙前忙后挂号、办理住院手续、取药、交款……一直忙到早上三点多钟,手术室门开了,方世贵老人的手术很成功。

程静见韩院长和王院长眼皮都撩不起来了,说:"你们先眯会儿吧!这里有我就行了。"

这工夫,方世贵的家属闻讯赶到医院,程静过去介绍老人的病情,安慰他们手术做得很成功,放心吧。

这时麻药过劲儿了,老人醒来看到亲属,说:"啥也别问了,要不是三位院长给我治得及时,说不定早憋死了。"

家人们都怔住了……

程静对方世贵的亲属们说:"你们都把心放在肚子里吧!也都回家吧!这里有我伺候,不会比在家里差,等出院再来吧!"

亲属们听着程静的话，说不出别的来，只是一个劲儿说"谢谢"。

程静留下来伺候方世贵老人，接屎接尿的跟自己个儿老爹没啥两样，临床病友和护理的家属都以为她是老人亲闺女呢！

一个星期下来，吃不好睡不好的程静，原来的圆圆脸瘦了一圈。

一周后，方世贵老人出院了，满面红光的跟没动手术一样。

方世贵老人瞅着程静说："闺女，你累瘦了……"

"瘦了好哇！省得减肥了。嘻嘻！"程静笑起来，说，"好看吗？"

大家拍巴掌，都说"好看，好看"。说得程静两腮绯红，不好意思了。

这当儿，有人抻她衣角。

哦！是养员老赵太太。

"有事？"程静低声问。

"到那边去说……"老赵太太把她拉到一棵槐树下，朝四处瞅瞅，神秘地说，"我跟老高头好上了。"

程静说："你跟谁不都挺好的嘛。"

"不是那种平常的好，是搞对象。"老赵太太认真地说，"是恋爱。"

程静心头一揪，老赵太太在爱情上受过伤，总是神经兮兮的，动不动就跟哪个老头养员好，闹得男养员见她就躲。这次程静也认真了，问："这回是真的？"

老赵太太发誓地说："真的！太阳代表我的情，月亮代表我的心。"

她们正说着，养员老高头过来了，说："小赵说的是真的，我们相爱了。"

程静问："我能帮二老什么？"

"我们要结婚！"两位老人说得非常坚决，手拉在一起。

程静低头沉思一会儿，抬头瞅着他们问："二老的亲属都同意吗？征求他们的意见了吗？"

两位老人四目相对了半天都摇头。

程静也摇头，说："你们得经过孩子们同意，还涉及遗产问题。"

"我没啥遗产。"老高头说，"我死了遗产啥都不要，没问题。"

老赵太太也说："我更是，没遗产问题。"

程静见他们这样认真，寻思好一会儿说："既然没有遗产问题，那我也得跟你们子女商量商量，征求一下他们的意见。"

"那好吧！就拜托你程院长了。"老赵太太拉住程静一只手摇着。

老高头也拉住程静另一只手，摇着说："我们俩成不成就看程院长的了……"

"好！要是你们的子女同意，我赞成。"程静把他们的手放在一起，说，"祝愿你们百年好合。"

程静说到做到，分别找了二老的子女，说明了情况，子女没啥说的，就是俩字：反对。

怎么办？要想成全二老，不过子女这一关难以成全。于是，程静跟他们耐心地讲，现在老人在福利院生活上吃饱、穿暖、睡好，闲暇时间有棋牌室、台球室、阅览室、音乐室、电脑室、乒乓球室，玩的、看的、听的啥也不缺，可就是缺感情上的寄托。老人的晚年如果感情上空虚就会陷入内心的痛苦，就会孤独寂寞，就会影响身体健康……苦口婆心、细雨无声、情感真挚的疏导，让二老的子女们终于想通了。

程静把这个情况跟韩院长汇报，得到院长的支持，老赵太太和老高头的结合按照正常手续办妥了，在院里的"福禄厅"举办了婚礼。婚礼上，程静当主持人，把气氛搞得热热闹闹，一派喜庆欢乐，最后养员们唱起《夕阳红》祝福两位老新人，歌声飘荡在福利院，久久不散。

望着二老脸上皱纹里洋溢着幸福的喜悦，程静也沉浸在爱情的幸福中之时，她忽然想起什么，拨通丈夫王永强的手机……

"强啊!我今天我早点儿回家,你准备几个好菜。"

"咋?"

"你想想今天是什么日子?"

"哦!结婚纪念日……遵命!"

妻子太忙了,没过过结婚纪念日,今天是咋了?王永强懵懵懂懂,可还是买鱼买肉买菜,给妻子一个惊喜。

可是,又让王永强失望了。

因为老人病发,住进医院,程静一忙又是两天——老人在医院病逝,她又跟往常一样忙活着给老人办理丧事。不是把结婚纪念日忘了,而是深深埋在心里,还埋着对丈夫的一份愧疚,也埋着自己的一份遗憾。

程静是个要强的人,对工作要强,对待老人们要强,对自己更要强。为了提高自己的能力和护理老人的能力,她一边工作一边学习,凭着顽强的毅力终于考下了国家二级营养师资格,后来又拿下了高级护理师资格,她也是福利院里职称最高的工作人员。唯独对自己个人的家事总是不上心。不过,她跟丈夫说了,等有时间好好过个结婚纪念日。可是,这一天王永强还是没有等来……

为了福利院,为了老人们在冬天里暖烘烘的,程静吃了多少苦自己不记得,可丈夫王永强替她记着呢!福利院的供水是靠自己的机井抽水,水泵经常出故障,排除故障差不多都是她的事。

这天,外面刮着凛冽寒风,光秃秃的榆树打着吱吱的口哨,雪花扑打着窗玻璃,让阳台上的花草直打哆嗦。

太冷了。

王永强跟往常一样,做好了饭菜等着妻子回来。可是,天黑透了,房门还没有动静。"又在忙什么?"不等王永强寻思下去,手机铃声响了,是妻子打来的。原来妻子正在机井房和两个师傅修水泵。水泵故障不排除就抽不上水,没有水锅炉就得停烧,福利院就会冻成冰块。

"我在机井房,快点儿送热乎饭菜,我们都没吃饭呢!"程静在手机里咝咝哈哈地说,看来冻得不行。

"好好！"王永强应着，赶忙再熬上一锅大枣姜汤，用棉垫包好，匆匆赶往机井房。他赶到那儿，见妻子和师傅都冻得哆嗦成一团，手都伸不出来了。

喝了大枣姜汤，身子暖和了；吃了热饭热菜，肚里有食了，接着干。不大会儿水泵修好了，井水抽上来了，程静脸上露出了笑容，对丈夫说："回家吧！"

王永强说："家比这儿暖和。"

程静长出一口气说："老人们暖和我就暖和了。"

…………

"六一"说过就过去了，转眼就到端午节了。

给福利院里的老人们过节日，程静记得牢牢的，母亲节、父亲节、重阳节什么的，总是早早地准备。

"韩院长，该给老人包粽子了吧！"2016年6月7日这天一上班，程静就跟韩伟玲院长说。

韩伟玲院长说："9号才是端午节，不早吗？"

"不早。"程静说，"今天7号，明天8号，后天就是了，就隔一天。咱们院里三百多号养员，每人俩的话也够包一阵子的了。"

"好吧！"韩院长说，"我们科室人员全动手，大家伙一齐忙活。"

于是，程静张罗着上市场买糯米、粽子叶和马莲，再买大红枣、火腿肠、果脯什么的做馅。今年，她要多做几种口味的粽子，让老人们乐意吃啥样的就吃啥样的。

把糯米泡上，等泡到时候就开始包。因为年年包粽子，程静和工作人员们都手到擒来，在一楼食堂里分成几组，一组包不搁馅的，一组包大红枣馅的，一组包肉馅的……都忙活起来了。

此时，程静的手机响了，她说上面要个材料，随后喊王慧玲副院长一起帮忙找找，两人就去了五楼办公室。

她们刚到办公室不大会儿，一个四十多岁的汉子出现在门口，进屋随手把门关上，眼里冒着凶光。

认识。

杨金龙。

他母亲曾经是福利院的养员,也是福利院的介护人员杨秀江的母亲。程静院长根据她母亲的身体健康情况建议住介护管区,杨秀江提出太贵,要住介助管区,并表示如果发生什么摔伤等意外,不需要院里赔偿。程静思量一下,说:"究竟要住哪种管区你自己定。"

没想到,杨秀江母亲自己往椅子上坐时,没坐准,一出溜蹾在地上,摔坏了股骨头。因为前有约定和杨秀江的许诺,没有向福利院提出赔偿。福利院帮着上医院治疗后,她母亲便回家养着。可她哥哥杨金龙不让了,非要福利院赔偿。韩伟玲院长对杨金龙说:"你家庭有困难就把你母亲再送回福利院,我们养着,一直养到过世,一分钱不冲你要。"杨金龙没话了,只是说不回去了。

没想到,今天杨金龙是拎着刀来的。

"你有什么事?"程静扭头看着杨金龙。

"我找韩院长。"杨金龙说。

"韩院长不在。"程静镇定地回答。

"是不在。她不在办公室,我才到这里找她。"

"你先坐会儿……"

"院长不在我把你们都杀了!"

杨金龙说着亮出藏在后背的尖刀直冲王慧玲,一把把她拽倒,扬起尖刀就扎。王慧玲双脚乱蹬乱踹,左脚脖中了一刀,鲜血直流。

"住手!"程静见王慧玲被扎伤,大喝一声上前制止,王慧玲趁机跑出办公室。杨金龙不再追,转向了程静,牙齿咬得咯咯响:"找死!"一刀扎去——

王慧玲趁这空当跑出办公室,边往楼下跑边喊:"杀人啦!救命啊!"

韩伟玲院长听喊声急忙往楼上跑,快到五楼时被一个职工拽到一边,退到了四楼,躲过了杨金龙的追杀。

110警车火速赶到,将杨金龙抓获。

人们蜂拥上楼，见在五楼办公室的血泊里躺着副院长程静，手捂着肚子已经说不出话。

"快上医院！"韩院长都喊走音儿了。

程静因胸部、腹部、四肢多处连中数刀，伤势严重，抢救未果，停止了呼吸……从她身上的多处伤口来看，程静与歹徒经历了一场拼死的搏斗，即使倒在了血泊中，也紧紧抱住凶手的大腿。

韩伟玲院长说："程静是替我挡了刀啊！"

王慧玲副院长说："她用自己的命换了我的命啊！"

…………

那天，丈夫王永强还是把饭菜做好，静静地等着妻子回家吃饭。可他等到的是妻子被凶手杀害的噩耗，这个银州区民政局工会主席，这个坚强的硬汉当时在人们面前一个眼泪疙瘩都没掉，可当把妻子安葬后，一个人关在屋子里号啕……

母亲程静牺牲后，儿子王心彤毕业了，报考了军校，穿上了野战军的军装。本来可以回到地方当一名民政管理干部，可为啥要参加解放军？"妈妈牺牲在工作岗位上，我要把自己的生命献给保卫祖国的战场上！"这就是儿子对妈妈最后的誓言吧！

"六月里花儿香，六月里好阳光。六一儿童节，歌儿到处唱。"

稚嫩的歌声从龙首山上飘下来，携带着花儿的芳香，萦绕在英雄倒下的地方。蜜蜂嘤嘤围绕着福利院的花坛，寻觅着英雄的身影。蜡嘴雀响亮地啼鸣，呼唤着往日英雄的歌声……

肖显志，辽宁省作协理事，铁岭市作协原副主席，陈伯吹儿童文学奖、中宣部"五个一工程"奖、辽宁优秀儿童文学奖得主。

黄嘉旺：见义勇为永葆军人本色

郭宏文

2017年8月9日，在辽宁省见义勇为英雄表彰大会上，辽宁省东戴河新区综合执法局市容大队四中队中队长黄嘉旺，被辽宁省人民政府授予"辽宁省见义勇为英雄"称号，成为全省十名获此称号的人之一。黄嘉旺能够获得此项荣誉，是因为他在2015年7月18日回老家绥中休假期间，奋不顾身地营救出险些被坝堤漩涡吞噬的十一名落水者。当时，黄嘉旺还是海军某部的四级军士长。他的英雄表现，无愧于"咱当兵的人"这一响亮的称号。

危难之时显身手

2015年7月9日，海军某部四级军士长黄嘉旺，回到了位于绥中县县城工人社区内的家里，开始了为期四十天的休假生活。与其说是回家休假，还不如说他回家是为了集中补偿对妻子和女儿的一种愧疚。

黄嘉旺于2007年5月12日，与比他小一岁的妻子刘岩在老家绥中结婚。当时，黄嘉旺是海军某部的一名出色的士官。婚后，他作为一名军人，只好告别妻子，继续跟随舰艇，巡航在祖国辽阔的万里海疆。

而作为军人的妻子，刘岩非常理解丈夫，支持丈夫。当女儿黄思怡出生后，照料孩子等一切家庭事务，都落在了刘岩一个人的身上，这也常常让她顾此失彼，忙得不可开交。但是，刘岩从没有过怨言，也从没向自己的丈夫倾诉过。

对妻子的默默付出，黄嘉旺一直心存感激。每一次回家休假，他都倍加珍惜短暂的相聚时光，洗衣服，做饭，带孩子，收拾屋子……只要自己能做的事情，黄嘉旺都抢着做。

这次回家休假，女儿就要读完小学一年级了。一想到女儿长这么大，他都没尽到一个当父亲应该尽到的责任，心里总有一种酸溜溜的感觉。

2015年7月18日这一天，是双休日的星期六，天气晴好。黄嘉旺与妻子刘岩带着女儿黄思怡，乘出租车到离家约十八公里的二河口海滨风景区去游玩。

到达目的地后，一家三口兴致勃勃地到附近一个伸向海里四五十米的石头坝顶去抓螃蟹。而就在他们准备好蟹笼准备投放时，黄嘉旺却发现，海潮已落至最低，并开始急速回潮，在附近形成危险的漩涡。而此时，浴场还有不少的游客正在海中游泳。凭自己十多年与大海打交道的经验，黄嘉旺预感到会有险情发生，他的心情随即不安起来。

大约过了二十分钟，黄嘉旺突然发现一对母子抱着一个救生圈，被暗流从上游的浴场方向，冲向他所在的石坝方向。小男孩不停地哭喊着，他的母亲也满脸的惊慌。此刻，他们离岸边越来越远，离漩涡处也越来越近，处境十分危险。黄嘉旺急中生智，立即收回水中的蟹笼，并解开手中绳索，随即抛向水中的母子。经过几次努力，那位母亲终于抓到了绳子。之后，黄嘉旺用力将他们拉到石坝边，使母子脱离了危险。

随即，不远处又传来了刺耳的呼救声。黄嘉旺看到又有一男两女被暗流冲了过来，他们在海水中拼命地挣扎呼喊。两个女子有救生圈，而那个男子没有救生圈。千钧一发，黄嘉旺一边向男子大喊，一边将长绳向他抛去。结果，男子抓住了绳子，黄嘉旺就顺势用力，把男子拉到石坝上。而后，黄嘉旺又迅速拿起绳子，去救另外两名女子。危急关头，他用尽全力，把两个女子同时拽到了石坝边的浅水区。

　　此后，又陆续有多名游客被海里的暗流冲了过来，他们都在拼命呼救。黄嘉旺感到，事态似乎已经失去了控制，心里非常着急。他一边安顿好自己的女儿，一边让自己的妻子拨打110，并向浴场方向还在玩耍的游客大声喊话，让他们尽快上岸。

　　黄嘉旺马上整理手中的绳子，争取在最短的时间内把遇险游客救上岸来。当时，有一对母女被海浪冲散了。母亲离黄嘉旺比较近，黄嘉旺就先把她快速拉上岸。上岸后，这个女人发疯似的向黄嘉旺求助说："求求你，快去救我的女儿！"

　　此时，小女孩向下游已经漂出五六十米远了。体力严重透支，而且双腿受伤，并一直在流血发抖。黄嘉旺毫不迟疑，立刻跳入海水中，拼命向小女孩游去。由于上岸逆水而游，还推着一个小女孩，黄嘉旺明显感觉到自己没有力气了。但他咬紧牙关，顽强地向岸边划水。还好，这时有一艘摩托艇开了过来，把小女孩安全地接上了岸。

　　而就在黄嘉旺要游回到石坝时，岸上又传来呼喊声："你前边还有一个人，快把他救上来。"黄嘉旺定睛一看，不远处果然有一个男子趴在水面上一动不动。他强忍伤痛，迅速游了过去，尽全力把男子往石坝方向推。随后，在附近两个钓鱼人的协助下，最终把男子抬到石坝上。但遗憾的是，这名男子已经没有了生命体征。

　　随即，又有三名游客漂了过来向黄嘉旺求救。黄嘉旺不顾自己体力透支，先后用绳子将他们拉到石坝边的浅水区。

　　就这样，在众人的协助下，黄嘉旺一共成功救出了十一名落水者，其中一名男游客不幸溺水身亡。同时，还有一名游客因被漩涡卷走失踪。

黄嘉旺能在危难之时大显身手，除了他的思想过硬外，还在于他平时练就了强健的体魄。作为一名海军，游泳是部队训练考核的一项重要技能，要求做到专业达标、体能达标、游泳达标。在训练中，黄嘉旺最擅长的是蛙泳和自由泳。正是拥有部队训练的雄厚积累，才有了黄嘉旺在危难之时的挺身而出。

黄嘉旺冒着生命危险勇救十一名遇险游客的壮举传出后，《人民日报》（海外版）、《人民海军报》《辽沈晚报》和《葫芦岛晚报》等众多媒体，都对黄嘉旺救人的事迹进行了报道。

为了弘扬黄嘉旺见义勇为的英雄精神，2015年10月，绥中县人民政府授予他"绥中县见义勇为先进分子"荣誉称号；2015年11月，葫芦岛市人民政府授予他"葫芦岛市见义勇为模范"荣誉称号；2016年9月，葫芦岛市委宣传部授予他"葫芦岛好人·最美人物"荣誉称号；2016年12月，辽宁省委宣传部授予他"辽宁好人·身边好人"荣誉称号；2017年4月，辽宁省委宣传部授予他"辽宁省道德模范"荣誉称号。

慈母书信励成长

说起自己的成长经历，黄嘉旺对许多人都心存感激，尤其对他的母亲。他说："如果没有母亲的教导和鞭策，就肯定没有我的今天。"

1981年5月20日，黄嘉旺出生于绥中县黄家乡北毛村，父亲黄绍杰和母亲陈桂琴都是地地道道的农民。他的母亲是黑山县罗屯乡人，小学刚刚毕业时就赶上了"文化大革命"，只好中途辍学，上大学的梦想从此破灭。

陈桂琴的大儿子于1979年1月出生后，她给孩子取名叫黄嘉兴，她说，这个名字是"家兴"的谐音。之后，她又为未出世的第二个孩子取名叫黄嘉旺，她说，这个名字是"家旺"的谐音。她又说，两个孩子的名字加在一起，就是"黄家兴旺"的谐音。这就是

"黄嘉旺"名字的由来。

黄嘉旺在本村的北毛小学读完小学，而后又在山咀子中学读完中学。其间，黄嘉旺学习一直很努力。后来，又进入锦州育才中学读高中。

天有不测风云。1998年11月，黄嘉旺的父亲黄绍杰因患胃癌不幸去世。此时，黄嘉旺刚刚升入高二，而他的哥哥还没从高考落榜的失意中解脱出来。黄嘉旺接受不了父亲去世的打击，学业受到了很大的影响，不久就辍学了。

当时，陈桂琴非常理解孩子的心情。她觉得，不能让两个孩子就此消沉，眼下最好的办法，就是把两个孩子送到部队里去，让他们在那里学习、锻炼、进步、成长，尤其可以考取军校，让她与两个孩子一起共圆上大学的梦想。于是，当年年底，陈桂琴就把大儿子黄嘉兴送进了部队。紧接着，第二年年底，陈桂琴又把二儿子黄嘉旺送进了部队。从此，陈桂琴开始用写书信的方式，来激励和鞭策两个儿子的学习和成长。

1999年12月30日，陈桂琴给刚刚入伍的黄嘉旺写第一封信时说："二旺，妈妈希望在你远离家乡、举目无亲的情况下，注意身体，把握自己，千万不能放弃文化学习，争取早日实现自己考取军校的愿望。家里的事不用你惦记。妈妈虽然担子重，但妈不是肚量小的人。不管什么事，有多大的难度，妈妈都能置于脚下，只盼你俩双双长大成人，才能了却我的心愿。你们俩的进步，就是妈妈的高兴。有时间，给你的叔叔、你要好的同学、武装部的领导，还有你二姨、大舅、老舅写封信，向他们表示感谢的心情。做人，必须懂得感恩。"

黄嘉旺入伍后的第一个春节，他的母亲陈桂琴在家里煮饺子时，一共盛了四碗。第一碗盛给离世的丈夫，第二碗和第三碗盛给同在部队的两个儿子，第四碗才盛给她自己。盛完了饺子，她已经无法抑制想念亲人的悲伤心情，拿着收音机，跑到房顶上去听。

2000年3月19日，陈桂琴在用大儿子激励黄嘉旺时写道："二旺，你哥不久就要在军里参加考试，然后就进入军官学校去参加学习。前几天,他在参加昌吉场站的模拟考试时,考了一个第二名。而参加模拟考试的战士,总共有四十人。你哥的成绩还行,妈妈很高兴。你俩的进步,就是妈妈的高兴;你俩的好成绩,就是妈妈的欣慰,你俩是妈妈生命的支柱和依靠。"

2000年5月16日,陈桂琴语重心长地写道:"二旺,你们哥儿俩当兵以后,妈妈就出来打工,三口人分散在祖国冷热不同的三个地带,奔赴各自不同的工作。请你不要惦念妈妈。说我弱,妈妈的眼泪最多;说我强,妈妈能应付各种人各种环境。因为妈妈最朴实,心最诚,所以,我也自信无论干什么,我都能干好。妈妈衷心地希望你要自强、自立,生活要俭朴。在花钱方面,咱不能和任何人攀比,但在学习和技术方面,一定要比得上甚至超过其他人。"

2001年9月3日,陈桂琴在得知黄嘉旺被海军蚌埠士官学校录取后,在信中激动地说:"二旺,你在入伍仅仅两年后,就成功走进了士官学校的大门,又能重新拿起了文化课本深造自己,妈妈几乎是喜极而泣。妈妈希望你珍惜这黄金般的学习时光,多学习知识,多学习技术。士官学校虽然不错,但妈妈希望你毕业之后,做好考军官的准备,最低得拿到本科文凭,我跟你哥哥也是这样说的。你哥哥军官学校毕业后,也要马上读本科,一年后就能拿到本科文凭。我祝愿你们两个好孩子比翼齐飞,齐头并进。"

2003年6月14日,陈桂琴在叮嘱黄嘉旺要记住治家之本时写道:"二旺,妈妈希望你在以后的日子里,一定要把握机会多学习。平时,要注意节俭一点儿,这样,到了关键时刻才能不慌。能挣钱也要巧安排,去了花的要有攒的,绝不能可钱乐,这是治家之本。"

在黄嘉旺入伍后的前五个年头,他的母亲一直与他保持着频繁的书信联系。其间,母亲最多时一个月给他写了四封信,信件总数超过一百八十封。这些信,细心的陈桂琴都从儿子的手中收集回来,并一直保存完好。

在说到母亲书信的作用时,黄嘉旺说:"母亲的这些书信,就像她手中拿着鞭子,只允许我朝着一个方向前进。"

当兵无愧海军蓝

1999年12月10日，黄嘉旺光荣地入伍参军，成为海军南海舰队虎门沙角训练基地的一名战士。

其实，在黄嘉旺的心中，一直有当兵这个美好的愿望。他说："受家庭环境影响，从小到大我都有当兵的愿望，而且从没改变过。我父亲共有兄弟五人，其中有三人都当过兵，三个人都是我的叔叔。这三位当兵的叔叔，在部队都取得了非常好的成就，给下一代树立了很好的榜样。而到了我们这一代，又有兄弟五人先后参军入伍。"

黄嘉旺从进入军营的那一天起，就严肃认真地告诫自己：扎根军营，争创一流，建功立业，当一名爱军精武的兵。

短暂的新兵训练和专业学习结束后，黄嘉旺被分配到海军南海舰队桂林舰上，成为一名舰艇高炮兵。

面对威武的军舰和从未见过的相关装备时，黄嘉旺的内心感受到了从未有过的压力。当时，他的班长用了三天时间，带着他对舰艇的装备构造进行熟悉，并对装压弹和更换击针进行了相关的讲解示范。然后，班长给了他一本专业书，让他自己去学习。当他捧起那本书时，才真正感到自己在理论知识方面存在着巨大差距。

为了尽快掌握舰艇相关装备的基本原理和操作要领，黄嘉旺利用晚饭后别人下码头休息的时间，自己独自加班进行学习研究。他拿着书本坐在装备上，一个零件一个零件地查找，一个零件一个零件地熟悉。晚上，他把所有的时间都用在相关理论的学习上，常常偷偷地一直学习到凌晨。

就这样，黄嘉旺一坚持就是一整年。在第二年的岗位合格考核中，黄嘉旺不但理论成绩达到了优秀，而且在三分钟耐力压弹课目上，他还一举打破了当时所在支队的单项纪录。

2001年8月，黄嘉旺以优异成绩考入了海军蚌埠士官学校。从此，他离开桂林舰，开始了为期两年的专业培训学习。

在士官学校读书期间，黄嘉旺与广大学员一起，在教室里学习，在外场进行实际操作。黄嘉旺回忆说："我现在依然清晰地记得当年的训练场景。那时，大家的训练热情非常高，因为学员之间，总会有个相互的比较，谁也不甘心落后。一个课目被圈定后，就要反复地练。训练的过程中，几乎每个人的手上，都被磨出血来，非常疼痛。但是，伤痛并没有阻止我的训练热情。那个时候，有的学员开始在训练上打折扣，有的学员干脆请了病假退出了训练。而我觉得，这个关键时期，是对每个人意志品质的一种考验，是提高成绩的关键时期。这个时候，如果放弃训练，我的成绩就肯定落在别人的后面。"

在自己的鼓励和鞭策下，黄嘉旺咬紧牙关，坚守在训练场上。就这样，经过两年的系统学习，黄嘉旺熟练掌握了相关设备的操作使用和故障排除基本技能。2003年5月，在海军蚌埠士官学校组织的专业比武中，黄嘉旺一举取得了三项第一名、一项第二名和总成绩第一名的优异成绩。

2003年7月，黄嘉旺从士官学校毕业后，以士官的身份，被分配到海军南海舰队吉首舰上服役，并一干就是八年。黄嘉旺说："从士官学校毕业后这八年是我付出最多，也是收获最多的八年。"事实正如黄嘉旺所说的那样，他在吉首舰服役期间，取得了许多优异成绩，也赢得了许多荣誉嘉奖。2006年、2007年，连续两年在吉首舰组织的专业比武中，均取得第二名的成绩；2008年、2009年、2010年，连续三年在吉首舰组织的专业比武中，均取得第一名的成绩；2007年11月，被吉首舰荣记个人三等功；2009年8月，被吉首舰授予"装备自修先进个人"称号；2010年10月，被中国人民解放军海军司令部和海军装备部授予"海军技术能手"称号，成为某部枪炮专业唯一获得此项殊荣的士官；2010年11月，被吉首舰荣记个人三等功。

黄嘉旺说："对我来说，每一个成绩的取得，都是莫大的鼓励和鞭策，也是我向更高、更远目标前进的推动力。"

2012年3月，由于在吉首舰上的优异表现，黄嘉旺被调入海军南海舰队岳阳舰，担任某项装备的电气技师，并直接参与一艘新舰艇机构的组建。面对新的使命任务、新的装备发展，黄嘉旺感到，自己必须从零开始，从学生做起，以主动作为的姿态，奋勇当先的标准，尽快成为新装备的明白人。

在新的岗位上，黄嘉旺充分利用训练、试航等各种机会，认认真真地学，勤勤恳恳地练，并以此来带动身边官兵对新装备的学习掌握。新舰艇入列后，黄嘉旺带领的队伍在执行各项任务中，很快就崭露头角，成了舰上让人非常放心的团队。同时，黄嘉旺也获得了许多的荣誉。2012年7月，被中国人民解放军总参谋部、总政治部、总后勤部、总装备部授予"士官优秀人才奖三等奖"；2014年，被岳阳舰授予"和谐家庭"称号；2015年11月，被岳阳舰荣记个人二等功。

2015年11月，黄嘉旺在军旅生涯即将到期、再过几天就要离开军营之际，有些依依不舍地说："在这片海军蓝的事业中，我用热爱和忠诚，书写了自己的从军史。也许，我为建设强大海军贡献了一点应有的力量，这是我最大的欣慰、最大的骄傲。还记得新兵时那'当兵不习武，不算尽义务，习武艺不精，不算合格兵'的豪迈誓言；还记得那'迎着大海的巨澜，驶离美丽的军港'的磅礴之歌。每一段经历，都让我刻骨铭心，拼搏过，付出过，收获过，成熟过。而面对新的人生起点，我不会因岁月过往而失落，不会因前途未知而迷茫，因为经历本身就是财富，在无形中，军营已教会我太多。人生最美是军旅，我已收获满满，没有遗憾。"

军人本色永不变

2015年12月1日，黄嘉旺告别并肩战斗的战友，告别了奋斗十六年的军营，依依不舍地踏上了返回家乡的列车。在列车上，他写下了这样一段话："回望自己的军旅岁月，我深切感受到，小岗位连着大使命。虽然我的舞台不大，但只要敢担当、肯作为、重实干，就没有克服不了的困难，没有完成不了的任务。而经历过风雨搏击的人生，也让我收获了成熟与自信。"

回到家里后，寻找新的工作成为他的一项重要任务。当组织找他谈话，表明将把他派到离家六十公里外的东戴河新区去工作时，他欣然接受了，没提出任何附加条件。他说："我是军人出身，军人的天职就是服从命令。而且，我的新岗位所负责的是综合执法工作，是一项非常重要的工作，让我来做这项工作，是组织对我的信任，再远的路途，我也心甘情愿。"

妻子刘岩也非常支持他的选择，她说："一个男人，就应该以事业为主，有所担当，有所作为，干出个样子来。我依旧像他在部队时那样，支持他舍小家，为大家。"

2016年9月1日，黄嘉旺正式完成了角色的转变，成为辽宁省东戴河新区综合执法局市容大队的一名工作人员。黄嘉旺来到市容大队后，立即投入到工作之中。仅仅一周时间，他就熟悉了市容大队依据有关法律、法规、规章所担负的主要工作职责。

工作一段时间后，黄嘉旺体会到，都说综合执法工作不好干，但事在人为，只要工作方法得当，绝大多数人是讲道理的。

东戴河新区综合执法局副局长田玉新在评价黄嘉旺时说："黄嘉旺刚分来的时候，不知道他是个见义勇为的英雄。这个人，确实有军人的特点。局里老人儿多，他来了以后，带来了一种新气象，发挥了带动作用。他在工作上非常认真，有团队精神，局领导班子都非常认可他，到任不足八个月他就被提拔为中队长。"

据田玉新介绍，每年夏季，全国各地的游客都会纷纷拥入东戴河新区，致使海滨旅游出现异常火爆的盛况。从7月初到8月末，每天来东戴河休闲、度假的游客都在三四万人，节假日高峰时段，甚至超过十万人。每逢周末，大约有近三万辆外地车辆驶入东戴河辖区一带，各个宾馆、酒店以及一千八百多家农家乐几乎全部爆满，经常出现一房难求的局面。旅游市场异常火爆的态势，给市容大队综合执法带来了巨大的压力和考验。

在这种情况下，市容大队要全天候值班，去管理市场，管理浴场。越是节假日，市容大队的管理任务就越繁重。于是，黄嘉旺和他的同事经常加班加点，而且都是没有任何报酬的义务加班，工作非常辛苦，有时一连几天不回家。就是再苦再累，黄嘉旺也一直坚守在工作岗位上，从来没抱怨过。

2017年8月9日下午，黄嘉旺参加了辽宁省见义勇为英雄表彰大会。会议结束后，他非常激动地说："今天，作为'辽宁省见义勇为英雄'之一，有机会参加表彰大会并登台领奖，我感到非常荣幸。这不仅仅是我个人努力的结果，也是部队对我辛勤培养的结果，更是辽宁这片热土哺育的结果。今后，我将无愧于'辽宁省见义勇为英雄'这一称号，永葆军人本色，努力工作，再创佳绩。"

郭宏文，葫芦岛市作协秘书长，散文作家。

补天的女人

——本溪彩屯居民于桂香一针一线还债纪实

冯 璇

这个夏天的周末，我走进了彩屯社区的一家洗洁店。店铺不大，十平方米左右，一边是码边机、缝纫机，另一边挂着洗熨好的衣裤。再往里走是一张床、卫生间、厨房。整个房间虽然不大，却简洁有序。当我的目光停留在床上的时候，一个笑眯眯的"小女孩"一下子蹦下地，怯生生地叫我声姐，接着一字一顿地对我说：你，喝不，喝水。

女主人介绍说，这是我女儿，三十一岁了，是个……智障孩子。然后转身告诉"小女孩"，你安静下，妈妈要和这个姐姐说说话。"小女孩"乖乖地点点头。安静地坐回床上，不时用惊恐的目光打量着我。

这时我才细细打量着眼前这个叫于桂香的女人，她和我想象中的反差很大，瘦弱、干练、戴一副眼镜。当我说明来意，她沉默着。过了好一会儿才说，没什么可写的，一切都过去了，我现在和孩子真的很好……

此刻，我分明看到她眼里有泪……她借着转身给我拿水的时

候,强忍着咽了回去。一下子,我就知道,这是个刚强挺立的女人,生活中的任何苦和难都不会压倒她。

她的故事,从童年开始……

一

那一年,我十一岁,家里来了个女人。我姐姐告诉我,这是我们的继母。我当时哇地哭开了,心里不知道是什么滋味。她的到来就说明我要有个后妈。后妈在孩子的概念里就等于恶魔。我姐姐那天紧紧地抱着我,安慰我说,妈去世两年了,爸还不到五十岁,太可怜了……我们都会长大,都会嫁人,而他却在一天天地老,到那时可没有人会上门的。

好半天,我止住哭声。那一刻起,我就知道,有些事要忍着,有些泪也要忍着。好在继母和父亲的感情非常好,对我们也很好。后来才知,我善良的继母就是看中了父亲的老实和厚道。当时父亲在豆腐社跟车,起早贪黑的,一个月也没有多少钱。每到刮风下雨的时候,继母会在路口等父亲。继母没有工作,但做得一手好饭菜,逢年过节一些好吃的她都让给我们,而自己极少动筷。这两点和我生母那样吻合,一下子让我在心里和她靠近了,甚至觉得我的生身母亲又回来了。那时的日子虽然过得清苦,可一大家子其乐融融。继母对我们视同己出,疼爱有加,我们和她带来的四个孩子也相处得跟自家兄妹一样,对我这个丧母的孩子来说,家里又充满了爱与温暖。

转眼,我就到了谈婚论嫁的年龄。当时我的单位是本溪市服装三厂,常年加工出口服装。我是做计件的,几乎是三天两头地加班加点。我当时心中的标准就是找一个善良忠厚的,至于家庭条件什么的都没有多想。那一年,我和爱人是经人介绍认识的,张家是个下放户,老家是吉林磐石的,当时他在矿务局工作。见面的时候两人感觉都不错,半年之后,我们结婚了。那时我们住小平房,冬天冷夏天热,我们工资加起来还不到二百元。可我们俩有目标,对未来的生活充满了憧憬。

谁知结婚三个月后，他就感觉身体不舒服，三天两头地住院。当时诊断为胃溃疡、贫血等症。这丝毫不影响我们对未来的设计，第二年女儿出生了。她的到来给全家带来了喜悦，就连邻居也时常来看这个胖胖的小丫头。有了孩子，家里的活更重了，我尽量不让爱人伸手，在饮食上我宁愿自己偷偷地吃大饼子，也好给他留出一口细粮，为的是能多给他添加些营养。我没想到，爱人健康的负担压在心头没放下，孩子又出现了意外。一般五六个月的孩子会坐，她不会；七个月会爬，她不会；九个月会站，她也不会。我当时只认为这孩子发育比正常孩子慢了点儿，也没有多想。有一天我抱着她去打预防针，一个医生盯着我的女儿好久，然后她说了这样一句话：你这孩子有点儿不对劲儿，你还是到大医院看看吧！

说真的，我对这句话挺反感的，完全没意识到那是善意的提醒。我和往常一样，上班，做家务，带孩子，洗洗涮涮，直到女儿快两岁生日的时候，依然还站不稳。这时全家有些着急了。当时去沈阳医大做了检查，结果竟然确诊为21三体综合征，也就是唐氏综合征，这样的结果对我们一家来说无疑是五雷轰顶。这将意味着女儿永远长不大，是大脑发育不健全的智障孩子，一辈子都要有人照顾⋯⋯

我望着怀里熟睡的女儿，眼泪怎么也止不住。当时有人劝我，这样的生活条件有这样一个累赘的孩子，以后的生活更难，莫不如趁着孩子还不懂事，把她送人或送到福利院，一是减轻生活的负担，二来有机会再要个健康的⋯⋯

我知道说这话的人是为我好，可是我从小就没有母亲，我怎么能让我的女儿没有妈妈？我告诉爱人，日子再难，哪怕要饭，一家人也要不离不弃，相亲相爱在一起。

女儿三四岁了，不能去幼儿园，也时刻离不开人。考虑到爱人的身体不好，就决定让他在家照顾孩子。于是家里的重担就在我一个人身上，我拼命地加班，为的是多拿几十块钱的加班费。

女儿九岁的时候，为了能让她像正常孩子一样上学，我们走遍了本溪市内的大小学校，最后失望了，因为哪个学校也不收这样的孩子。在这种情况下，我们一家三口回到了吉林农村。当时村里有个学校，一个民办老师给一至四年级的学生同时上课。老师看到我们一家渴望的目光，收留了女儿，让她做了插班生。这一住就是三年。后来得知本溪市西芬的延风小学在招智障的成人和孩子，我们三口人又回到本溪，女儿正式成为该校一名学生。

我告诉自己，生活没有绝路，日子总会好起来。

二

女儿二十岁的时候，身高只有一米四左右，从外貌上看还是个小学生。我们没有过高的奢求，只要她健康开心地成长就好。2007年7月，女儿被学校推选为体操队员，要加入辽宁艺术团到天津奥林匹克训练，最后参加国际比赛。我们听到这个消息，真是高兴啊！可是紧接着，费用的问题又来了。如果要有家长陪伴一切费用都得是自己承担。而且整整三个月，费用自然是很高的，我细算了下，三个月的花销差不多是我们一家三口一年的费用，思虑再三之后决定放弃。

可是，女儿竟然每天起床后要问我：妈妈，我们什么时候走，我要练，我要练（体操）。她拿着那些设备，反复地跳着蹦着。或许是老师的话她记下了，还有同学们一个个喜悦的表情给了她深深的影响，在她的潜意识里，她知道她要面临着一件重要的事。为娘的最清楚她的想法了。看着她的渴望的眼神和焦急的表情，我清楚女儿的意愿。我最后决定就是借钱也要陪同去。一是这样的机会是千载难逢，二是对女儿来说也是锻炼学习自理的机会。

我们踏上了训练之旅。女儿第一次出远门，她兴奋得一个劲儿地拍手笑，她的吵闹引来旁人侧目。可他们看到女儿的脸，就清楚这是个怎么样的孩子了。让我感激的是，大家的目光里没有讨厌，相反，却是同情，还有被女儿的快乐感染。那一刻，我作为一个母亲，非常感动。

女儿在训练时常常有儿童的厌烦症，每个项目都是练一会儿就要打退堂鼓。我一遍一遍鼓励她，要她向别的孩子学习，要她坚强，战胜自己，我知道这样的话她不一定能懂，可是她知道我们来这里要做什么，知道我在给她打气。

我带来的钱每天要计划着花，我舍不得吃饭，每天是开水就馒头，女儿见我这样，一到开饭的时候，她抓起餐盘里的菜就往我嘴里塞。那一刻，我含泪在笑，作为一个母亲，我真的很知足。

转眼近九十天的训练很快就过去了。10月2号赶到上海正式比赛。女儿共有四个项目，分别是球、彩带、呼啦圈和徒手操。她在音乐声中上场的时候，我激动得浑身颤抖，我这个特殊的母亲也禁不住热泪盈眶。同时我也在担忧，怕她随着性子表演到中场"不玩了"，怕她坚持不到最后。我含泪默默祈祷：好孩子，你要坚持到底，你要坚持到底，哪怕我们没有成绩，只要你上场了，就是妈妈的骄傲……千万不能停下，不能……万万没有想到，就在这次比赛中，女儿获得了一金、一银、三铜的好成绩，当鲜艳的国旗在运动场上高高升起的时候，我抱着她失声痛哭。

她抬起眼看着我，不知所措，我告诉她：生活的路上，没有难题，只要你坚持，付出总有收获。

三

就在我们一家沉浸在女儿的快乐里，下一步还想为她上一所更好的学校做打算的时候，2008年9月的一天，我发现爱人又在不停地抓挠身上的皮肤，他说他痒得难受，同时我也注意到丈夫眼睛"焦黄焦黄"的，而且脸和身上的皮肤也黄得吓人。他说没事，不痛不痒的，可能这几天休息不好，过一阵子就没事了。几天之后，他的症状没有好转，相反却更严重了。

那天我又催促他去医院，当时只做了个CT片子，大夫也没说出什么就回来了。晚上，他已经睡不了觉了，我觉得情况不对，第二天又领着他找了一个知名大夫帮看片子，医生让我丈夫出去，我顿时有一种不祥的预感。

你丈夫已经是胆管癌晚期……

我听到这里,眼前黑了下,随后耳边响起吱的声音,然后我木桩一样呆呆地站着,站着……

直到他推门进来,我才喘上一口气,强装笑颜挤出几个字:没事,没事……你回家,我,我去接孩子。

离开他的视线后,我再也忍不住,我坐在马路上,望着苍天放声大号:为什么,为什么要这样对我,给我一个傻孩子还不够吗?为什么为什么啊——

我不知道我是怎么走到了学校的,我不知道我对女儿说了什么,反正她也在哇哇地哭,我背着她,腿一阵阵发软,我不能倒,不能倒,可是这路怎么这么远,怎么就走不到头……

天黑了,路灯亮了,可是我还在校园内转……紧接着,我头部的神经在一跳一跳地疼,炸开般地……我的姐姐还有亲戚们那天急坏了,因为已经快到深夜了,还左等右等不见我人影,这时他们找到学校,而此刻的我,已经像个傻子,甚至尿了裤子……

我家里人真的害怕了,怕我再有个闪失,寸步不离地看护我,直到今天我也想不起那几天是怎么样的情形。也就从那时起我落下一个头疼的毛病,一有急事或休息不好,就会疼得浑身打战。

我醒过来了,可是医生的话一次次响在耳边:如果做手术,还能活一年多,不做手术,也就剩半年时间……

这个家,从我结婚那天起就没好过,眼瞅着好日子要来了,可是你却要走了,二十年的时光一幕幕在眼前闪,不能,你不能丢下我们娘儿俩,一定要手术,哪怕你多活一天……我要与死神拼一把。家人都劝我,这病回天无术,到头来就是人财两空,还是放弃吧。

可爱人才四十七岁啊,不能,我不能就这么等着死神来敲门,我决定要和死神赛跑。第一次手术是在本溪中心医院做的。当时做了胆摘除手术,术后的结果还算不错,两万多元钱的手术费都是从亲戚朋友那里借来的。

然而，半年后，丈夫的病情再次复发，医生见此情景，不敢收留，建议到沈阳军区总医院。各种检查做完之后，大夫和主任医师再一次找我们家属谈话，依然是那句话：做不做没有多大意义，你们再好好商量下。

我说，不商量了，做。

然后我哽着喉咙问医生得需要多少钱，医生说，正常手术下来，怎么也得八万左右。

这时，我家的亲戚和朋友都在劝我，为了我和女儿的将来着想，觉得再花这么多钱做手术也没有多大意义了，顶多也就维持个一年半载的，最后还给我和孩子留下一大堆的饥荒。可是一想到不手术就只有等死，我不忍心。如果那样，我会愧疚一辈子，哪怕爱人就是连手术台都没下来，我也要坚持。我也不能就这么放弃。我决定再拼一把，万一有奇迹呢？不管结果怎样，我尽力了就好，这样日后对婆家和孩子好有个交代，对我自己也有个交代。

决定手术后，家里能卖的卖，能借的借。我和我的大姑姐分头行动，五天之后总算凑到了九万元钱。第二次手术后情况好多了，这让我的心头欣喜若狂。可是半年之后，我发现丈夫每天捂着肚子，饭不能多吃，水不能多喝，经常呕吐。我带他又来到了医院检查，下胃镜检查，竟然是胃和肠道的结口粘连了，这时院方建议做个支架。第三次借钱奔忙又开始了，我们邻居知道我家这情况，纷纷送来了两千三千，我一一记在本子上。第二天，小姑子又从她朋友那里借了一万多元。可是，第二天已经打完了麻药即将要做手术的时候，大夫出来告诉我说去一楼导管室下支架吧，因为胃镜室下支架怕有危险，到导管室去做能随时抢救，又告诉我还要再交五千元钱。当时，我们借的钱已经全交了住院费了，各种检查做完之后已经没有钱了，我有点儿急了，就对大夫说：我兜里只剩一千元钱了，麻药都给打完了，你就给做吧。医生冷冷地看着我，没办法，我和大姑姐又推着丈夫来到了一楼导管室，到门口大夫出来说：把单子给我看看，当时我大姑姐一屁股就坐在了地上，她绝望的样子我永远都忘不了。

还急需五千元钱，如果钱不到位，手术就做不了。这一次我已经再借不到了。时间不等人，我怎么办？怎么办？

我一边往楼下跑，一边给我的二姐打电话，我在乞求：二姐，你可一定要在家里，一定要给我打钱来，再帮我一次，这是救命啊——二姐同意给我汇钱的时候，我感觉天无绝人之路。那时的心情真的不知道怎样来表达。亲人也好，朋友也好，这一次次地借钱，哪个不掂量掂量，日后我怎么还？所以借就等于要。因此，我感激当时能借给我钱的亲人和朋友。我暗下决心，日后日子怎么难，我也要还给你们。

五十分钟后钱打过来了，我又一路跑回到医院。大夫把我丈夫推了进去，二十分钟后，大夫叫家属进去，说不行，下不了支架了，原来已经切了六个部位，不能再切了。看到我和大姑姐无助的样子，主任医师说，我给你们做决定吧，只能下一个胃管直接通到肠道，一天打几次安素奶粉来维持生命。就这样，从沈阳医院回来后，就用安素奶粉，同时还要口服止疼药，由于剂量大，止疼针剂不住院是开不出来的，只能求人买。白天有上门服务的医生来打针，可是到下半夜就不能再找人家来了，只能我自己来给他打。头一次给他打针，我的手哆嗦得不行，第二次，闭着眼，硬着头皮扎了进去，就这样我学会了打针。

丈夫看着我，他蜡黄的脸上泛着笑，说这辈子遇到我，值了。我没有告诉他手术的费用，尽管他一次次地问，我告诉周围的亲人：统一口径，就说整个手术费还不到一万。

他又不傻，这一次次的手术转院，他哪里相信呢？

我永远忘不了爱人的眼神，每天，他无力地望着我，每一眼，都让我剜心地疼，我在他面前尽量露着笑，尽量让他放心地走。

两个月之后，他带着对我和孩子的无限依恋，走了。留给我十多万元的外债和二十三岁患有唐氏综合征的女儿。

对死者，我尽力了，对生者，我还要咬紧牙关，我和孩子捧着他的骨灰，我再一次告诉自己，没有过不去的坎。

四

处理完丈夫的后事，我开始挣钱还债，这些外债虽然没有欠条，可都一一记在了我心里，每个人对自己的恩情，我都记得清清楚楚。其实，就在丈夫第二次手术后不久，我就已经张罗挣钱的事。日子要过，债务要还，不能自食其力怎么可能给孩子一个保障。

我要把我的世界修复好，我要用一针一线把塌下来的天补好。我还是遇到了好人。因为社区和邻居看我和女儿可怜，纷纷帮忙到物业去说情，物业领导看我家的这种情况，破例允许把我家的一楼阳台打开，于是我的缝衣铺也在那年开张营业了。

尽管我有一手好缝纫活，可现在哪还有多少人做衣服穿啊，我只能收一些缝缝补补、修修改改的小活。本身活就少，根本就挣不了几个钱，又都是附近的邻居，还指望着大家常来，价格相对就要低些。一个月的收入也就千八百的，这样下去，什么时候才能还上债呢？巨额的债务让我一天也不安生，"人没了，债不能黄"。可照这样下去，我哪年能还得上？外出打工，我是办不到的，因为女儿一步也离不开我。

那一年，我增加了洗衣服的项目。

没钱买干洗机之类的设备，我就用手洗。舍不得用热水，又怕洗不干净，于是就多洗几次。一件棉袄我要洗一个多小时才能洗完。虽然辛苦，为了多一些回头客，多揽一些活，我总是把洗衣服的价格压到最低。渐渐地，小店里的生意越来越好。忙的时候甚至要洗到深夜。

我最喜欢的就是每年过年的头两个月，一个月能挣三千多元，虽然苦点儿，累点儿，但是心里踏实了，照这样忙碌下去，我就可能更早地把欠的钱还上。

我和女儿省吃俭用，多累多不好的活我都接。有时遇上家里困难的顾客，我也会免费为他们改零活。记得有一个阿姨七十多岁，来我家改零活，她说她大女儿精神不好，儿子还有肝病，儿媳妇走了，扔下孙子还得她照顾。不久前儿子又出了车祸，左臂又被轧掉了。一家人就以她的退休金和低保来维持生活。我听后，对大姨说："不要上火，从今以后，你到我这来改零活，我不要一分钱，免费为你服务。"大姨听后，紧握着我的手，眼泪唰地流了下来。

还有一次，在洗一件羽绒服时，我刚把衣服泡在水里，这头就来了个改裤脚的活，当我改完了才发现，衣服掉色了。如果顾客要我赔，这件衣服就一千也是它，两千也是它。我忐忑不安地主动说出了自己的过错，那位顾客见我真诚，说这件衣服才一百五十元。好多年过去了，我还是感激这位顾客，那么漂亮的质地，哪能是这个价格。她是看我可怜才故意说的这个价。真的，我感恩这些好人，如果将来我有能力了，我一定帮助那些弱势的、困难的人。

女儿看到我忙得两脚不沾地，用她关爱的目光瞅着我。我知道她也懂心疼。有时她把手伸到水里，卖力地搓着。尽管力不从心，但她心里有一笔账。

特别我和孩子上街的时候，那是我最难受的时候，她看到喜欢的东西，就想要，我对女儿说："妈妈兜里的钱不够，等妈妈兜里的钱多就给你买。"她听到这样的话，就懂事地点点头。直到现在我要给女儿买东西，她都拽着不让买，说贵，贵，等妈妈钱多了再买吧。我听了这样的话，心里酸酸的，这是一个母亲最无奈的苦。

现在七年过去了，外债还得差不多了，再加从去年开始我领退休金了。尽管退休金不多，可我不用像以前那么累了。常年洗衣服劳累，我的双臂患有严重的风湿，严重的时候晚上睡觉一翻身就会疼醒。手关节患有严重的腱鞘炎，年年靠打封闭针来维持，穿针引线都费劲。有一次腰脱累犯了，三天没营业，躺下去翻不了身，爬都爬不起来。这时的女儿会帮我穿衣服，帮我提鞋子。我告诉自己，千万不能倒下……千万不能倒下……

如今，让我最欣慰的是我的女儿非常懂事，来人去客都知道打招呼问好，有时中午忙得顾不上做饭，给她拿正好的钱也能帮我到附近饭店买碗冷面。虽然智力差，20以里的加减法都算不明白，但她喜欢跳舞，手也很巧，自己还能绣十字绣。我又给她报了一个沙画学习班，她学得很刻苦，在2015年的2月，我陪女儿参加了在天津举办的第一次全国幼儿沙画大赛，女儿居然获得了金奖。看着女儿捧着证书开心的样子，我真是高兴极了。

女儿经常对我说："妈妈什么时候带我出去玩？"我一直把女儿的话记在心里，在去年的夏天，我带女儿随团去趟山东六日游，终于实现了我对女儿的承诺，也实现了一个母亲的愿望。

有人说，生活是生下来活下去。其实，从生下来，到活下去，有一段很长的路要走，每个人的足迹或许不同，但终点都希望是在幸福那里。幸福在哪里，是要花很多时间去寻找，花很多力气去争取的。而只有心向光明，满怀诚信，幸福才会越来越近，越来越暖。2015年，我被评为"本溪好人"；2016年被评为"辽宁好人"；今年又被评为"本溪市第六届道德模范"；并在前不久，又被市委宣传部、市文明办推荐为"辽宁省第七届道德模范"候选人。我靠一针一线诚信为夫还债的事迹在各级媒体广为报道。我一直觉得自己没做什么，我只是用一双手堵住命运的缺口，我只是在困难的时候挺起了胸膛，我只是要记住那些紧要关头帮助过我的人。

七年的辛苦奔波、日夜操劳，我终于还清了债务，俗话说：无债一身轻。现在我的生活逐渐好起来了，我也想着去回报一下当时我困难时帮助过我的人。我的邻居，还有年龄大的有个活什么的，我尽力而为，免费服务。我的大姐和大姑姐，两位亲人去年先后都得了癌症，我放下手里的活分别到长春和沈阳照顾，陪她们去沈阳医院检查身体，到丹东去取药方配药，现在也是我为她们回报的时候了……

从小，父母就教导我要做一个善良的人，我没有做过什么大事，但却知道人要"尽本分，守信用"，这样才能问心无愧。在这七年当中，非常感谢那些长期陪伴在我左右，在我最困难的时候陪我一起走过，给我支持和帮助的同学、朋友、邻居和社会各界人士，在我最困难的时候，是他们伸出了援助之手，帮我闯过了一道又一道的难关，我和女儿也要把这种爱和感恩传递下去，让我们的社会变得更加温暖,更加美好。

　　我离开她的时候,于桂香热情地把我送到门口。她的脸上依然挂着豁达、美丽的笑容。此刻,天边一片绚丽的晚霞正怒放着自然的美丽,仿佛告诉人们,阴霾和暴雨过去之后,就是明晴的高空。

　　冯璇,本溪市作协秘书长,小说作家。

底线守卫者

韩文鑫

兴城市旧门乡,得名于清代"柳条边"。"柳条边"系清时为"封禁东北"而设,康熙朝,觉得"边内"地界小了,就"三展皇边",于是,原来的边门成了"旧门",新设的边门,现在还叫"新台门"。算起来,这地名,有三百年历史了。

杜连君知道旧门、新台门,但她不知道这里面的历史。生于1969年的杜连君,小学快念完的时候,得了一场病,辍学了,她就没再上学,在家里跟着母亲干家务,做农活。二十一岁,经人介绍,嫁到兴城市旧门乡草白村疙瘩沟的老赵家,山里人家,普通女孩儿,开始了平平淡淡的人生。

弹指一挥间,说话就快五十岁了,杜连君的前半生,过得挺艰难。

单说一条,而今生活好了,出门旅游再平常不过,可杜连君的前半生,基本就没出过疙瘩沟,别说北京、天津,连锦州都没去过。

去过一回沈阳,是跟"市里"去的,2016年"五一"前,杜连君荣获"辽宁好人"光荣称号,坐车上沈阳开了一次会,有个领导给她发的奖,还拉着她的手说:要劳逸结合,注意身体。会议要求不许离开住地,杜连君就没离开住地,开完会直接坐车回家。

去过两次葫芦岛,头一次是因为走亲戚,后一次是2014年,被评为第三届葫芦岛市"身边好人"。

兴城去的次数多些,但也不熟悉,记不住道。2015年,杜连君被兴城市文明委授予"2014最美兴城人"荣誉称号,也是去开会。到处是楼,到处是车,到处是人,半道下了车,都不知道能不能找回家来。

疙瘩沟的杜连君,如今是辽西地区不大不小的知名人士,得到这些荣誉,仅仅因为,在人生最好的年华里,杜连君凭一己之力,守住了一条道德底线——欠债还钱。

天塌了山倒了

三十六岁以前,杜连君的生活节奏平淡自然,结婚一年多,儿子赵东出生了,农村日子,又生了个大胖小子,没啥不可心的。丈夫赵清力是个能干的人。杜连君操持家务,丈夫在外挣钱,两口子相濡以沫,日子过得轻松自如。

儿子长到十几岁,旧门乡政府开始裁减冗员。赵清力在乡里给领导开车,但是,编制始终不是正式的。开了几回会,赵清力就明白了,自己是这回精减的对象。回家和杜连君一商量,那就回来吧,别等人家撵了,一起工作这些年,领导对咱都挺好,别让人家为难。

赵清力回了家。光靠种地,日子过不起来。考察了一番,赵清力看中了采石场。东挪西借几万块钱,采石场开了起来,开头很顺利,跟前儿刘屯火车站还有呢,石料从这里装上火车皮,开上京沈铁路。大量的石料,都是发往锦州方向。生意做起来了,合作的伙伴就多起来。赵清力跑外,联系业务,结账,杜连君在家,既做家务,又供应着采石场的后勤,还要管理基本的财务。两口子一起忙,日子很充实。

日子长了,要账成了大事。石料发给人家,先还结过几次款,后来，拖欠的就越来越多。赵清力是忠厚人，开始要账还磨不开，后来，就没啥磨开磨不开的了，天天要账，除了接着再要，没有别的法子。一个人要不过来，还要雇人去要，雇人要账，路费不算，也得算工钱。那些年，经济发展挺热火，可是欠账不还的却越来越硬气。好多行业，能不能要来账，关乎生意的成败。采石场就是这样的行业之一。

拖欠货款越来越多，压力越来越大。天长日久，赵清力窝了一肚子火。慢慢地，资金周转不开了。当初启动采石场，投入的几万块都是跟亲戚朋友借的。运行了几年，这些钱还不上，还欠了小工二十多万。

怎么办？只有接着要账。

2004年夏的一天，赵清力又想出门。他问杜连君：家里还有多少钱？我要账去……

杜连君摸摸挎兜，告诉他：还有二百左右，够你的了。

杜连君把仅有的二百左右块钱给了赵清力。到了晚上，赵清力忽然来了病，吐血了。送到卫生院，大夫说：先吃点止血药，如果是普通的胃出血，就能止住。

止血药吃了，血没止住。咋办呢？

没啥商量的，赶紧送兴城市医院。住院得花钱，手里就二百块钱了。有人塞给杜连君四千块钱，啥也别说了，治病救人。

赵清力住进了兴城医院，一查，病得很重，肝硬化，吐了好多血。赶紧补血，挂吊瓶，能用上的法子都用了，抢救了半拉月，天不作美，没抢救过来。扔下杜连君和十五岁的儿子，赵清力走了。

四十岁不到，赵清力撒手人寰，对杜连君母子来说，天塌了下来。伤心吧，哭一场吧，都不容空儿了。娘儿俩回到家，杜连君拢拢账，赵清力开采石场，欠了三十万元左右，加上住院抢救用掉了十多万，饥荒总数，不到四十二万。四十二万元，对于孤儿寡母来说，这是一座山。

2004年，杜连君的世界，天塌了山倒了。这一年，她才三十六岁！

有我在债得还

赵清力病逝，赵家倒了根顶梁柱，给他打过工的人们，瞬间没了底。

都知道采石场返款难，但有老板在，千难万难，这账都黄不了。而今呢，只剩孤儿寡母，这账还能算数吗？

欠下的四十二万，小工工资就有二十多万。这些小工，有本地人，更多的是西边来的，有建昌的、朝阳的，仨一伙，五一群，上这边一起干活。有一笔欠五千的，欠六千的，也有欠一万，单笔不算多，架不住伙多、人多。听说了赵清力的事，采石场干不了了，眼下人家遇着白事情，要账不仁义。但是，看这情形，给赵清力打过工的人们，心里七上八下的。

头七说过就过，三七、五七也就眨眼之间，十七开外，两个多月过去，到年根儿了，慢慢就有人来问账。上门的这些人，有的有账，有的没账，连张欠条都没有。杜连君都接待下来，人来了，说清楚，看模样，杜连君就把账认下来。杜连君说，他报数，我付账，这个差不了，人心里有准儿。

凭着心里"有准儿"，不到五十个小工的工资，都码清楚了。杜连君码清楚了，却不能不让人起疑。同村的韩贺民，去说过两回账，杜连君告诉他，现在手里没钱，过一阵儿有钱了，立即就还。韩贺民当面不好说啥，心里却一直嘀咕：说得挺好，可这人一走，账肯定就得烂了。

杜连君没走，除了欠小工的工资，剩下的，是欠亲戚朋友的。杜连君挨家挨户告诉他们：容我点工夫，钱我是一定要还的，砸锅卖铁，也要还。

一个"还"字，说出来容易，一个女人带个孩子，住着四间破屋，拿啥还？

当然记得，别人还欠着赵清力的钱。北镇高山子一个客户，欠了赵家二十多万元。锦州一个车主，欠了赵家七万元。两笔加一块,这饥荒就能去了多一半。杜连君去高山子要账,结果是人去房清,厂子还在,账主不见了,说是谁谁认识这个人,找着一问:死活说不明白人在哪儿。好像遇上了鬼打墙,处处无障,却步步踩空。锦州的那个车主找着了,很不幸,跟赵清力脚前脚后,这人也去世了。问问亡人妻子吧,这女人说,我不知道欠谁钱,欠多少,我也没钱还。知道了这个消息,杜连君不仅不生气,反倒理解起这个人来:不给就算了,她一个女人家,也挺不容易的。

找不着人,杜连君不去要了;人家不认账,杜连君理解了。这么一来,不到四十二万的饥荒,结结实实地压在了她一个人身上。

拿啥还饥荒?

最早想到的是,这个采石场能不能接着开。接着开石场,先得检手续,跑了一圈,杜连君整明白了,全办完的话,得跑兴城市五个局,要缴各种费用三万多块。先不说跑五个局的辛苦,单说这三万块,上哪儿借去?这边三天两头来人要账,杜连君死活也借不出来这三万多块了。

采石场开不了了。看看乡亲邻里,赵清力的一个表兄弟养猪挺好。杜连君想想,就养猪吧!跟表兄弟一说——行啊,你养吧!有啥不明白的,我告诉你。

养猪有两个方向,一是养母猪,另一个是养肥猪。二者各有利弊,养母猪,非常苦,非常累,但是投入少,费用小;养肥猪,活计有些规律,但是要压饲料,本钱大。杜连君有精神有力气,就是缺钱,她只能选择养母猪。

表兄弟给了她两个母仔猪,杜连君心里记下了账。仔猪拿回家,说养就养起来。从此,杜连君起早贪黑,没日没夜。十个月过去,仔猪长成成猪,打圈了,找来草白村的配种户,给猪配了种。这就天天盼着它肚子胀起来,猪崽儿产下来。

杜连君没养过猪,更不知道怎么给母猪接生。那些日子,她天天问表兄弟,天天在猪圈跟前看,逢人就唠养母猪,她的大脑活动彻底让"养猪"给占满了。

头一次给母猪接生,杜连君谁也没找,她要自己完成。那是个傍晚，天快黑的时候，圈里的母猪有了反应。杜连君和儿子都兴奋起来，预备一堆干净抹布，大锅烧好了开水。杜连君陪在猪圈，不错眼珠地看着即将临产的猪妈妈。儿子年龄还小，但也知道今天咱家要下头一窝猪崽儿，出来进去地看过几回，耐不住困乏，上炕躺下，躺下也睡不踏实，过一会儿就隔着窗子喊：下没下呀？

夜深了，儿子睡了，剩下杜连君一个人，一边看着翻来覆去折腾的母猪，一边一遍遍地重复着表兄弟叮嘱她的事情：别着急，慢慢来，下一个，把猪崽儿身上的黏皮儿擦干净；脐带不要揪得过早，要等脐带血吸收干净，揪早了，猪崽儿就活不成；下一个擦一个，处理完的放在母猪乳头边上，让它吃奶。猪崽儿落生开始，隔一小时喂一遍奶，不分昼夜，这样喂一个星期，猪崽儿硬实了，就不用看着了。

杜连君干活实诚，说的这些她一步不差。从此，七个昼夜，天一亮就烧水，睁开眼睛就伺候一圈的猪，吃得冷一口、热一口，靠在猪圈墙上眯一会儿，就算睡了觉。管猪已经手忙脚乱，儿子爱谁管谁管了。

熬过一个星期，头一窝十三个猪崽儿，一个没糟践。眼欢似的看着猪娃满院子跑，杜连君别提心里多高兴。

猪崽儿养出一个多月，就卖了，十三个，卖了四千块钱，没少卖。自打赵清力去世，这是杜连君挣到的第一笔回头钱。四十张红票子攥手里，杜连君心里不知是啥滋味，自己挣下的钱，是别人的，但是，她的心里是踏实的。

2005年年末，杜连君还出第一笔欠款。同村的张庆林，六十多岁了，家里非常困难，妻子和儿子都卧病在床，采石场欠了他一万多块钱的工资，一年多了。张庆林知道赵家的遭遇，有一回见着杜连君，张庆林跟她说：孤儿寡母，你拉扯全家够苦的了，拉这些饥荒，能给就给，不能给也别勉强。

杜连君把一万多块的工资交给张庆林，张庆林目瞪口呆，好一会儿，他才说：清力家的，讲究啊！

韩贺民拿到杜连君还来的欠款时，压根儿就没想到。说什么呢？韩贺民叹口气：唉！这人啊，真仁义！

没规划埋头干

杜连君的家在疙瘩沟西北边的一角。四间房宽的院落，简易的猪舍随弯就势建在院子两侧的园子地。一行人下了车，大门口站了好多人。

杜连君站在当街，只是笑，她不知道我是干啥的，只知道是市里来的，要写她的材料。

我们走过她的猪圈，看过这些杜连君生活里的重要角色，然后进了正屋。房子刚刚翻建两年多，杜连君这些年挣下的钱都还了饥荒，房子破旧得不成样子。东侧后半间，顶土已经掉光，只用两根柱子撑着房顶一层水泥板皮。2014年，旧门乡妇联为她争取了单亲母亲建房名额和资金，翻盖了彩钢瓦顶的平房。

我们进了屋，房里陈设很简陋，靠前窗的位置，摆放着三张照片，是杜连君参加会议时和领导的合影。

我问她：这老些饥荒，想过咋还没有？

她说：就是还呗！还想啥？

我问：有没有个规划？比如，咋挣钱？每年还多少？

她笑了：没有……就是，哪儿打瓦哪儿住犁，可我有能力，干就是了。当初，不是想挣钱吗？

我明白了。赵清力在的时候，一家人对生活信心满满，凭着双手，凭着信心，他们一起拼事业，挣日子，美好的愿景曾经离她很近，近到仿佛唾手可得。赵清力走了，四十多万的饥荒来了，一转眼，天上人间，命运之手一把将杜连君从这个愿景边上推出多老远，她的眼前摆上一条长长的跑道，长得看不到头。谁都能想到里边的心理落差，这个落差足以让人精神失常。

杜连君却没咋的，在人们眼里，她一如往常，日出而作，日落而息，喂猪打狗，赶鸭撵鸡，好像没有遭遇什么不幸。

杜连君说：最难的时候，我也没当人面哭过，哭有啥用，啥也当不了。也不爱唠,就像数阳历牌,把这页揭过去得了。实在难受了,找没人地方哭哭,完了该咋咋的!

杜连君平静地接受了命运的安排,这是一个心理异常强大的人。

她的生活由此进入新节奏。

冬天,天不亮起炕。不能让猪吃凉食,抱柴火烧水。烧完水,收拾猪圈,清粪,扫圈,母猪喂食,小猪喂奶,干着干着就到天亮。儿子老人,鸡鸭,一头晌,不着消停。到晌午了,再喂遍水,烧二遍水,那套活,接着再做一遍。活计很单调,一天里没遍数地干。干到天黑,上炕睡个囫囵觉。这是平时,勉强算是有时有晌。

母猪产崽儿了,杜连君就把自个当成一部挂钟,上满发条,一个"嘀嗒"也不差地看着。从母猪闹圈开始,猪崽儿落生一个,接过一个,抠净猪崽儿嘴里的脏东西,擦干净崽儿身,掐好脐带,放在乳边。接着是又一个,抠嘴、擦身、掐脐、喂乳。活儿挺简单,技术含量也不算高,但它要求人得有精神,手脚麻利,紧着溜地忙活,等到猪崽儿们湿乎乎地摊了一地,可就坏菜了。

给猪崽儿接生,活似一场攻坚战。

激战结束,这才干完一宗。接下来,是个"小长征"。头遍奶喂过,猪崽儿要装在一个干净地方,一个小时后,重新搬出这些小东西,送到母猪乳边,喂二遍奶。如此往复,一个小时喂一回,不分日夜,到点就干,一直要干一个星期。七个昼夜,光是给猪崽儿喂奶喂水,少算也得一百七十回,以单个猪崽儿计,她得倒腾一千八百个来回,这算的还是一窝崽儿。母猪产崽儿,到点就来,它哪里会考虑主人的作息。有时候连上,杜连君整月整月地睡不上个完整觉。

搁在有条件的猪场,这是需要倒班的活儿。没条件的养猪人家,起码也得有两口人来回替替手。杜连君没有帮手,她一个人扛起任谁也得思虑一番的活计:哪儿打瓦哪儿住犁,就我自个儿,干了!

开头是两头母猪,两年里下了五窝崽儿,哪一窝都下十二三个。母猪从受孕到产崽儿，需要一百二十五天，也就是四个多月，再养一个多月，掐完奶，能出售。猪崽儿断奶了，母猪再配种，开始又一窝轮回。育出几窝后，在猪崽儿中观察，好的留作母猪，两头就变成三头，发展到六七头，看有状态不好的，就换圈，重新从猪崽儿中挑母猪。

杜连君一头扎进养猪的忙碌之中，一口气忙了十多年。这十多年，几乎连气都没缓。2004年开始，头两年，一年还两万块钱。后期，一年还两万，也有还两万多的，有时还能还上三万。一句话，年年都往外拿钱。

杜连君忙一年，加上地里的收入，总数不到三万块钱。一年还出两万饥荒，支应家里人吃马嚼，随人靠往，敬老尽孝，儿子上学，八九千块钱，哪里够去？杜连君带着儿子，生活苦到了极点。夏天，园子里有啥吃啥，煮口饭，拔棵葱也能将就。冬天，很少买菜，白菜、萝卜，园子种啥吃啥，有饥荒呢，吃还讲究个啥！穿的，都是亲戚给的，自己的姐妹、侄甥外女，赶节令，买件新的，多数是八成新的旧衣裳。房子该修，没钱修，要不是乡妇联帮着，彩钢瓦也换不上。出门子，能走就走，讲究些就坐个公汽，偶尔支应不及，打回车，这就太奢侈了。

以最低的生活标准，最高强度的劳作，杜连君在旧门乡草白村疙瘩沟屯，挺起了持家过日子的腰杆。苦点累点，有了来钱道，饥荒还点少点，彻底还清，这条路还有很长，不过没啥，只要向前走，总有个尽头。

时间一年年过去，生活有了变化，饥荒一点点减少，赵东一点点长大。儿子大了，当然是好事，和许多农村孩子一样，初中念完，赵东没有念高中，十六岁就到附近的矿上去打工，每月挣六百块钱，帮着母亲一起还债，娘儿俩心里都很高兴。但是，另一件难心事跟着压上杜连君的心头。男大当婚，女大当嫁，说话间，儿子就到了谈婚论嫁的年龄，咱家这条件，饥荒一大把，要啥没啥，谁能把闺女给咱呢！

都知道杜连君母子能吃苦，挺认干，就是条件太差了。大家同情体量杜连君，条件差，也得娶媳妇啊！咋办？实话实说，瞒着掖着，事情就办脏了。

有好心人给赵东介绍对象。跟杜连君说：有啥要求吗？

杜连君笑笑，还有啥要求，能给咱家就中呗，这一堆一块，儿子同意，姑娘认可就行。

无论给谁介绍，介绍人都跟姑娘家把杜连君娘儿俩的情况一五一十地说了，竹筒倒豆子，底朝上，一点掖着藏着的都没有。嘿，真有一个姑娘，听说了杜连君娘儿俩的情况，就有了见一面的兴趣。两头一沟通，那就相看相看吧！

姑娘是枣山的，家里四口人，父母哥哥加上她。

上哪儿相对象啊？唉，别研究了，直接上家来吧！

上家来？就咱这家，能相成了吗？

不知道彼时杜连君是个啥心情，她应该紧张，但更多的是无奈，也许曾经六神无主，最不可能的是气定神闲。

明天，姑娘和爹妈就要来相门户了，人家能看上这个家吗？

杜连君的心里，头一次有了比猪还要重要的事情。

信为本受敬重

介绍人陪着姑娘的父母，领着姑娘，一起到疙瘩沟进行"关于婚姻可行性的调查研究"。走进的就是这个院子，看见了几头猪，简屋陋瓦。接待他们的是黑瘦的母亲和壮实的小伙。家是没啥可看的，可能比想象的还要简陋，但这娘儿俩是实实在在地打动了姑娘的心。姑娘认定，这个未来的婆婆是个老实人，是个认干而且能干的人。至于小伙嘛，他的表现达到了赢取芳心的所有标准。

一见钟情，一拍即合。

2013年，赵东结婚了。婚礼就在家里办的。亲戚朋友都来庆贺，大家都为杜连君高兴，为赵东高兴，谁都想不到，赵东这么顺利地娶了媳妇，成了家。

没有彩礼。姑娘家条件好，给闺女陪送了一部电脑，一个立柜。娘家没有大的陪送，临上车，给了闺女"压腰钱"。是心疼闺女，也是体量亲家，杜连君和儿子儿媳的日子，最缺的就是钱。

婚成了，亲戚做下了，亲家隔三岔五地来，买些肉啊鱼的，会亲家，看闺女。也是暗里帮衬着，一家人天天劳累，吃点好的吧！结婚一年多，赵东当上父亲，一个小女孩儿，又成了杜连君的心头肉。

不能简单地把儿子婚姻的成功，归功于杜连君的品行，但是，把闺女嫁到如此条件的人家，这里面肯定有亲家对杜连君的敬重。这份敬重，在他们一家人走进疙瘩沟，接触到认识杜连君的人，就可以发现，就能体味得到，就会感觉得出，杜连君给人的印象，是表演不出来的，是做不了面子活儿的，这些年，为人立世，杜连君靠的都是里子，所有接触她的人，都会感觉到，她的灵魂中，那份坚硬的执着与操守。

其实呢，几年下来，给赵家干过采石的小工、草白村的乡邻，所有知道杜连君的人，逐渐扔掉了对杜连君的疑虑、担心、无奈和回避，饥荒一份一份地还出去，同情、理解、赞赏、敬佩就一分分地生出来，直到最后凝聚为"敬重"。

那一年，杜连君凑够一万块钱，找到了一位债主，欠债这些年，这人只跟杜连君对过一次账。杜连君把钱送过去，他很感动：大妹子，这钱你拿回去，你太苦了，你欠我们的钱啊，早就不要了！你当时认账，事后还钱的劲儿，值十万！

一开始，这"敬重"是一棵苗儿，因为杜连君十多年的坚持，这棵苗儿一点点长成树，如今，它深植在每一个知道杜连君故事的人的心中。这"敬重"的树，为她赢得尊重、赢得人望、赢得感情，从她被评为"最美兴城人"的那一天起，这棵树，开始有了影响。

于是，越来越多的人知道了杜连君。

于是，知道了杜连君诸种艰难的人们、社会机构，从各自角度纷纷伸出援手，从道义、从行动、从具体事情上，给她送来得体的帮助和支持。

采访杜连君之前，我联系兴城市委宣传部的刘伟，跟她说：你很忙，把乡里管宣传的同志联系好了就行，不用陪了。刘伟说：工作多忙我都得去，再有，也去看看杜连君。

去旧门的一路上，刘伟一直为一件事闹心：彩钢板屋顶，好不好呢？那天在杜连君家里住，夜里下雨，雨点打得屋顶啪啪啪地响，吓死人了。杜连君黑家得多害怕？有啥办法没有，在屋顶搪上点啥，别让它响啊！

刘伟在杜连君家里住过一晚，我记住了这件事。在机关工作这些年，我明白，能做到这样，不容易。

去采访那天，正好兴城市农行的客户经理刘勇带人去为疙瘩沟几户办理贷款，这笔贷款是兴城市领导责成扶贫办落实的。快晌午了，谭晓军乡长在乡政府食堂安排了工作餐。刘伟说，做点肉，让杜连君也去，她平时吃不着。

说良心话，听到这些，我心里有点小感动。刘伟比杜连君年长几个月，杜连君称她刘姐。遇着啥难事，不好办了，杜连君就给刘姐打电话。说什么不重要，这个电话很重要，采访还没进行的时候，我就一直想着，把这个电话写进去。

那天，杜连君拿到了农行由扶贫办贴息的十万元贷款。这笔钱是兴城市一位主要领导给协调的，可惜我没记住那位领导的名字。事情定下来，谭晓军乡长帮着出主意：这笔钱，想想咋用，别不算计，一下子都花了。养羊要谨慎，还是养牛比较稳妥。羊得病，不好弄，牛基本上不得啥病。谭晓军清楚地记得杜连君家里的每件大事，哪件事，他都有个主意。

乡妇联帮着杜连君修了房子，杜连君心里过意不去，她不知道应该感谢谁，家里办了这么大的事情，总得找人去说个谢字。于是，她把扶贫办送来的母鸡下的蛋攒起来，够一篮子了，杜连君挎着鸡蛋到乡里，送给乡党委书记。

书记还真就收了。杜连君心里安定了，看来鸡蛋送对了人。

转身要走，书记不让她走，留住杜连君问这问那，从人到猪问个遍。杜连君知道这是书记关心她，又想，旧门乡那老些事，哪能让书记总跟咱操心。杜连君坐不住了,走了。

　　出了门,书记拽着往她手里塞了二百块钱。杜连君慌了,这成啥事了,咱感谢领导,咋还能要钱呢!死乞白赖地推,没推出去。杜连君心里很不安,这鸡蛋哪值二百块钱呢!这成了啥事!下回可别干了!

　　最后一个问题:这些年,没想过搞对象吗?

　　杜连君笑了:那回说呢,不搞了。大伙说,那你不把青春耽误了吗?!三十多岁就自个儿,考虑孩子,考虑这堆亏空,就考虑这事。

　　你知道你最高荣誉有多高吗?

　　不知道。让去就去,通知上哪儿开会就上哪儿。没啥别的想法,领导跟咱说啥,实得惠儿地跟人家说呗。

　　杜连君不大愿接受采访,电视台记者给她打电话,她说:别采访了吧,你们一来,就半天一晌的,我干不上活。

　　杜连君现在比从前更忙了,家里新建了牛棚,今年开始还要养肥猪。儿子已经二十八岁,在矿上每月挣到二千二百块钱。儿媳妇总想帮她为母猪接生,她不让孩子上手。儿媳妇嗔她:别信不着我。

　　我的采访结束了,下了乡政府的楼,正好看见一个乡邻骑着电动车在楼后,她说:我搭他车回去了。

　　我们分手了,我跟她说:如果觉得材料不够,我还来找你!

　　她笑着同意了。

　　回来以后,看了好几天她的材料,我还想跟她唠唠,思来想去,还是不去打扰她了!

韩文鑫,葫芦岛市文联党组成员、副主席,报告文学作家。

苏广林：宁愿一身脏，换来万人洁

刘国强

"共产党员示范岗，够格！"

2005年5月初，迎春花争相怒放，枝条轻舒，桃李吐蕊，人们争睹寒冬后妩媚的芳菲，让美景"定格"，情侣们摆造型抢镜，摄影爱好者兴奋"抓拍"……

沈阳市和平区城管局公厕管理所的清淘工苏广林却情绪低落，匆匆赶往医院。慈母病重，连续治疗仍不见好。春天也是下水道"病患高发期"，连日清挖多个"疑难症"，苏广林只能晚上看护母亲。今天总算赶上个"没有警报"的星期天，他要尽尽孝，好好照顾照顾母亲，给母亲拨眼毛，削果皮，揉肩揉腿，剪指甲，捏脚趾，唠家常……

早上，苏广林赶到医院接替看护一夜的姐姐，提了暖壶刚要去水房打水，手机急促地响了起来。

电话是和平区砂山某小区的一位楼长打来的。楼长请苏广林赶紧过去帮忙：他们小区的一户居民的一楼下水堵了，老爷子把水阀关了，楼上住户吃不上水，居民"闹翻天"了……

平素只要有人找，苏广林随叫随到。可今天不一样啊！苏广林说了自己的情况，请楼长找找别人。实在不行，上劳务市场找一个修下水的。楼长说：那位老爷子就相信你，他自己买了通下水道机器，不行。也上劳务市场找人修过，还不行。楼长又说：苏师傅，情况就是这样，你看着办吧！

知子莫过于母，病床上的母亲表态了：儿子，人家就相信你，你去吧！

苏广林拎着暖瓶愣在那里，母亲又说：愣什么呀？赶快打电话，把你姐叫回来！

苏广林骑车回到单位，开出清淘车直奔事发楼群。

汽车停在楼院，居民立刻围了上来。苏广林的驾驶室有两个抢眼的标牌，一个标牌上写：共产党员示范岗。另一个标牌上写：劳动模范示范岗。

一位年过四旬的胖子指着标牌说：整景呢！

身边的瘦子则说：别的都没用，能把老爷子的老大难解决了，咱就服！

原来，老爷子的下水道经常通，也经常堵。先后有十几个人修过，一直"没去根"。

苏广林没有立刻下手，而是像老中医诊病那样"望闻问切"，这里走走，那里看看，研究了足足半个小时，指出主要症结在"胳膊肘弯"，次要症结也有……

一个半小时后，苏广林以左脸划伤、后背汪汗、满手粪星的形象从下水井里爬上来，轻轻地说声"好了"。

老爷子回去一试，兴奋地喊了起来：通了！彻底通了！

胖子向苏广林高高竖起大拇指：共产党员示范岗，够格！瘦子一个劲儿问苏广林尊姓大名，老爷子递给苏广林两张红色钞票。苏广林客气地谢绝报酬，说自己是专业清淘工，免费为父老乡亲服务。其实,苏广林的职责是公厕,为老百姓义务清通自家下水道,纯属"加项"。苏广林又指着驾驶室那两个标牌说:不用问我姓名,看见这个就行了。

2015年秋天,苏广林正在沈阳市和平区八经街作业,一位年过八旬的老人颤巍巍地走到清淘汽车前,看到驾驶室里的"共产党员示范岗"标牌后,又颤巍巍地走到苏广林跟前:师傅,我跟你商量一下,帮我收拾收拾下水道。我家就住马路对面,下水道老堵,十天半月就堵一次,没少找人,也没少花钱,就是收拾不好。又说,我看你这有"共产党员示范岗"牌子,才来找你帮忙。

苏广林当即答应:没问题。我抽完这车就去看看。

苏广林去一看,老人家的下水管堵塞,厨房的水已经溢出。老人向苏广林诉苦,多次找人,谁也修不好。苏广林觉得屋前的下水井"很可疑"。苏广林又绕到屋后,发现对应老人家卧室的地方有个下水井。老人告诉苏广林,这个井不是他家的。苏广林打开井盖,发现里边有砖头,砖头上有饭粒。很显然,这个井塌了,里边才有这么多砖头瓦块。

苏广林跳下去,将所有砖头瓦块都清理出来,又挖出六袋沙子,将管道通了又通,老人快活地在厨房喊:好了好了!屋里的水全下去了!

老人激动地"赏钱",还要"多赏",苏广林和气地谢绝了,告诉老人:钱我不能要,能为您排忧解难就是我最大的快乐。老人指着驾驶室里的牌子:共产党员示范岗,货真价实!

苏广林告诉我:我把"共产党员示范岗"和"劳动模范示范岗"两个标牌放进驾驶室,对我自己是个压力,也是鞭策。压力变动力,我必须做出表率,真心为居民服务。

"金杯银杯不如老百姓的口碑"

苏广林蜘蛛一样在沈阳的路网上穿行,将各个储存点的脏物一点一点"粘起"、运走,清洁我们的家园。

春天，伴随大地冻土融化，苏广林必须把厕所里融化的粪便随时抽走。在他管辖的厕所要"来回跑"，让未融化部分增加空气流通，加快融化速度，增大脏物储集量。

夏天，要先把厕所粪池上的瓶子、纸壳、杂物捞出来，装在车上自备的袋子里带走。然后注入清水，减轻臭味，清淘干净。车内热如蒸笼，身上起了一层层痱子，衣裳湿了干，干了再湿，天天"洗桑拿"，在后背上"画地图"。整天跟粪便打交道，衣裤天天洗，还是有臭味。

苏广林告诉我，他的皮肤常年有味，别人能闻到，他自己闻不到。

秋天，要多清快跑，三五个厕所抽一车，反复多抽几遍，增加厕池容量。

冬天，厕所粪便冻得"隆起"，先穿、刨、别，然后装在车上。跳进数米深的大坑，零下二三十摄氏度严寒下，苏广林却浑身"长白毛"，脑袋热气腾腾像个"小锅炉"，浑身霜花绽放……

苏广林说：干这活，没有戴口罩的。粪星子崩脸上、溅嘴上，常事。要是整天顾及这些，这活就没法干了。

跳进驾驶室，厚厚的霜花遮挡视线，苏广林干脆摇下车窗玻璃，冒着刀刮般的冷风前进。渴了，矿泉水冻成冰碴，连冰块倒进嘴里，含一会儿再吞咽……

卸完粪车，汗凉了，浑身冰凉冰凉，没关系。再刨个厕所，"小锅炉"再次启动，又是"热气腾腾"！

听我说这活太脏太苦了，苏广林说：说不苦不累是假话。但，看到市民如厕方便，特别是看到那么多我不认识的人在街上向我问好，指着我的示范牌竖大拇指，我就浑身是劲儿，多累多脏都值得！

又说：我干这活三十多年，帮过的人太多了。我天天干这活，过后都忘了，可人家还记我一辈子！我最欣赏那句话，金杯银杯不如老百姓的口碑。

有一件事让苏广林刻骨铭心：那年春节前，南市社区找到苏广林，一位住户家里总堵，堵了好几年，找社区，找房产，找市场疏通工，久拖不决。眼见过年了，这家关了水阀，整个单元不消停！

苏广林拿根钢钎东扎西敲，看，问，听，分析。最后将目光锁定在一楼住房，说了声"毛病在这里"，便掀开地毯，搬起一根根大石条子，发现化粪池已经坍塌。苏广林把坍塌的砖头瓦块清理出来，跳进四米多深的下水井，清理杂物。地方狭小，通用户的管道很长，苏广林只能蜷身"窝"着自己，手持长勺和长钩子，像透耳朵眼一样，将堵塞的沙子一点一点钩出来，将入户的六寸管内沙粒和油腻杂物淘净。然后，再将石条子原样封好，回填，重新铺上地毯。看到苏广林满身脏污，头上又是"小锅炉"，在场之人无不感动。住户赞扬道：没看见这么干活的，真够共产党员示范岗！

"我把工作对象当成我的父亲母亲"

苏广林1985年开始干清淘工作，"主业"为和平区五十多个公共厕所，"副业"面积更大，父老乡亲找他，从未拒绝过。

2017年5月，在"柞叶饺子饭店"附近，苏广林的车刚一停下，一位八旬老太太跟苏广林商量：我家的下水堵了，社区没弄了，房产局也没弄了，你给看看。

苏广林说：大姨你别急，我手里的活干完，指定给你做。

担心苏广林不去，老人又说：师傅，不白干。修好了我给钱。

苏广林说：大姨，钱我不要。您跟我妈的年龄差不多，我就当是自己家的活，一定上心干。

苏广林过去一查，老人的厨房管道堵了，水出不去，毛病却在外面下水井。苏广林忙了一个多小时，将下水井修好了。老人却不放心，非要苏广林通通她家的下水道。苏广林为解除老人的"怀疑"，他带上工具，认真疏通了老人的厨房下水道。

过后，苏广林又向这位大姨讲解清楚，毛病不在屋内，为了"解心疑"，他才象征性地通了通。如果不通通屋内的下水管，大姨心里总是没底。又告诉大姨如何保持畅通，平时该注意些什么，大姨高兴极了，一再道谢。

在"党员进万家"活动中,苏广林负责帮扶九洲湾上河村的一户农家。苏广林打电话一联系,老人说:我家动迁了,不缺钱也不缺物,就一个问题解决不了,我家下水道堵了,花钱多少次也解决不了。

第二天下午苏广林赶过去,发现问题真的很严重。那天是腊月二十三小年,因为冒粪水,一楼住户将自来水关闭了。下水道堵塞的确算不上什么大事,可好几十户人家春节吃不上水,这年怎么过?

苏广林立即进入角色,用过人高的钢枪头穿眼,撬,别,捅,挖。再钻进脏水井里,用缠上铁丝的扎枪头探伸进横管的下水道,将里边的油、垃圾钩带出来,清理干净。又亲手烧了开水,哗哗哗灌冲下水道,将残余油腻烫化、清理出去。直忙得头上有一个"小锅炉",才彻底解除"警报"。临走,苏广林又亲切地叮嘱老人:冬天气温低,油腻好凝结。每隔十天半月就烧些开水,烫烫管道。

老人激动地双手揖谢,喜上眉梢。

苏广林说:我干这点活是举手之劳,对于市民来说,却是"天大的事"。现在空巢老人多,儿女们不在身边。我为他们干活,就当他们是我的父母。为自己的父母干活,还讲什么条件?

"您不但找到了东西,还挽救了一个家庭!"

1995年12月的一天,苏广林急于寻找他从未见过的一个人。有限的信息是:被寻找人的名字叫蔡私全,工作单位在沈阳胶管厂。

苏广林通过"114查询"找到了胶管厂办公室的电话,当得知他们厂真有蔡私全时,连忙对胶管厂值班人员说:我是和平区城管局的清淘工人,我姓苏。今天早上我在厕所捡到一个黑提包。里边有蔡私全买房的手续、身份证和户口本。我觉得这些东西非常重要,请转告蔡私全上我这里来取。如果他没有时间,我将东西送去也行。

值班人员说工会管这事,将工会的电话号告诉苏广林。苏广林跟工会人员把刚才的话复述一遍，工会接电话的说蔡私全已经退休，这事不归他们管，又告诉苏广林老干部办公室的电话，苏广林将电话打到老干部办公室，将上述话又复述一遍，对方语言很冷淡，苏广林怕人家误会，说自己不要报酬，也没有任何别的想法，只是觉得这些东西很重要，急于交还失主。老干部办公室这才认真起来，答应找找蔡私全的姑娘。

二十多分钟后，蔡姑娘打来电话，二人约好在沈阳站见面，苏广林恰好在此干活。蔡姑娘这才知道实情，当天早上六点，苏广林在中山路邮局后身的公厕洞孔粪池里看到一个黑东西，用手电筒一照，见是一个黑色提包。苏广林把干粪团拨拉开，才拿出了提包。

蔡姑娘万般感动地说：苏叔，太感谢您了！您不但找到东西了，还挽救了一个家庭啊！

原来，蔡私全娶了新老伴后，二人感情一直很好。感情裂缝缘于丢失这个黑色手提包。那天，蔡私全买了两捆大葱放在房顶上。小偷趁机潜进屋内，打开柜子，将手提包盗走。手提包里除了上述东西，还有九千块钱。老伴似有监守自盗之嫌，怎么也说不清楚，只好打上包，离开蔡家。

急匆匆赶来致谢的蔡私全老人感动得泣不成声，执意要送苏广林一张百元钞票，苏广林婉谢。

蔡私全激动地说：我要感谢和平区城管局党委，培养了你这样的好青年啊！

苏广林对我说：这话对我触动太大了！人做了一点好事，人家感谢的不是个人，而是一级党组织、一个单位。我做了点滴好事，背后放大的效果是我意想不到的，也令我震撼！我多次碰上这样的情景，我解决了市民一点小难题，市民发自内心地感动，围着我的车转，连表情、那眼神都是亲切的，都有浓浓的感谢！

"每个行业有每个行业的特点，你得钻进去！"

在苏广林的清淘车上，保存了许多他从坐便里钩出来的物品，每件物品的背后都有一个故事。

那个二两装北京产"红星牌"二锅头扁形绿酒瓶，出自沈阳太原街新建的公厕女厕所的坐便里。保洁员告诉苏广林，厕所没有全堵，但用时水下不去，好久才慢慢渗下。苏广林用自制的弯钩探下去、触碰，知道里边有东西。在压水弯处。苏广林用磨锋利的铁钩钩，却钩不住它。几次钩住，却提不上来。苏广林敛息静气，比绣花还上心，多次提吊到中途掉落。经历数百次失败，耗费两个多小时，终于将酒瓶"提"了出来。"精准"程度令人吃惊，铁钩尖刚好钩住打开酒瓶后，瓶口残存的窄窄的铁片的缝隙上。缝隙很浅很浅。如果不将瓶子钩出来，唯一的办法便是"开膛破肚"，重新换上新坐便。连工带料，要三四千元。

还有地漏小圆盖，四周带圆眼的小薄片儿，许多许多我们认不出是什么东西的铁件、塑料品、钢物件，都是苏广林从坐便深处打捞出来的"战利品"……

这些东西的背后，承载着善良、责任、能力和智慧。

苏广林自制了很多简易工具，送给公厕保洁员。然后再当面示范几下，将纸团、手巾板、纸壳一类堵塞物钩出来。否则，前一个人如厕没冲，第二人再用，就堵塞了。如果及时钩出来，问题会迎刃而解。苏广林将电话留给保洁员说，你别管我在哪儿，别管我是什么情况，别管我休息不休息，有事就随时找我，很可能我就在附近。如果我走远了，半天才能跑回来。每换一个保洁，苏广林都要如此讲一遍。

我看到许多苏广林自制的清淘工具，每件工具都非常"接地气"，理念与实践携手，深情与智慧联袂。

去年11月中旬，团结路小学慕名找到驾驶室有"示范岗"牌子的苏广林，称学校厕所"冒粪"的问题始终解决不了，疏通了数十次都不能根治，抽完粪，挺不到半天就堵。

苏广林过去一看，学校围墙外有个社区垃圾房，脏水恣肆。围墙内学校盖个房子，围墙外侧的窄胡同紧邻住户，地方狭小。苏广林依学校指给的下水井观察，觉得附近还应该有下水井，用钢钎当

"听诊器"东敲西捅。突然停下说：这里还有个井。校方一再否定。苏广林又到围墙外"听诊"，突然停下，告诉房东这里有个下水井，房东女主人果断否定。

苏广林说了井与井之间的设计标准和化粪池的间距，校方和住户都不相信。他们都在此多年，从来没见过别的下水井。苏广林要刨开，学校不同意。苏广林说：我刨开看看，如果这里没有井，我再复原。

苏广林刨开半米多深后，竟露出一个直径一米多的水泥大井盖子！下面积存着干粪便、奶盒子等杂物！两边是围墙，学校围墙里还有自行车棚子，地方非常狭小，苏广林刨了一米半深，比重新挖个下水井还费力，将土扔外头，汗流浃背干了四个多小时，下水道咕噜噜一阵响，水下去了……

不到一个月，又堵了！

苏广林过去一查，问题出在紧邻学校围墙外的另一家院子。一个呈"V"字形夹角的胡同，堆着树杈、石膏板、杂物。苏广林一钎子扎下去，正扎在井盖子上！苏广林将杂物一点点挪走，抠了一米多深，彻底疏通了淤堵。

担心仍有类似问题，苏广林清理完淤堵井没有打道回府，而是在附近连续"诊断"，又发现并清理两个"隐形下水井"……

此处共计五个下水井，却有四个井被掩埋，学校和住户都不知情，怎么能不堵？

苏广林说：要有工匠精神，发扬劳模精神，每个行业有每个行业的特点，你得钻进去！

"多向市民宣传正能量"

苏广林说：如果服务态度不好，跟市民口角，他往坐便里扔个袋，就够你折腾半天。

北市地区的一个弃管小区脏水横流，苏广林和工友边干活边听着居民的谩骂。对社区不满，脏话连连。

活干完了，问题得到彻底解决，居民开始称赞苏广林和他的同事。

苏广林开口了：说话办事要凭良心，别出了问题往外推。我了解这个弃管小区的一些情况。当初就是因为你们好多人不交物业费，该掏的三毛五毛钱都不掏，物业人员实在干不下去，才成为弃管小区的。现在出了问题，把自己择得干干净净，这合适吗？

苏广林对眼前的一位胖业主说，咱俩谁也不认识谁，在大街上你找我，我也不会来。我今天干这活，是单位派我来的，也是党派我来、政府派我来的。你们骂，就等于在骂我。我没有说政府的工作没有缺陷，可作为公民，该尽的义务你们尽了吗？现在是市场经济，找人搬点东西都要有费用。我们好几个人开车来，能没有费用吗？政府应该为人民服务，为市民做事，这才派我们来。可咱市民，该尽的义务也要尽。政府不是造币厂，市民不交物业费，又不自管，自己对自己都不负责，难道全怪政府吗？

胖业主羞愧难当：你别再说了，我的眼泪都要下来了……

"问题到我这里必须截止！"

1994年12月，年终岁尾，人们格外忙碌。

这天早上，市民们看到这样的景象，和平区南京街消防队附近的公厕边拉起隔离线，好几个民警在警戒，阻止用厕。

原来，一位民警上厕所不慎将手枪掉进厕所最里边的蹲位，沉进两米多深的粪池里，怎么都捞不上来，只好向和平区城管局求援。

队长派一大一小两辆车前去打捞。冬季粪便似冻非冻，老百姓扔的各种杂物沉杂其中，抽不净粪便，两辆车无功而返。

中午十二点多，苏广林收车回来，接到队长的指令，立即将132型淘粪车开了过去。

看到丢枪民警嘴唇都白了，有人议论：枪找不到，他的职业生命就结束了！也有人质疑：真的掉进厕所了吗？

找不到枪,谁说得清楚?

苏广林找到开大车的师傅,从别处拉来清水,注入粪池,抽走杂质,苏广林再手工清淘。注水,清淘。再注水,再清淘。从中午干到夜幕四合。看不见了,用汽车大灯照明,继续干。黎明一层一层漂浅了黑夜,粪池里的情况反而增加了难度,剩下脏液近八百厘米深,密集的棍棒封锁了粪池,抽不走,也淘不起!凌晨四点,苏广林在掉枪的蹲位全力打捞,用吸铁石吸,用棍棒捅,用扎枪刺探,用漏勺捞,仍不见效。

天亮了,和平区分局的领导急得团团转,对丢枪的警察下令:你给我听好了,必须找到枪!

丢枪警察哆嗦着连连点头……

丢枪警察的家人、亲朋来了。分局的同事来了。许多人围在现场,焦虑、盼望、期待,却又无能为力。

人们意想不到的情景出现在眼前:只见苏广林穿上水裤,戴上皮手套,直接下到粪池。

双手从棍棒杂物的缝隙伸进去,左右探,上下捞,翻起粪便泡沫,臭气昂扬而起,在空中弥散,有人用手捂着鼻子,有人远远躲开。

苏广林的身体放低,脏粪的水平面却在"上升"。下巴向下、向下、再向下,眼见要贴近脏物,苏广林如若不知……

不经意间触碰了稀粪下的某个东西,树枝突然向上一跳,粪星四溅。苏广林的裤子、衣服、脸上,都溅上脏物……

捞出个沉沉的东西,丢枪人脸上露出喜色,多个警察凑近了——打开一看,一个小手提包里,装块石头以及满满的粪便。

一块包着杂物的砖头,一个灌满粪便的布娃娃,都是希望。也都是失望。

苏广林确定,里边的蹲位肯定没有。丢枪警察的脸更白了,嘴唇都紫了。可他只能像祥林嫂那样反复"叨叨":我就在这个蹲便。肯定是这个蹲便,怎么会没有呢?

苏广林的打捞重点,转移向邻近的另一个蹲便坑。丢枪警察更加失望,反复说:怪了,怪了,怎么会没有呢?

正当大家迷茫,丢枪警察已经蒙了时,苏广林将手枪捞了上来!

丢枪警察来不及说声谢,也来不及洗去枪上的粪便,怔怔看着苏广林手里的滴粪的枪,突然一把夺了过去,拔腿就向分局跑……

在太原街市文化宫附近,苏广林在寒冬处理过整栋楼厕所堵塞、数次解决不了的疑难;在北市场附近,苏广林献计解决了新建公厕设计问题,挽回大笔经济损失;在铁西区,苏广林解决了老旧小区掩埋多个下水井的疑难案例……

苏广林遇到"难诊断"的案例数不胜数,无论多么难都要根治。他最常说的一句话便是:问题到我这里必须截止!

一位市民不知道怎样感谢苏广林,就给报社写信道:他来时像一缕春风,吹散了锁在人们心头的愁容。他去时又像一团热火,温暖着人们的心灵,点燃了人们对美好生活的希望。在他身上,体现了当今共产党员和劳动模范应有的时代风采,不愧为我们学习的榜样!

刘国强,辽宁省作协理事,报告文学作家,辽宁文学奖得主。

动车守护神

——沈阳动车段技术研发中心副主任唐云鹏

庞 滟

七月流火的日子，我见到了传说中的动车守护神——沈阳动车段技术研发中心副主任唐云鹏——只是刚过不惑之年的他，竟已双鬓斑白，这白发也许就是智慧和辛劳的结晶；他的笑容很慈祥，就如同冬日的暖阳，让人不骄不躁，纯朴淡定。

我问唐云鹏，你最大的快乐是什么？

他回答说：当我看到修好的动车，每天平安地把旅客送到目的地，我觉得自己是有价值的人；当我看到无数像我一样的动车检修人迅速成长起来，当我看到"中国制造"的动车能够走出国门，我觉得自己的一生是有意义的。

泛黄的《电子报》与神秘的"黑匣子"

唐云鹏刚上初中时就迷恋上物理课。有一天，老师问谁喜欢《电子报》，他可以帮助订阅。唐云鹏家里并不宽裕，想全年订阅是不可能的，他偷偷把饭钱省下来，一张一张地买《电子报》，每一次他都如获至宝，认真学习研究。尽管多次搬家，旧得泛黄发脆的《电子报》他一张也没舍得扔；即使后来，他买到了1990年到2016年期间的《电子报》合订本，他还是把那些旧报纸旧书视为珍宝一样收藏着。他收藏的是一段岁月，一份不变的初心。

1991年，在班里一直名列前茅的唐云鹏，在中考时选择了北京铁路电气化学校，那是我国铁路系统比较有历史传统且底蕴深厚的一所老学校。在校期间，他最常去的是图书馆，节省出饭费继续订阅痴迷的《电子报》。他通过刻苦学习，成为学校出类拔萃的学生。毕业时，校长特意把他找去，成绩优异的他将被学校破格留下做辅导老师。

这个重大的人生选择，让唐云鹏陷入了矛盾的抉择中。最后，唐云鹏还是拜别了恩师，选择回到沈阳铁路局的基层单位就业，他想如儿时所愿：开上客运火车，拉上父亲母亲和满车旅客，驰骋于祖国的大好河山，去看看外面的世界。

然而，现实很骨感——他被安排到拉货的火车上，当了一名实习的副司机。他每天早出晚归，认认真真做好本职工作，把机车收拾得干干净净，还利用休息时间为很多同事修理收音机，甚至连家电维修部认为淘汰的收音机，他也能修好。大家都夸奖他是聪明能干的"小火车头"。

1996年年初，"货车副司机"唐云鹏突然接到调令，他被安排到机务段监控车间当一名负责检修的电气钳工。他心情复杂地抚摸着执乘过的1672号机车：儿时当火车司机的梦想，就要彻底破灭了吗？

他的同学和朋友都劝他，修理工是个又脏又累又没前途的工作，赶紧找找关系，争取调到好的部门，人要往上走才能越来越好。面对又一次人生转折，唐云鹏没有让父母去拉关系，只是故作平静地和父亲说：我不能再开火车了，我要去修火车了。

父亲看出了儿子眼中隐藏的忧伤，语重心长地说："孩子，无论做什么，一定要做好！把火车修好，让别人开没有危险的火车，坐火车的人就都安全了……你是在保护许多家庭的平安团聚，这是功德无量的好事啊！"父亲一席话，让唐云鹏豁然开朗。

原铁道部为了使机车行驶更安全可控，学习民航飞机，要在机车上安装"黑匣子"。列车上的"黑匣子"还叫列车监控记录装置。如同飞机上的"黑匣子"，发生故障后，是通过数据分析查找事故原因的主要工具。也是铁路进行安全监控、实施安全管理的先进设备。

面对由七块电路板组合成的"黑匣子"，到底是什么原理构成，有哪些功能，谁也弄不明白。由厂家技术员安装在机车上，虽然可以使用了，出现故障需要查找时，看着众多指示灯，大家只能束手无策地叹息，根本无从下手。

一个月后，车间吴主任发现了唐云鹏在电子方面的天赋，就把他叫到自己的办公室，每天都问唐云鹏一些电路方面的问题，发现有的他能当即回答上，有些难度大的问题会在第二天回复他。后来，他才知道，不会的问题，唐云鹏是每天下班后去图书馆研究答案。于是，吴主任信心十足地把一套价值近万元的黑匣子交给唐云鹏，说以后你就拿这套机器研究吧，随便拆卸组装，随便试验，希望你能把里面所有的构造原理吃透，把故障研究明白，我相信，你一定行的！

唐云鹏郑重地捧回"黑匣子"，他不想辜负主任沉甸甸的信任。但"黑匣子"可不是简单东西，由七块电路板组成的主机和显示器两部分组成。厂家只留下一些简单的使用手册，至于哪个部分出什么问题，如何解决等等都没有注释。这样的话，坏了不能自修，只能换新的。

接下来的几个月，唐云鹏采取分别攻关的方法，先将每部分电容、电阻等元件，集成电路参数，以及电压值、电流值等全部进行了测量，依次将各数值标注在图纸上，他利用虚接管脚、故障芯片替换等各种方法，主动设置和模拟各种故障，查看、对比并记录正常和故障时的波形、电压等变化，采集取值摸索故障的规律。历尽三个月的艰辛，他终于征服了机车"黑匣子"，甚至闭着眼睛也能说出那些电路板上的零件所在位置及功能。

有一段时间，多个路局列车的"黑匣子"出现显示器丢权的疑难故障，导致列车停车排风。生产厂家也没能尽快解决这一技术难题。唐云鹏却在工作台上攻克了这个难关，厂家邀请他去厂里做演示。唐云鹏将厂里使用的示波器，更换为频率更高的示波器后，立刻捕捉到了相关的干扰波形，又采用了在波形异常的管脚上增加0.01微法电容的办法，成功破解了这个技术疑难问题。后来，他在《机车电传动》等国际技术刊物上发表了这方面论文，受到广泛的关注。他还总结编写出了一整套关于机车"黑匣子"使用保养及维修的手册供大家使用。

为了让人才更好地成长，吴主任把唐云鹏送去参加了原铁道部举办的全路机车监控装置维修培训班。两个月后的结业考试，唐云鹏获得了笔试和实作两项第一名，受到了领导及上级单位的表扬，并委派他去维修其他机务段里积压的电路板。他不光修好了沈阳机务段的电路板，又到通辽、郑家屯、白城和大安北等地区，把那些单位坏掉的电路板也全都修好了，为各单位节约了一大笔维修费用。

一年后，他被沈阳铁路局机务监控维修管理中心招聘过去，而且一干就是十年，慢慢成了"黑匣子"检修专家，声名远扬。他提出LKJ-93数字量输入板工况电路烧损改造建议，解决了便携测试台防溜改造等近百项技术难题，成为在全路唯一一个把TAX2箱测量用工控计算机进行测试完成的人。

铁道部株洲电力机车研究所向他抛来橄榄枝，以高出他那时一倍的工资并赠送住房一套、安排家属工作为条件，高薪聘他过去当工程师。当时的唐云鹏和妻子还寄居在单位宿舍里，无房无车，这巨大的利益诱惑让他犹豫了。父亲的话坚定了他留下来的决心：钱不是最重要的，无论在哪里都要有家的责任感，哪里更需要你，你就留在哪里。

意大利文逻辑图与沈阳的动车神医

2006年9月，沈阳铁路局在全局招聘动车组检修管理人员，这

一纸招聘书深深吸引着在技术上不断钻研的唐云鹏。他在千余人的竞聘考试中脱颖而出，成了第一批动车人，他意识到了肩负责任的重大。

2007年4月18日，我国东北地区正式运行动车组列车，唐云鹏成为第一批随车机械师。一个月后，唐云鹏遇到了第一次动车故障，费尽周折地查询之后才发现，是列车网络控制的故障，导致显示器"黑屏"了，这如同人的中枢神经断了自然就瘫痪不能动了一样。苦于没有动车说明书，无法快速维修故障，束手无策的唐云鹏听到被滞留旅客的抱怨，暗下决心：要尽快找到动车的图纸，研究明白列车的内部构造，驯服这条飞龙，不能让离家的旅客不安和失望。

当时引进的是法国CRH5型动车组车体，对方派来的售后维修人员在技术上保守得像他们的说明书一样，只有是什么，没有为什么和怎么办，这样等质保期过去，根本实现不了自主维修故障，会导致在维修和部件购买上被厂家所控制。心急的唐云鹏找翻译求助外国专家，一心要破解动车网络这一难关。但外国专家只给一个使用说明书，对他提出的问题也是表面解答，根本不把内部结构图纸拿给他看。

唐云鹏很苦恼也很焦虑，作为一个动车组随车机械师看不到控制网络的结构图纸，怎么可能发现和解决故障，那样还有什么资格随车呢？他暗下决心，不靠老外靠自己，一定为中国铁路争光争气！

自强不息的唐云鹏把所有能掌握的资料都要翻烂了，从车体结构到电气原理，从常见故障查找到维修处理，从动车易损部件到更换大部件方法等方面逐个研究，拿着资料对着现车一点一点地对照琢磨，常常忘记了吃饭和休息，守在动车上反复研究琢磨到深夜。

外国专家看到唐云鹏翻烂的技术资料、废寝忘食的研究，被他感动了，把一些变量图表、原理图纸、维修图书拿给唐云鹏，让翻译对他说，只要看明白了这些图表，提出的问题基本就解决了。

为了能看懂都是外文的动车资料，他马不停蹄地突击学习英语，家里到处贴满了写有英语单词的字条。有志者事竟成，唐云鹏终于掌握了上千个有关动车方面的英语单词，他将所有图纸图表都密密麻麻做了标注，还把上面不正确的地方向外国专家提出了独到的修改意见。外国专家们冲唐云鹏连连亮出大拇指，表示赞许和敬佩。

  为确保动车组列车运行安全，列车上线前都要进行动态调试。这项工作都由外国专家封闭进行。别说唐云鹏，就连长春客车厂的制造方都不让靠近。唐云鹏明白，动车组列车有的是靠图纸即了解其构造，有的则必须通过亲手操作达到目的。唐云鹏就假借帮着搬设备、查看车况的空暇进到里面看专家怎么做，回去后立即把观察到的记下来，趁外方技术人员离开时，又悄悄对着实物反复梳理揣摩。通过一段时间的观察琢磨记录核对，唐云鹏终于掌握了主断路器带载分合、CLT异常切除复位等从未接触过的操作技术，为后来完善应急处置方案提供了实用措施。

  唐云鹏明白，真正对动车组列车起关键作用的还是网络部分。外国专家根本不给他看动车网络图的特殊软件。

  由于动车组列车的装置越来越精密，测试点越来越多，运用仪表测量越来越延误时间。细心的唐云鹏发现外国专家测量时不用仪表，而是用计算机反复看不同的图纸。

  唐云鹏夜不能寐，食不知味，终日冥思苦想。在一次跟随外国专家工作时他看到，图纸上一个不起眼的小坐标，就是下一张图纸的页码。他刻苦钻研，很快掌握了这些图纸之间的种种关联，并且以此解决了许多问题，但动车"大脑神经"的逻辑图他还是没有得到，更重要的难题将无法解决。

  终于有一天，唐云鹏在外国专家的办公桌上看到了想要的那张动车组逻辑图。这是动车组系统相关变量逻辑关系纽带，是动车组查找故障的关键和捷径。可是，上面的字他一个也看不懂。他借来那张图纸，回去连夜破译，可翻遍了英语词典也查不到图纸上的单词，虽然CRH5是法国产品，但法语词典同样也查不到，是哪国语言呢？

他埋头熬了两个通宵,在网上逐一搜索各种外国语言比对,终于查到那是意大利语。他白天工作,晚上连夜查找图表上意大利语单词,逐一翻译成中文并做了详细注解。不到一个月的时间,他就破解了神秘的意大利文动车组逻辑图。他把一张张电路图铺在地上,一个一个模块与现车比对琢磨,把一项项原理都研究透。就这样,他终于逐步掌握了CRH5型动车组的检修技术。在动车组应急故障处理和破解动车组疑难故障时,利用逻辑图相关变量的逻辑关系,就能快速准确寻找到修复动车组故障的方法和途径,为及时处理动车组故障提供了最大的技术支持。

那一刻,他用熬红的眼睛望着初升的太阳,兴奋得想大喊:动车,中国,我们赢了!

英雄大都是在岁月的征途中披荆斩棘磨炼出来的,唐云鹏也如此。动车组分为牵引、制动与供风、转向架、空调、辅助等几大系统,唐云鹏从最开始的专攻制动系统,一步步成长为目前国内少有的几名同时通晓多个系统的工匠级专家之一。他参加铁路工作二十年来,作为沈阳局第一批随车机械师,深入研究动车组各系统构造、原理,向单位和主机厂提出改造方案二十余件,填补技术空白一百六十多项,提出各类"金点子"六十多个,有效解决了一批动车组"疑难杂症",成为沈阳铁路局内外知名的动车神医。

从云鹏工作室到动车120

唐云鹏从一个动车组门外汉到全路动车技术状元,再到领军人物,靠的就是一股不服输的韧劲和钻劲。面对资料匮乏,他深钻结构原理,面对技术封锁,他研究逻辑关系,面对疑难故障,他苦心钻研解决措施。正是这种锲而不舍的劲头,使他在努力提升个人技术水平的同时,也示范带动了全段干部职工向他靠拢、向他学习,让全段形成了一支技术精湛、攻坚克难的金字塔形团队。

随着中国高铁的快速发展,对动车检修人才的需求愈来愈紧迫。唐云鹏凭着对高铁事业的一腔热血和责任担当,毅然肩负起培育动车检修人才队伍的重任。他传技授艺,甘为人梯,成为培育动检队伍的"铺路石"。

沈阳动车段是沈阳铁路局唯一负责动车组运用检修任务的单位,也是全路较早成立的动车段之一。2014年10月,沈阳动车段党委以唐云鹏的名字命名,成立了"云鹏工作室",组成七人的攻关团队,还开设了"云鹏讲堂""云鹏课题组""云鹏集训营"和"云鹏实作区"。不但成为沈阳局动车检修技术人才培育的大本营,也成为全路动车检修人特别是CRH5型动车检修人才的培训基地,成为动车时代的宝贵人才资源库。这让唐云鹏的身上又多了一份责任。他一面做好本职工作,一面挤时间设计培训方案,拟定攻关课题,带领年轻人学技术、攻难关,培养技术骨干。由于动车组列车大多数白天运行,晚上入库检修,很多时候,他都是白天忙着线上应急指挥,晚上忙着指导处理检修中遇到的关键难题。他意识到单靠自己一个人的力量,不仅难以完成动车检修工作任务,还会影响到铁路事业的发展。为此,他在没有任何可学习借鉴的资料前提下,组织编写了全路第一本《CRH5型动车组途中应急故障处理手册》、第一本《制动系统作业指导书》,成为全路动车运用检修及业务培训的教科书,更被动车检修人员称为"动检宝典"。

"云鹏工作室"是沈阳铁路局最具潜力的党内优质品牌和最重要的动车组运用检修技术研发团队。在唐云鹏的带动下,这个平均年龄只有三十四点五岁的云鹏工作组团队,已经自行设计制作了电茶炉、水泵、卫生间滑阀及压力开关、PIS系统、显示器终端试验台及RIM网络模块等六台控制检修试验台,累计创效一千七百九十余万元。并自行研制了制动缓解钩具、裙板开锁十字工装、强吸继电器、"云飞"液压钳、下拉杆安装与调整、制动梁与夹钳单元拆卸等四十七种工装工具,有效降低了动车组运用成本,打破了运用动车组传统意义上以换件修为主的瓶颈。

"云鹏工作室"仅用一年多的时间就对新职工培训了一千五百四十六人次,对随车机械师专业补强培训六百零一人次。同时,他们还对班子成员、科室干部及专业管理人员进行对口培训五百一十九人次，培训面达到了百分之九十六以上，尤其是现场职工百分之九十以上接受过云鹏工作室核心成员两次以上的技术培训。他先后带出了四名技术状元、十一名技术尖子，为沈阳铁路局以及多个兄弟铁路局培训了三千多名技术骨干。在连续四年的全国铁路职业技能大赛中，他作为主教练，带领选手两次夺得团体总分第一名，四人夺得个人全能第一名，特别是2015年包揽了CRH380B型个人全能前三名、CRH5型个人前两名，充分展现了"云鹏团队"的风采。

他培训过的太原铁路局职工，经常在全路职业技能大赛中取得好成绩，职工们都骄傲地说："因为唐云鹏是我们的老师呀！"

沈阳动车段在以唐云鹏为旗帜标杆的带领下，一批唐云鹏一样无私奉献的动车检修人诞生了，他们每天都一丝不苟地挑灯夜战，保证每一组列车维修后在静态和动态反复试验的情况下，没有任何安全隐患才放心地上线运行。

唐云鹏创造了中国高铁领域"九个第一"，连续四届被评为动车组自主检修技术状元，成为干部职工交口称赞的"动车工匠"。还被评为全国技术能手、全路新长征突击手，被授予火车头奖章等。2012年享受国务院政府特殊津贴。2015年荣获"辽宁五一劳动奖章"。2016年荣获"全国五一劳动奖章"，并被评为"辽宁好人、时代楷模"。唐云鹏是沈局动车人自强不息的真实写照，他用永争第一的实际行动为中国高铁成功迈出国门、走向世界镌刻下浓重一笔。

2008年年初，为了满足旅客乘坐动车需求，沈阳铁路局运行了重联动车组列车。两列同型号动车组之间联挂运行加大旅客运输的同时，也带来新问题：两组动车受电弓与接触网受力不均，经常出现瞬间脱网现象，导致动车组列车频繁跳主断，失去动力。唐云鹏在详细分析二百八十多个动态数据的基础上，查阅了有关德国高铁接触网技术的书籍，找到当班值乘的动车组司机了解"跳主断"时的风力等情况，经过反复调研论证实验，认定"跳主断"的原因是大风时气流的扰动及接触网在动车组滑过后出现抖动等综合因素造成，唐云鹏提出将受电弓与接触网静态额定压力由75N提高到

90N，国外售后服务人员听了唐云鹏的建议后，当场进行试验并认可，从而彻底攻克了这一难题。

随着多条高铁、客专相继开通，为了保证动车组列车在线上运行安全畅通。2012年5月，沈阳动车段成立了应急指挥中心，唐云鹏肩负重任当起了动车组的"120大夫"，时时应对上百组运行动车的突发故障及各动车所遇到的"疑难杂症"，这对他又是一个全新的挑战。他不分昼夜随时待命，手机与动车段应急语音平台连在一起，怕睡觉时听不到，就把铃声设置成警报铃声，妻子总是在夜深人静时被吓醒。几年来，他参与指挥处理应急故障八千七百余起，不仅确保了动车组运行安全，而且把对行车秩序的影响控制在最小。几年来，不但乌鲁木齐、兰州、济南、哈尔滨铁路局来沈阳培训的学员，唐云鹏都手把手地教给大家，就是几千公里之外的广铁集团同行打来电话求教，他也会毫无保留地提供技术帮助。

家国情怀，舍小家为大家

当和唐云鹏聊到他的家庭时，他的眼圈红了，眼睛里闪动着动情的波光。他说，他忙碌的一生有两大情感对不住，一是父母的恩情，二是夫妻的爱情。

尽管唐云鹏的父母住在距离沈阳不过七十多公里新民市农村，可他很少回家，更别说节假日，连周末都加班上岗。十几年来万家团聚的春节，唐云鹏都是在岗位上度过的。父母知道儿子忙，也不怪罪他，看到电视上有关于火车的节目，就目不转睛地看，找找儿子在没在里面，哪怕看上儿子一眼，他们也会高兴好多天。村里人看到唐云鹏上中央电视台了，都到他父母家祝贺，为他自豪。

唐云鹏愧疚地说，他是不孝的，亏欠父母太多无法回报。那年下暴雨，父母家小房子被冲塌，所幸父母平安无事，他只能让弟弟去修缮；父亲病重住院，他不能时时陪护在身边，抽时间去看上一眼也都被父亲撵了回来。他一直记着父亲的叮嘱：别顾小家，要顾大家，国家的事、工作的事、旅客的安全最重要！这条家训陪伴他

一路披荆斩棘，克服了所有困难。

当我问他孩子上几年级了，他不好意思地笑了，说还没来得及要孩子。看着我惊讶的表情，他补充道，之前夫妻两个人都忙工作，要孩子的事就拖了下来，等想要了，他身体又不是太健康了，他们不想让不健康的孩子来到这个世上受难。说到这儿，他的眼圈又红了。

唐云鹏谈到他妻子时，很动情也很愧疚。自从2012年5月他当上了动车组的"120大夫"起，他妻子再没睡过一个安稳的好觉，他不分昼夜随时接听应急处理障碍的电话，手机与段里应急语音平台连在一起，怕睡觉时听不到，就把手机设置成警报铃声，妻子总是从梦中被吓醒，但她没有一句怨言。

人们常说，一个伟大的男人背后都有一个优秀女人的支持。为了解开这个谜，我联系了唐云鹏的妻子王春艳。电话那边是一个温柔平静的声音。说起她和唐云鹏的爱情故事，她很自豪地告诉我，她一直都非常崇拜唐云鹏。说他参加工作前，曾是长跑运动员和音乐达人呢。跑过万米马拉松，喜欢骑车，喜欢弹吉他吹黑管，喜欢唱歌，他嗓音非常好。可是自从干上铁路的工作，这些爱好都被工作和书代替了。他太不爱惜自己了，心里装的都是工作。当初，他自己舍不得吃穿，花了一万多元钱买跟火车有关的书，下班回到家就把自己埋进书堆里。

我问她：你后悔过嫁给他吗？一直没要孩子，感觉生活寂寞吗？

她很坚定地回答：没后悔过，也没觉得生活寂寞，我喜欢听他和我讲工作上的事，看到他解决完棘手的工作时那高兴劲，我也跟着高兴。在电子通信不方便的那些年，他一边画图纸，一边教我。这样，他在外面修动车时，我在家能随时帮他找到想要的图纸，指出故障点在哪里。

王春艳还告诉我，唐云鹏经常白天黑夜连轴转，休息不好，又长期弯腰工作，落下了好多毛病。2011年春天的一个晚上，他刚处理完一个故障求助电话，就满脸是汗，呼吸困难，被120送进了医院，经专家检查确诊为过劳性心肌炎。医生还查出，他腰椎管狭窄导致病症压迫神经，要想治疗必须马上手术，如果继续这样劳累发展下去，很可能要高位截瘫。他听说术后要静养半年，便坚决拒绝治疗，说现在动车组的工作需要他，离不开，不能手术静养。躺在病床上的唐云鹏时刻挂念着工作，让妻子把电脑拿到医院，一只手打吊瓶，另一只手挪动鼠标继续查看分析动车图纸……

许久的感动后，我问王春艳：如果让我帮你转达给唐云鹏一句话，你想说什么？

她停顿了片刻，哽咽地说：他太忙太累了，你帮我带话给云鹏，别太拼命了，多注意保重自己的身体，没有好身体，拿啥去好好工作呀！

放下电话，我久久不能平静。我清楚地知道，把王春艳这句话转给唐云鹏，他也是无处安放的。虽然他的胸怀海阔天空般博大，但里面装满了祖国、动车、旅客的安危和所有动车人，就是没给自己留一个位置。这就是德育天下、仁心仁术、大爱无形吧！

随着检修技术的逐渐提升，唐云鹏不再局限于日常的检修，而是围绕解决动车运行中的难题，刻苦钻研技术，力求有所突破。他和同事们通过实践摸索、积累消化吸收、完善创新，系统掌握了CRH5型动车组的检修技术。

唐云鹏正在用生命与时间赛跑，时刻守护着动车的安全，诠释着"中国梦"的真谛，他和伙伴们先后解决了动车组检修技术难题一百二十多个，填补技术空白一百六十多项，打破了国外专家的技术垄断，实现了我国动车组自主检修的目标，为中国铁路和中国动车赢得了荣誉和尊严。

庞滟，沈阳市作协副秘书长，小说作家。

单手"爸爸"朱振峰：一切为了孩子

——敬业奉献模范朱振峰面面观

潘 洗

一

毋庸置疑，从一个工商管理专业的优秀毕业生到儿童福利院的特教老师，这种身份的转换是朱振峰人生的重大转折点。

朱振峰是个"学霸"，在他就读的辽宁科技大学（当时叫鞍山科技大学）经济管理学院，他是学习最刻苦、成绩最优异的学生之一，几乎每年都是一等奖学金得主。不仅学习成绩好，综合素质也高。大学期间，朱振峰先后荣获"辽宁省十大青少年学习成才奖""辽宁省十大三好学生标兵""辽宁省优秀毕业生党员""辽宁省十佳大学生""全国百佳大学生"等诸多荣誉称号。通过媒体的大量报道，朱振峰同学也算是声名远播了。

临近毕业时，是继续考研深造，还是离校参加工作，朱振峰面临着艰难的选择。当时辽宁省副省长到科大考察调研工作，专门到宿舍慰问朱振峰，当场明确表态：如果朱振峰选择读研，省里会协调有关方面，解决他的所有费用。考虑再三，朱振峰还是婉拒了省领导的好意，他想尽快找个适合自己的工作，赚钱养家，照顾年迈的母亲。

对于像朱振峰这样的优秀毕业生，好多求贤若渴的单位都伸来了橄榄枝，包括家乡的政府官员，也包括沈阳、大连甚至广州的大企业。虽然就业前景相当乐观，但朱振峰早已打定主意。他放弃了很多好的工作机会，最终决定留在鞍山，机缘巧合之下，朱振峰来到鞍山市儿童福利院，成了一名特教老师。

朱振峰的选择，无疑是现实而清醒的。这可能与他苦难的童年和青少年时代有着深刻的关联。

朱振峰的右手有残疾。三岁那年，朱振峰发高烧，糊涂的赤脚医生在给他打点滴时，忘了解下胳膊上勒紧血管的胶带，胶带绑了一天一夜。这次医疗事故导致他的右手萎缩、坏死、变形，失去了正常的功能。

朱振峰家境贫困。他出生在葫芦岛绥中的一个小山村，母亲体弱多病，父亲是个老实巴交的农民，靠种几亩薄地，勉强维持着温饱，除此之外再也没有闲钱干别的了。穷人的孩子早当家。朱振峰上学没钱买教材，只能借来同学们的书本，放学回家后一点点抄写，从小学抄到中学。抄书很辛苦，但他却因此夯实了牢固的知识基础，同时也磨炼出不怕吃苦的坚忍品格。虽然从来没有买过一本教材，但朱振峰一直都名列前茅。

朱振峰读初三那年，父亲病逝了，家境更是雪上加霜。学习靠借书抄书，饮食靠米饭就咸菜。朱振峰常常在半夜时分饿得肠胃抽筋，整个初中和高中阶段，他经常头疼、呕吐，严重营养不良。但朱振峰咬牙坚持着，在2002年如愿考上辽宁科技大学，成了村里第一个大学生！欣喜未过，高昂的学费又让朱振峰和母亲愁眉不展。为了挣学费，朱振峰自制了一个简易冰果箱吊在胸前，走街串巷卖冰果，用残疾的右手稳住箱子，用另一只手给人拿冰果，一天跑下来累够呛，却只能挣个两三元钱。

就在朱振峰快要绝望的时候，当地政府帮他办理了寒窗助学基金，家乡的老师和同学也纷纷解囊，圆了他的大学梦。从那时起，他学会了感恩，发誓要好好学习，将来有机会一定要回报那些帮助过他的人。上了大学后，朱振峰继续发扬他的"抄书"精神，靠勤工俭学、做家教、得奖学金，不仅以优异的成绩完成了自己的学业，还贴补家用，并基本还清了外债。

苦难也是一笔财富。朱振峰在竞选学院学习部长时，发表了一个掷地有声、反响热烈的演讲，他是这么说的："挑战极限是我的性格，这可能与我幼年失手、少年丧父、饱经生活磨难的特殊经历有关。正是这种特殊的经历，使我产生了挑战自我、挑战生活的勇气，使我敢于面对残酷的现实，做生活的主宰，做生活的强者。前方的路漫长、艰难，但我坚信，只要有信心，肯努力，再苦再难也能克服！"

二

挑战自我，挑战生活，做生活的主宰和强者，朱振峰做到了。他在儿童福利院特教老师的岗位上，一干就是十一年。由于工作业绩突出，朱振峰被授予"全国岗位学雷锋标兵""好人365封面人物""中国好人""辽宁省优秀共产党员""辽宁省岗位学雷锋标兵""辽宁省特殊教育先进工作者""辽宁省服务群众好党员""辽宁好人·最美人物""辽宁省感动民心人物""鞍山好人·最美人物""鞍山市道德模范""最美鞍山人""鞍山市五一劳动奖章""鞍山市五四青年奖章""鞍山市好干部"等荣誉。包括中央电视台、《光明日报》《中国日报》在内，中央及地方多家媒体对他的事迹进行采访、报道。

在这些荣誉和光环的背后，朱振峰付出了数倍于常人的心血和努力。

初到儿童福利院，尽管对漫漫前路充满信心，但当朱振峰同学变成了朱振峰老师，他发现，面临的挑战和考验超乎想象，差不多一切都得另起炉灶，推倒重来。虽然学的是管理，但当面对这些特殊的学生时，那些书本上的理论就显得捉襟见肘。这些学生长期生活在福利院的有限空间里，加上各自又有不同的肢残、智障等情况，难免会产生孤僻暴躁和难以沟通等问题。在最初的那几个月里，作为全院唯一一名工作在教学一线的男性员工，朱振峰还缺乏与学生们相处的经验，很多时候他在讲台上讲得口干舌燥，台下的学生们却听得满脸茫然，收效甚微。随着时间一天天过去，朱振峰真正体会到了什么叫寝食难安。

朱振峰不信邪，不服输。为了弥补自己的专业短板，朱振峰下了很大的功夫，他通过上网查阅资料和向他人请教等方式来丰富自己的特教知识，还利用业余时间，自费去电大进修幼儿教育专业，并通过了辽宁省教师资格考试。正是这种不断的学习和提升，朱振峰从一个"门外汉"变成了"内行"，具备了从事特殊教育工作所必须具备的专业素质，成为一名真正的特教老师。

能够跟孤残儿童迅速拉近距离，让他们接受、喜欢，除了完善特教工作的知识储备，更有赖于朱振峰摸索出的一套独到的特教工作思路和方法。他认真分析了当前孤残儿童教育所存在的问题和影响孤残儿童教育的因素，探索出一条以学龄前儿童早教、脑瘫儿童康教、社会机构助教、义工帮教等多种形式融为一体的教育思路。在这个思路的指导下，朱振峰又摸索、创新出一些特教工作方法，比较有代表性的有：

——五指定量法：针对一些孩子对长度单位换算发蒙的问题，朱振峰绞尽脑汁自创了一套抽象问题具体化的方法，即将大拇指、食指、中指、无名指、小指分别代表长度单位中的五个量——千米、米、分米、厘米、毫米。大拇指和食指间缝隙较大，就将这个缝隙规定为相差三个计数单位，而其余手指缝隙较小，每个缝隙为一个计数单位。这样孩子们学习起来容易多了。

——扎眼描字法：院里的很多孩子手有残疾不灵便，应对最普通的写字也是一大难题。朱振峰就用锥子在本子上按照所写字的形状扎出小眼,让孩子沿着小眼连线练习写字。由于单靠左手用力,朱振峰经常把手磨破,但他没有一句怨言。

——儿歌法:在儿童福利院教室的墙上,挂满了朱振峰为孩子量身定做的儿歌,如《便后卫生歌》《洗手歌》等等。曾有个患有唐氏综合征的孩子,上厕所经常忘记擦屁股,朱振峰特意为这类孩子编创了简短的《便后卫生歌》,没事孩子们嘴里就念叨,慢慢养成了便后擦屁股的习惯。

——情境体验法:为了让孩子们切身感受到外面的世界,朱振峰联系爱心人士为孩子们添置了小型水族馆,孩子们足不出户就能观赏到小鱼在水里畅游的情景。还收集了大量废弃的水果箱,在阳台上搭建了一个绿色园圃,孩子们亲手种下了西红柿、黄瓜、茄子等时令蔬菜瓜果,既见证了植物的生长过程,同时也体验到一种乐趣和成就感。朱振峰还经常将孩子们带到户外的具体情境进行体验,如逛超市、识别斑马线、包饺子等。

——融入法:有时候,朱振峰化身为"患儿",融入孩子眼中的世界中去。有个脑瘫患儿无法走路,甚至连爬都不会。为帮他站起来,朱振峰自然地趴在地上,调动孩子的兴趣和他一块爬。由于朱振峰的两只胳膊不一样长,经常把残臂硌得通红,但看到孩子慢慢学会爬行,朱振峰觉得很值。

在情感上对孩子们热爱并全身心投入,在工作中有思路、有创新、有办法,特教工作者朱振峰已经把驾驭命运之车的缰绳,牢牢掌控在自己的手中。

三

在鞍山市儿童福利院,常常会看到这样的感人画面:朱振峰一"手"抱起一个孩子,两个孩子欢笑着喊:"爸爸!"又有孩子向他张开小胳膊:"爸爸抱!"朱振峰忙不迭地放下这个,又抱起那个。没错,在孩子们心中,朱振峰就是儿童福利院里最亲近、最值得信赖的"爸爸"。此时,只有一只手的他胳膊已累得酸痛,可他脸上却洋溢着幸福的笑容，心里像蜜一样甜。这些孤残儿童不仅仅是学生，更是自己的孩子，不是亲生胜过亲生，尚未成家生子的他提前享受到了子女绕膝的天伦之乐。

参加工作十多年来，让朱振峰最快乐的事情就是，听到孩子们开心地喊他："爸爸。"

"爸爸"这个称谓，最早来自"小蝌蚪"。

"小蝌蚪"刚来院里时，智力发育迟缓，特别内向自闭。为了让他尽快摆脱交流障碍，朱振峰经常把他抱在怀里，哄他逗他，孩子很快变得乐观开朗起来，能跟小朋友一块玩耍了，并逐渐对朱振峰有了强烈的依赖感。有一天，朱振峰正在整理床铺，忽然听到后面有人脆生生喊了一声"爸爸"，一回头，是"小蝌蚪"。朱振峰心弦一颤，紧紧地把孩子抱在怀里。别的孩子纷纷围拢上来，嚷嚷着："朱老师是你爸爸，也是我爸爸。""小蝌蚪"第一次从沈阳孤儿学校上学回来，扑到朱振峰怀里哭着说："爸爸我想你了，终于又见到你了。"然后像小猫一样趴在那里，半个小时一动不动。

而小山，则是一个哑而不聋、特别爱笑的孩子，他最大的问题就是吃饭特别慢，一顿饭至少得吃一个小时。朱振峰将小山带回自己家里，这是他带到家中寄养的第二个孩子。朱振峰不仅变着法儿给孩子做好吃的，而且将小山送到聋哑学校去上学。如今在朱振峰"爸爸"的悉心照料下，小山有了明显的进步，不仅能够开口喊"爸爸"，还能说"走""热""谢谢"等常用语句。

还有晨宝、大柠檬、小旺来、好好……这些情况各异的孩子，以及说不完的故事。对了，还有小奥。

四

在朱振峰的特教工作中，小奥是个绕不过去的话题。

2016年第8期《共产党员》杂志刊发了朱振峰的一篇文章——《用爱回报社会是我生命的责任》，文中重点提到了那个叫小奥的孩子：

2014年9月,一个患有脊柱裂的孩子小奥,因大小便失禁无法自理被省孤儿学校退回福利院。那天,小奥从学校回来背着小书包来到我办公室,满眼泪水地望着我。看着他那迷茫无助的眼神,我本能地问了一句:"爸爸带你回家生活你愿意不?"孩子的眼神充满了喜悦又略带疑惑:"真的吗?你要是真带我回家,我保证每天都不吃饭,不拉屎就不臭了。"听了孩子的话,我的心里一阵酸楚,强忍着泪水说:"爸爸不仅要把你带回家,而且每天都让你吃得饱饱的,然后去上学!"

有一次带小奥出去玩,一路上我给他换了七块尿不湿,一旁的人都用不屑的眼光看着我们,但我的心很坦然。在我的努力下,小奥上学了。为了不影响班级环境,我做出了一个常人无法忍受的决定:给孩子抠大便。我每天不到五点起床,给孩子做饭,帮孩子洗漱,吃过饭后,就帮孩子抠大便。

限于篇幅,朱振峰跟小奥相处的许多细节都没有在这篇文章中披露。但朱振峰在一次道德模范巡讲中,详细描述了2015年发生在小奥身上的几件曲折而挠头的事。

因为大便失禁,学校拒绝让小奥继续上学,只好将他带回家。当看到小奥那无辜和不舍的眼神时,朱振峰的心再次被融化了,他决定自掏腰包交学费(每月学费四百元),先将小奥送到幼儿园去学习,等孩子年龄大一些,再找机会送他去学校。

一天夜里,母亲突然发高烧,上吐下泻,朱振峰帮母亲服药后病情仍没有缓解,必须马上送母亲去医院。但小奥怎么办?朱振峰感到了前所未有的孤独和无助。最后他决定把母亲和孩子一起带到医院。此时的朱振峰感冒初愈,身体也很虚弱,他强忍着泪水,用残臂拖着母亲,用左手牵着小奥,就这样三个人来到了医院。所幸经检查后母亲没有什么大碍,等母亲输上液后,朱振峰把母亲托付给医院的一个护工帮忙照料,急忙带小奥返回家洗漱,再送他到幼儿园。等忙完这些赶到单位才发现,自己竟忘了吃早饭。熬了一个通宵,朱振峰心里的难受无法言表,甚至陷入了到底还带不带下去的两难选择,但一想到小奥那无辜的样子,真的不忍心让他受到伤害。

2015年6月,朱振峰发现小奥的腿有些浮肿,马上意识到孩子一定是生了病,以前院里也曾出现过类似情况,有的孩子因长期兜尿不湿导致肾炎。朱振峰赶紧将小奥送到医院,经检查果然是肾炎,医生建议住院治疗。那段时间在医院护理小奥,朱振峰身心俱疲。最痛苦的是化验尿的时候,由于小奥大小便失禁,特意让他尿他却尿不出来,为了给小奥接尿,朱振峰常常拿着试管在厕所里一蹲就是两个小时。在抽血化验时,小奥撕心裂肺的哭喊常常弄得朱振峰的眼泪也止不住流下来。因为担心小奥累着,只有一只手的朱振峰常常背着孩子到各检查室去检查。经过半个多月的细心护理,小奥的病终于得以痊愈。出院第一天,朱振峰亲自给小奥包了馄饨,以示庆祝。

小奥出院后,朱振峰又开始考虑他上学的事。为了让小奥上学,朱振峰决定搬家。看似简单的决定,却纠结了很长时间:一方面房租费和日常支出肯定要增加很多,另一方面母亲来鞍山后已经完全融入那个村子,搬到城市后肯定会不适应。为了小奥上学,朱振峰还是决定在福利院附近租了一套房子,并在开学前搬家。家搬完后,还顾不上置办家具,朱振峰就给小奥联系学校,还向当地教育部门递交了上学承诺书,承诺每天上学前,朱振峰会将孩子大便处理干净,不影响班级的教学秩序。入学后,校领导和班主任老师见到小奥后,为其遭遇所感动,对孩子格外照顾。为了保护孩子的隐私,校长允许小奥到职工厕所换尿不湿,就这样小奥可以和正常孩子一样上学了。而朱振峰每天要做的,除每天早晨五点起床帮小奥收拾干净外,还要课后辅导学习、朗读、做算术,每天晚上爷儿俩忙得都挺乐和。

在朱振峰的精心照料和不懈努力下,小奥在正常学校接受了正规的教育,还被一个美国家庭选中,即将被领养到美国去生活。

下面的文字，节选自朱振峰亲自撰写的《我与小奥在一起生活回忆录》一文。这里面，有着浓浓的、化不开的、超越了血缘关系的父子深情。

2016年7月初，我终于得到了孩子被领养的准确消息，孩子的养父母将于9月5日来中国接孩子。想想即将与孩子分开，我的心里有说不出的滋味，既为孩子能够找到好的归宿而欣喜，也为孩子即将离开我而恋恋不舍。虽说孩子在别人看来有很多毛病，但在我眼里他就是自己的孩子，我不嫌弃他脏，不讨厌他臭。他的机灵，他的可爱，他说的每一句话，他做的每一件事都会给我带来无尽的快乐。孩子在我家待的这几年，父子俩的心是相连的，孩子开心我也开心，孩子难过我也难过。他生病住院时我陪他一起度过了十五个日日夜夜，扎针时孩子哭着喊我爸爸，我的眼泪会不停地流下。他考试考了一百分，我会开心得像个孩子。他不听话时，我也会气得咬牙切齿，恨铁不成钢。我不敢想象孩子真走那天我会不会哭，但听到这个消息时心里就已经是五味杂陈，更多的是感动和不舍。而我现在唯一能做的就是尽可能多地陪陪孩子，给孩子童年留下更多美好的记忆。

孩子知道自己要走的消息后更加依恋我，每天都缠着我，我去哪儿孩子就会跟着去哪儿。每到晚上和孩子独处时，孩子都会冒出几句虐心的话：

"爸爸，我要有亲爸亲妈该多好，那样我就不用去美国了。"

"爸爸以后我不去小屋看电视了，天天跟着你，因为我怕我走了看不到你，会想你。"

"爸爸我真的不想离开你，我肯定会想你。"

"爸爸你教我句英语呗，我就学'回中国看看'这句，如果我想你的时候就可以和爸爸妈妈说，让他们送我回来看你。"

"爸爸你对象处上了没？赶快处一个呗，我想在我去美国之前能看到你对象。"

"爸爸我出国后多挣点钱，到时多给你邮点钱，你好买个房子，再娶个媳妇，剩下的钱还可以买机票去美国看我。"

…………

孩子说的每一句话都像一把利刃深深地刺在我的心里，每一句话都会让我的心情久久不能平静。

还记得有一次，我和朋友带孩子出去玩，孩子把叔叔给他的一元硬币扔到了许愿池里，闭上眼睛许愿，我问他许的什么愿，他不肯说。到了晚上孩子说他嗓子疼，我给他拿了消炎药又取了水，当我把水拿到他面前时，孩子却把注意力集中到了我残缺的右手上，若有所思，我问孩子在想啥，孩子突然很严肃地问："爸爸愿望可以改不？我想把许的愿望改了。"我问他想要改成什么，孩子说："爸爸你的手会长出来不，我希望你的手长出来，这样你就会娶到媳妇了！"我问他："这就是你今天许的愿望吗？"他说："白天没想到这个，现在想到了，所以改了，爸爸能长出来不？"我强忍着泪水点了点头说："能，只要你听话，它就能长出来。""那什么时候能长出来呀？我希望它和你的左手一样。"我也一本正经地说："你不说十年后回来看我吗？到那时就能长出来了。""那我一定回来，对了明天你把你的名字、地址、电话号码、QQ号码、微信号都写下来，到时我拿走，万一十年后我不会说汉语了，我就打车，我拿着你写的字条就能找到你。"听了孩子的话我再也无法抑制自己的情绪，眼泪再一次涌出眼眶。

五

在朱振峰看来，他所从事的特教工作不仅仅是一份工作，那些

孤残儿童也不仅仅是肢残、智障或有被遗弃遭遇的孩子。他要把他们当作亲人、当作家人，他发自肺腑地把这些孩子当成了自己的孩子。这种情感的产生并不是偶然的，它来源于朱振峰对母亲的爱与孝顺。

在到福利院上班之前，朱振峰就从绥中老家把母亲接到了鞍山。因为住在市内不习惯，母子俩就搬到远离市区的七岭子农村。那儿离单位很远，先倒公交车再坐单位班车，至少需要一个半小时。房子小而破，环境也不好，但是租金便宜。住了一段时间后，搬到同村的另一处条件稍好一点的房子。母亲是一个有个性、爱唠叨的农村老太太，有一次不小心水淹了房东的房子，跟房东大吵了一架，血压急剧升高，一气之下就搬回市内，心情这才慢慢舒缓过来。

朱振峰说，那时候我做的所有事情差不多都以我母亲为中心。她身体不好，患有高血压、心脏病、脑血栓、便秘等多种疾病，2015年春节过后那次半夜发病把他急够呛。无论如何，他也不放心把老人家一个人撂在老家！

有人给朱振峰介绍了个对象，彼此都很满意，连双方家长都见了。有一次两个人散步，姑娘提出将来能不能不跟老人住在一起，可以考虑就近给老人另租一处房子。朱振峰说："母亲含辛茹苦把我养大，现在体弱多病且逐年衰老，她离不开我的照顾。"朱振峰的一份美好爱情就这样夭折了。事后还不敢跟母亲说实话，怕给她施加压力，更不想让她内疚。

十多年来，朱振峰悉心照顾着体弱多病的母亲，又和母亲一道，先后细心照料寄养在家的两个孩子，小奥和小山，组成了奇特而和睦的祖孙三代之家。在这个家庭之外，在儿童福利院，朱振峰"爸爸"还有无数个孩子。平日里朱振峰省吃俭用，日子过得十分清苦，但对那些孩子，朱振峰却从不吝啬：孩子们缺少学习用品，朱振峰一买就是十几份；上学的孤儿没有零用钱，朱振峰常常五十一百地给孩子，一个孩子都不落；每到寒暑假，朱振峰坚持给孩子寄往返路费，少则几百元，多则上千元；每逢春节，他带着孩子放鞭炮、挂灯笼、贴对联、游千山、包饺子。这些，都让孤儿们感受到家的温暖，亲人般的关怀，感受到爸爸般的挚爱。

朱振峰热爱特教事业，热爱他的每一个孩子，更热衷社会公益活动，对生活困难的人常常施以援手。包括母校在内的一些高校经常邀请朱振峰为学生做励志报告，他再忙再累也不推托。朱振峰还被聘为辽宁科技大学和铁西新陶小学校外辅导员，一有时间就到学校给学生进行心理辅导，鼓励他们珍惜学习时光、努力学习、立志成才。2013年4月，朱振峰将自己省吃俭用节省下来的五千元钱捐给母校十名特困大学生。通过朱振峰的积极协调，市民政局也向科大捐赠了大量图书和一万元助学金。2014年，报纸上报道了科大研究生李刚患尿毒症需要换肾，父母靠摆"空菜摊"帮孩子筹钱看病的消息。朱振峰二话没说，急忙赶到菜摊花五百元钱买了一袋青椒。他说："孩子这么优秀，挺可惜的，我能力有限，只想尽点绵薄之力。"在二一九公园义务救人的赵景柱遭遇了困难，朱振峰送去二百元慰问金，并在微信朋友圈发动朋友募集一千余元。几年来，朱振峰向社会和孤残儿童捐赠款物达数万元。

六

离开儿童福利院时，我在一楼大厅看到了墙壁上镌刻的六个大字：一切为了孩子。朱振峰，一个朴实无华的普通特教老师，不玩虚的，不走过场，用一颗无私的心和真诚的行动谱写了青春不悔的传奇故事，为爱与奉献提供了完美的诠释。不错，朱振峰"爸爸"正是用单手为他的孩子们撑起了一片爱与希望的天空。这彰显了道德的力量，更闪耀着人性的光辉。

一切为了孩子——越朴素，越深刻。诚哉斯言！

潘洗，原名姜鸿琦，国网辽宁供电公司鞍山公司会计，小说作家。

爱的图腾

张笃德

天女木兰

20世纪80年代末,艾滋病在全世界暴发。到了90年代中期,艾滋病在我国开始蔓延,一时人们视艾滋病如洪水猛兽,谈艾色变。

2006年,抚顺市传染病医院应形势需要,受命组建专业的艾滋病治疗科室,院领导在物色人选时,时任院预防保健科副科长的邹笑春主动找到院领导请缨说:"我觉得预防保健与防治艾滋病沾边,我对艾滋病知识能比大家多了解一些,我又是一名党员,如果医院觉得我适合牵头这项工作,那就让我来吧。"

邹笑春之所以能说出这样的话,我在她2015年2月1日的一篇日记里,读出了她的思想端倪:"一个人在衡量任何事物时,看重的是他们在自己生活中的意义,而不是他们能给自己带来多少实际利益,这样的一种生活态度就是真性情。"

邹笑春,1972年4月20日出生在雷锋精神发祥地——抚顺市的一个知识分子家庭,从小受当编辑的爸爸、当小学老师的妈妈潜移默化的教育影响,加上雷锋事迹的耳濡目染,乐观开朗、积极向上、热爱生活、憧憬理想成了邹笑春生命的底色。她的名字,就像她的面容一样,始终洋溢着春风般温暖的笑意。

邹笑春的同学都知道她争强好胜的性格,有一股男孩子般不服输的执着劲。这在她喜好的摄影、写作、绘画、唱歌上得到体现,被同学称为女才子。

1992年,二十岁的邹笑春卫校毕业。

"无论到了什么地方,也无论需诊治的病人是男是女,是自由民是奴婢,对他们我一视同仁,为他们谋福祉是我唯一的目的。"

她攥紧拳头,表情神圣,高声朗读医学界的行业道德圣典——希波克拉底誓言时,做一个好医生的信念在心里扎下了根。

抚顺市传染病医院是在20世纪50年代初传染病流行时建的,地点选择在远离市区的偏僻山脚下,目的就是为了更好地与人群隔离。传染病被忌讳、嫌弃,医院也成了人们唯恐避之不及的场所。

1993年5月,邹笑春成为抚顺市传染病医院的一名正式职工。一起来的同学,因医院设施和环境简陋,效益不好,有的想办法调离到别的医院,有的闯世界另谋发展。

邹笑春心里也有些动摇,但她看到镜子中身穿白大褂的自己,想起所说过的"我要遵守誓约,矢志不渝"誓词,她在心里一遍遍问自己:做一个圣洁的白衣天使,难道不是自己的选择吗?怎么能嫌环境不好、贪图安逸逃避放弃呢?难道对自己做出的承诺不想负责了吗?

不经历风雨,怎能见彩虹;不经历艰苦与磨难,怎能到达理想的彼岸。

邹笑春想通了,她脚踏实地坚守传染病医院这个岗位,勇于吃苦,不懈进取,甘于奉献,一干就是二十二年。这期间,无论做什么工作,她都充满激情,干得有声有色。

1996年,二十四岁的邹笑春递交了入党申请书,并发誓:"我要为党的伟大事业奉献我的青春和热血!"

2003年12月17日，邹笑春加入了中国共产党。

2006年11月，医院艾滋病抗病毒治疗诊室正式成立。

第一个来就诊的患者叫老A，他感染艾滋病病毒后，治疗效果不明显，因看不到希望而失去了信心。平时有说有笑的他，一个人整天躺在床上，眼睛直勾勾地盯着天花板，精神几近崩溃，在对艾滋病的恐惧中，默默地承受肉体和精神的煎熬。

得知抚顺成立了专业诊室，老A鼓足了勇气，推开了艾滋病抗病毒治疗诊室的大门。

一张笑脸，一声"你好"把老A迎进了诊室。

令老A万万没有想到的是，一双主动伸过来的温暖之手，把怕遭白眼、被嫌弃、受冷淡、鄙夷的担心，化解得无影无踪。

邹笑春为老A检查眼睛、口腔时，发现他一会儿一搓手臂。

"你手臂怎么了，我看看。"邹笑春试探地说，同时把自己细腻润洁的手也伸到老A面前。

"别担心，皮肤对针剂的反应，已经没事了。"邹笑春一边用手触摸一边说。

给老A检查时，邹笑春没有戴手套，事后也没有马上去洗手，她要用行动告诉老A，艾滋病不可怕，病情和征兆都在医生掌控之中。

作为一名传染科医生，邹笑春当然知道做好职业防护的必要性，但她更清楚面对艾滋病患者这个特殊人群，她必须要突出表现出一种平等接触的姿态。只有消除了患者心底的顾虑，才能保证患者跟她一道进行抗病毒治疗。

老A的心一下就热了起来。他从推开艾滋病抗病毒治疗诊室的大门开始，就感到自己是推开了一个希望之门。于是，他把自己内心的苦闷都倾诉给了邹笑春。

给老A采血时，护士由于紧张，针管里的血液溅到桌面上。现场气氛一下紧张起来，邹笑春马上走过去，说没事，我来处理。她戴好防护手套，用专业设施，按照程序把血液清理干净，大家这才松了一口气。

就是母亲、姐妹也不见得能这样关心、体贴患艾滋病的人哪！老A的眼睛湿润了。从此，他把邹笑春当成了比亲人还亲的人。

传染病医院的特殊性，反倒孕育、培养了医护人员敬业、奉献的美德和精神。近几年来抚顺市传染病医院在全国率先提出创建雷锋式医院的口号，弘扬光大雷锋精神，培育出一批雷锋式先进人物，邹笑春就是在这样的沃土上成长起来的。

邹笑春天性爱花，尤其喜爱医院大院里的天女木兰。在每年花开时，她都摘一些花枝插在花瓶里，摆放在办公桌上。

天女木兰是生长在悬崖峭壁上的野生木兰科植物，不惧危险，默默坚守，叶如翠雕，花似玉琢，圣洁美丽。

院党委书记说："传染病院是看不见硝烟的战场，白衣天使面对疫情时，每一个都像冲锋陷阵、不畏牺牲的战士。用天女木兰比喻他们太形象了，邹笑春不就是盛开在我们医院里的天女木兰吗？！"

爱心之家

在暑假里，再次读了《毕淑敏散文》，毕老师以诗一般的文字告诉我们，'爱'是世界上最有记忆的金属，她是那么具有夺目的光泽，是那么具有鲜艳的色彩；'爱'是人世间最具情感、最具魅力的，是任何物品所替代不了的。

这是我在邹笑春笔记本里看到的。

由于人们对艾滋病缺乏了解，往往对艾滋病患者存在偏见，不敢与患者面对面交谈，不敢用患者用过的东西。这些偏见与歧视往往会导致患者情绪低落、自卑、恐惧，甚至对生活失去信心。他们大多不敢结婚、生子，甚至不敢出门、遛弯儿、买菜。

"我要给他们建一个'家'，一个能够接纳他们、给他们勇气、让他们依赖的'家'，我就是他们的亲人。"

邹笑春为吸引更多的艾滋病患者来就诊，给"艾滋病抗病毒治疗诊室"又取了一个别名叫"爱心之家",让严肃、刻板的工作环境变成了艾滋病患者身心放松的场所,满足艾滋病特殊治疗的需要。

小兰一进"爱心之家",小宝贝就被邹笑春接了过来。小兰强忍住泪水说:"邹主任,我求求你,帮帮我和宝贝吧!我希望她也能像别的孩子一样健康快乐地活着!"

提前守候在"家"的病友、志愿者围上来,有的拉着小兰的手,有的抢着抱孩子。小兰含在眼底的泪终于夺眶而出,她说:"这里才是我和宝贝最亲的家啊!"

我在采访时,有一位患者这样对我说:"我的一生注定是个悲剧,因为艾滋病这个词,始终带着一种挥之不去的耻辱,但当我遇到她之后,一切都改变了,我的生命还有活着的意义。"

对艾滋病患者来说,比药物治疗更为重要的是心理抚慰。就像邹笑春生前所说,要给艾滋病患者做治疗,必须先打开他们的"心结"。用理解包容的心态去解决患者的心理问题,用自己的言行与努力解决他们面临的社会问题,这才是医务工作者"治病救人"的真正含义。

一个曾经幸福美满的三口之家,丈夫被查出染上了艾滋病病毒,妻子无论如何都接受不了,哭着吼着要离婚。邹笑春一边疏导患者的烦躁情绪,一边去做他妻子的思想工作。邹笑春对患者妻子说,你爱人也是被动得病,他自己恼火都不想活,你再离婚,不是逼他去死吗?再说,你们原来感情就很好,要信任他,理解他,艾滋病没那么可怕,及时治疗是可以控制的,这个时候你不帮他,他就有可能破罐子破摔,对人生、家庭、社会绝望,做出想象不到的事情来。

邹笑春一次次保住了患者完整的家庭,还先后促成了四对患者的结合。

> 如果我有一副动人的歌喉,我会为你唱一首歌;如果我会一手潇洒的丹青,我会为你挥毫泼墨;如果我有一个优美的身材,我会为你翩翩起舞;如果我有一双灵巧的双

手，我会为你绣出无尽的春色……

这是邹笑春在日记里写下的心里话。

中央电视台主持人董卿曾在一期关心艾滋病的朗读节目中说："陪伴很温暖，它意味着这个世界上，有人愿意把最美好的东西给你，那就是时间，当然陪伴也是一个很平常的词，日复一日，年复一年，到最后陪伴就成为一种习惯。"她还说，"在这个世界上没有一个人是孤岛，失去了陪伴，也就失去了生存的意义。"

邹笑春精心打造的"爱心之家"，其宗旨不就是爱的给予和陪伴吗?！

在"爱心之家"，邹笑春为空腹采血的患者准备了营养早餐、爱心汤；为服药患者准备了温热的饮用水、一次性纸杯、纸巾等用品。她还设置了留言簿，让患者对"爱心之家"做出评价，悉心听取患者的意见和建议。

为了让艾滋病患者更好地融入社会，邹笑春组建艾滋病志愿者小组。每年春夏，邹笑春都和患者一起，到医院后身的月牙山，开荒种地，洒水播种，植爱心树。通过干些体力活，让患者缓解一下心理压力，树立起积极的人生态度。

2015年一年，接受邹笑春提供各种服务的患者达上千人次，抚顺市领导、院领导也来参加宣传防治艾滋病的公益活动。

盛夏时节的一天中午，患者老刘扛了一个大箱子，衬衣都被汗水湿透了。一进诊室他就放下箱子，跑到洗手池拧开水龙头，用手捧起自来水就喝。邹笑春赶紧拿杯子倒了半杯凉开水递过去，并关切地问："老刘哇，你这是干啥呀？"

"唉！别提了，我下岗了。爱人的病花了很多钱也没治好，刚刚去世，这个月家里生活费都断了，我这不借来复查的机会，顺道推销小型空气净化器，也不知道能不能卖出去。"说完老刘低下了头。

"我说老刘，你来得可真是时候，我们医院有好几个大夫新买的房子，正装修呢，这两天都谈论如何去甲醛的事，赶紧的，你把设备拿出来,我帮你问问他们!"老刘信以为真,脸上的愁容舒展了许多,这个七尺男儿拿着邹笑春递给他的厚厚一摞钱,流着眼泪说:"你们当大夫的不是买我的东西,是在救我的命啊!"

希波克拉底说,医生的岗位就是在病人的床边,与病人一起与疾病做斗争。

双红丝带

> 当一个人对自己的工作充满激情的时候,就会全身心地投入其中,这时她的自发性、创造性、积极性等诸多优势就会在工作的过程中表现出来!

这是2013年4月20日,邹笑春在四十一岁生日时写的日记。

邹笑春是个有文学情怀、憧憬理想、热爱生命、充满激情和创造性的人。她最初虽然只有中专学历,但她为能成为艾滋病病人最需要的"全科医生",刻苦钻研业务知识,不断学习,考取了函授大学本科学历;为了与患者更好地沟通,系统学习了心理学教程,取得了心理咨询师资格证书。她特别珍惜每一次到北京、上海等地进修充电的机会,就像一块永远吸不够水的海绵,不放过专家任何一个空隙,如饥似渴地拜师求教。专家们每一次看到胖胖的微笑着走过来的她,都打趣说,又发现什么新情况,遇到什么新问题啦?并不厌其烦地给她解答。

学习丰满了她的羽翼,让她在工作中有如插上了翅膀。处置采血、快速检验、危机干预、营养调配等专业知识,驾轻就熟。

她撰写的两篇论文《抚顺地区艾滋病免费抗病毒治疗效果分析》《艾滋病患者抗病毒治疗与相关依从性研究》获得抚顺市科技成果二、三等奖。

邹笑春负责防治艾滋病十年间,诊疗了数百个病例,其中年龄最大的八十四岁,年龄最小的只有两岁。有一次,市里组织为一例临产的艾滋病病毒感染者会诊,邹笑春针对患者艾滋病病毒抗体呈阳性、免疫细胞CD4已下降到治疗范围的情况，果断提出阻断母亲对胎儿的传播治疗方案。产妇经剖腹产产下一个体重八点二斤的健康男婴，新生儿半年后经监测显示未受到感染，成为省内唯一一例夫妇都是艾滋病病毒携带者，生产出健康婴儿的成功案例。

一贯不乏工作激情的邹笑春，几乎把全部时间和精力都投入到了工作中。她手机二十四小时开机，随时为患者答疑解惑。就连家人们共度轻松美好时光的周六，都成了邹笑春雷打不动的工作日。十年时间里，她比别人多工作了五百多天。

> 没有争议的行为，肯定不是创造；没有争议的人物，肯定不是创造者。任何真正的创造者都是对原有模式的背离，对社会适应的突破，对民众习惯的挑战，如果眼巴巴指望众人理解，创造的纯粹性必然会大大降低，平庸正在前面招手。

从这篇日记中不难看出邹笑春不满足于工作现状、渴望创新的心态，并具有面对挑战、战胜困难的坚定信心和决心。

2011年，邹笑春参加由国家疾病预防控制中心组织的艾滋病专题培训，她视野大开，对做好艾滋病治疗与关爱工作的思路越发清晰。返回抚顺之后，她连夜给院领导写了两份建议报告，一份是《院艾滋病治疗管理建议书》，一份是《院艾滋病治疗与关爱中心设计书》。

她的想法与医院的发展规划相互契合，得到了医院领导的赞许和大力支持。

邹笑春的干劲更足了。她亲自设计草图，将诊室、检测室、处置室、医生办公室和志愿者服务室、培训活动室融于一体，形成了独具特色的治疗与关爱体系。

2011年11月，在邹笑春的建议筹划下，医院艾滋病抗病毒治疗诊室"升级"为艾滋病抗病毒治疗与关爱中心。

邹笑春把艾滋病治疗与关爱中心设计成"爱心之家"：具有浪

漫情调的玻璃圆桌、绿色的桌布、橘黄色的椅子,诊室里暖暖的色调,被几枝小花点染。艾滋病患者在这样的氛围里,像生活在温馨的家里一样。

她制定的"理解、关怀、勇气、希望"服务理念,像座右铭一样时刻提醒每一个人。这八个字不仅表达了邹笑春和艾滋病患者、志愿者的心声,也是在唤起全社会对艾滋病患者的爱心和关注。

邹笑春在十年防治艾滋病工作中,与红丝带结下了深厚的情缘。她对红丝带有独特的理解,想赋予红丝带更多内涵和意义。她像艺术家一样,苦思冥想,凭借良好的美术功底和聪明才智,灵动地设计出"双红丝带"。

"双红丝带"像两个人肩并肩、手拉手,像两颗心,紧紧连在一起;

如同医生和患者永远在一起;

人和人永远在一起;

友爱和互助永远在一起。

"双红丝带"形象生动。她把对艾滋病工作的认识以及对艾滋患者的感情、社会感召的能量都表达了出来。

艾滋病患者是病人,不是罪犯。

当蜘蛛网无情地查封了我的炉台/当灰烬的余烟叹息着贫困的悲哀/我依然固执地铺平失望的灰烬/用美丽的雪花写下:相信未来……

邹笑春经常和艾滋病人、志愿者在一起,胸前佩戴"双红丝带",共同朗诵诗人食指的诗。

"双红丝带"像一面旗帜,把有爱心的人士聚集起来,成为防御治疗艾滋病战线上一道亮丽的风景,让孤独无助的艾滋病患者在前行的路上不再孤单。

邹笑春忘我工作的状态和创新的工作模式被辽宁省疾控中心副主任赞誉为"全国第二,省内第一"。

2014年,邹笑春作为基层医生代表,受邀参加了北京地坛医院举办的"第十五届贝利·马丁奖颁奖仪式"。会上,马丁基金会决定资助抚顺艾滋病治疗与关爱中心的志愿者活动。

国家疾病预防控制中心对邹笑春负责的艾滋病治疗与关爱中心在政策支持、药品数据管理、病人随访管理等多方面工作十分认可,认为"专人、专职、专区域"的治疗与关怀管理模式值得全国推广。

爱的图腾

邹笑春有个理想:"有一天,当有人在感染艾滋病的时候,可以告诉家人、同事、医生、朋友,整个社会也能以一个平和的态度来面对,就像我们医院极力倡导的'人性、厚德、善良'的价值取向,一定会成为社会的主流,被人们所推崇。"

为了这个理想,在这十年里,邹笑春把自己的爱毫无保留地撒向了这些身体和心理"蒙尘"的人,为他们的人生撑起了一片蓝天。

每年11月份是邹笑春最忙的时候。11月的最后一天她都住在诊室里,为12月1日世界艾滋病日做好各项准备工作。

邹笑春除了开诊、采血、发药、随访、关爱之外,还要组织志愿者录制CD歌曲;整理感染者们的故事;给志愿者们讲解心理干预的注意事项;制作宣传册、宣传板;到电台录制节目。

她的一半时间是跟患者沟通,进行心理治疗;一半时间对患者进行跟踪治疗、科学控制。这样的安排在邹笑春的时间表里,显然是不够的,她还要搭上全部的业余时间,保证与患者联系,随时给患者以心理抚慰。

2015年年末的一天,邹笑春坐在办公椅上呼吸困难,护士劝她去检查一下,可年底工作忙,她说等过完年再说吧,检查的事就耽搁了下来。

2016年4月18日下午两点多,正工作的邹笑春难受得实在挺不住了，给爱人杨斌打了电话。杨斌到的时候，邹笑春已经坐不住了，赶紧把她送到了抚顺市中心医院。

第二天是艾滋病患者集中采血的日子，邹笑春感觉自己略微有了精神，就央求杨斌分别在上下午两次把她送回传染病医院，指挥采血。

4月21日，邹笑春被诊断为肺栓塞，并发现癌症转移。

邹笑春住院后，有一位她在住院前接治的患者，经常给邹笑春打电话发微信，这几天他没有接到邹笑春的回复，情绪出现反弹。他在微信上给邹笑春留言说，不想治疗了。看到留言后，邹笑春不得已把他约到住院部，在医院的长椅上与他长谈。邹笑春说："我得癌症都没有放弃治疗，你堂堂男子汉也太脆弱了，你放弃治疗意味着放弃生命，这样草率地对待自己，是对生命的不负责任。你的生命不光属于你自己，你要为家人和社会想一想啊！"这位患者被邹笑春感动哭了。他说："我要不好好活下去，我对不起你。"

邹笑春病重的时候，这位患者多次到医院看望，每次就站在门口，透过玻璃静静地望着，从不让邹笑春的家人叫醒她，直到几个小时后她醒了，他才走进病房，坐到床边，看望邹笑春。他说，邹笑春是为了他，和与他一样的艾滋病患者没日没夜地操心，才积劳成疾，累成这样的。

中央电视台世界艾滋病日举办的《飘舞的红丝带》节目上，主持人问邹笑春的儿子，你现在跟天堂里的妈妈有什么话要说，她儿子含泪说：让妈妈在天堂里好好休息，她的一生太累了！

邹笑春把自己的一切都献给了防治艾滋病工作，住院期间她特意回了一次家，把丈夫、儿子的衣物清洗得干干净净，然后整齐地摆放在衣柜里。她知道，她欠家人的太多了。

5月20日，国家卫计委派人专程赴医院看望慰问邹笑春，主任在慰问信中说：邹笑春同志作为一线基层防艾工作者的杰出代表，为广大艾滋病防治工作人员做出了表率，传递了正能量，产生了良好的社会影响，国家卫计委对其在艾滋病防治工作中做出的努力表示衷心的感谢。

6月1日，邹笑春因抢救无效，离开了她无比热爱的世界，离开了她发誓干一辈子的医疗岗位，离开了她牵肠挂肚的患者，年仅四十四岁。

让人感怀不已的是，6月5日，她的手机仍然收到了患者的咨询短信。

这条永远无法回复的短信，验证了邹笑春常说的话："我最充实的时候，就是和患者在一起，梦里都是他们的事。"

得知邹笑春去世的消息后，致力于艾滋病防治工作的国际慈善组织——贝利·马丁基金会创始人马丁·哥顿先生亲自发来唁电：邹笑春女士为艾滋病防治事业奋斗不息，她的离去是抚顺地区艾滋病工作的巨大损失。邹笑春女士与基金会合作期间，帮助了很多感染者重新回归正常生活，受到患者高度认可。请接受贝利·马丁基金会的深切哀悼，祝她的灵魂得到安息。

2016年6月29日，辽宁省省委做出追授邹笑春"辽宁省优秀共产党员"称号的决定，省委书记做出批示，号召全省广大党员向她学习。并在辽宁省庆祝中国共产党建党九十五周年大会上，亲自将荣誉证书颁发给了她的儿子杨孟然。

邹笑春出殡那天，数百名患者和志愿者自发加入了送行的行列……

风雨说：不能磨灭的是你的身影；

山河说：不能淡忘的是你的姓名；

生活说：永远年轻的是你的脚步；

时代说：永远闪烁的是你的笑容。

邹笑春很普通，普通得像我们身边的姐妹，邹笑春很平凡，平凡中体现出善良、仁爱的品格。

这个普通的女医生像那个小个子士兵、伟大的共产主义战士一样，在人们景仰的精神世界里、在华光璀璨的天宇间，让人们看到又多了一颗耀眼的星。

邹笑春生前获得了抚顺市"雷锋式十大杰出青年""巾帼雷锋""诚信服务先进个人"、辽宁省"我最喜爱的健康卫士"等荣誉

称号。去世后，省委、市委分别追授她"优秀共产党员"称号；省委宣传部、省文明办追授她"辽宁好人·时代楷模"称号；省、市妇联追授她"三八红旗手标兵"称号；当选中央电视台2016年度全国最美医生。

邹笑春去世后，市传染病院为她建立了事迹展览馆。睹物思人，端详从《共产党员》封面上放大的邹笑春画像，释放出她身体里满满的爱的能量。尤其是她自己创作的传神写真自画像：和善、温暖的面容，俊美、微笑的大眼睛，身上飘舞红丝带的翅膀。这就是邹笑春人生的真实写照哇！是她理想和梦境里向往的世界。

邹笑春，圣洁而又仁善的美丽天使，用如火的生命诠释爱的图腾。

张笃德，抚顺市作协副主席、市慈善总会副秘书长兼办公室主任，诗人。

我永远是一个兵

张 力

锦州市工人文化宫，座无虚席。

走向讲演台的是一个身着戎装的年轻人，他黝黑面容，浓眉大眼，英俊挺拔，呈现着军人的刚毅威武，直到讲演台，站定，一个军人的标准敬礼，台下立时响起了雷鸣般的掌声。

这就是中共锦州市委、锦州市人民政府、锦州军分区下发文件学习的典型——北镇市高台子镇武装部部长陆彬。

他用浓厚的声音，讲述了一个青年人成长的经历，在本职岗位上的倾情奉献，用实际行动书写的多彩人生。"从穿上军装的那一刻起，我就对自己说：无论以后走到哪里，我都会以一个军人的姿态面对人生，只要党和人民需要我，我会献出我的一切，乃至我的生命。"

聆听过陆彬催人奋进的事迹报告的人们无不为之震撼，为之感动。

陆彬同志先进事迹一经推出，立即引起各大新闻媒体的关注，中央人民广播电台、《新华内刊》《中国民兵》《国防报》《东北后备军》《解放军画报》《共产党员》等报刊及省、市各级主流媒体进行了集中宣传报道。几年来，陆彬获得各级组织授予的荣誉近百次。2017年4月在他调入镇农业发展中心工作后，又被评为第七届辽宁省敬业奉献的道德模范，面对新的荣誉，他表示："不论到哪里工作，在党和人民面前，自己永远是一个兵，我永远会牢记为人民服务的宗旨。"

"我是一个兵，来自老百姓"

1998年夏天，特大的洪涝灾害袭扰着我国大部分地区，中国大地上经历了一场不寻常的洪水考验。

万众一心，众志成城抗击洪灾，人民子弟兵拦在洪水恶浪的最前沿，为了保卫国家和人民生命财产的安全，展现出奋不顾身的大无畏精神。

这让陆彬备受鼓舞，这让五岁时便怀揣着梦想的陆彬坚定了做共和国一个兵的决心。当年的小陆彬穿着妈妈给他买的小军装，一次次地找到接兵干部，用稚嫩的声音嚷着报名当兵，接兵的干部笑着鼓励他说："等你长大了，我就会带你走的。"

1998年年底，征兵工作又开始了，陆彬偷偷地背着家里所有人去报名，并如愿以偿地被批准参军，直到快要走时，接兵干部家访，他的父亲才知道儿子当兵的消息。开始父母还在反对，因为父母的身体不好，特别是父亲因意外导致左腿截肢。在陆彬的坚持和接兵干部的耐心劝导下，父母终于赞成了儿子的选择，临走时父亲拉着陆彬的手说："孩子，我相信你的选择，好男儿志在四方，做就做一个顶天立地的军人。"

陆彬带着父母的嘱托，带着亲人的希望，穿着一身绿色的军装，乘上了西去的列车，奔向了大漠戈壁的新疆，开始了他的军旅生涯。

到部队的第一天，天公不作美，下了一场大雪。陆彬这些新兵奉命去扫雪，新疆的冬天比东北的冬天更冷，陆彬顶着严寒，卖力地干活，可不管怎么干，也跟不上大家的进度。班长发火了，让大家休息，只留下他一个人继续扫雪。当时他委屈极了，思想也难免有些动摇，甚至产生做逃兵的想法，此时，他想起父亲临行时的叮嘱，最终他的理智战胜了自己，他选择留了下来，发誓要干得更好，要学父亲身残志坚的精神，不怕困难，勇往直前。

在新兵连期间，陆彬训练刻苦，勤学好问，不断迎接挑战，他的投弹距离五十六米，他的每天项目训练坚持俯卧撑、仰卧起坐、深蹲起立各百个，五公里长跑成了新兵连的冠军，他的锲而不舍的努力，锻炼出了他坚强的意志，很快在新兵中脱颖而出，他的体能素质在新兵连数一数二，就是在那个曾经"体罚"过他的班长的建议下，他成为新兵班里当之无愧的副班长。

新兵连训练结束时，陆彬被新兵班长要到了他所在的连队，可就在下连后的第二个星期，陆彬他们正在操场训练，营值班员突然吹响集合哨。他看到训练场上来了不少首长，一位首长在与连长交流后，高声叫道："陆彬！"随着"到"声，陆彬向前一步走，挺胸伫立在首长面前。首长问："你当兵想干什么？"陆彬不假思索地回答道："为了保卫祖国。"那位首长面带微笑地用拳捶了一下陆彬，欣喜地说："是个当兵的料，这个兵，我要定了！"

陆彬由此被选进了新组建的部队——新疆军区独立特警防暴团。报到后，陆彬才知道什么是人间的苦，由于长时间超负荷的训练，导致腿部韧带长期拉伤，跑完步撒尿时经常尿血，但他始终没有掉过一次队，从没叫过一声苦，在他被选拔参加中国人民解放军驻疆部队四十九周年的大规模阅兵仪式的两个月的时间里，陆彬以刻苦的训练、最标准的动作，夺得了阅兵分队最重要的位置——基准兵。而就在他即将参加阅兵仪式的前四天，父亲因脉管炎病复发截去一只脚趾，在父子通电话时，父亲隐瞒了自己的病情，鼓励他完成好阅兵任务。阅兵结束后，由于陆彬的突出表现，被评为"阅兵分队典型"，并荣记了三等功。这时他才知道了父亲的病情，这个铁打的汉子忍不住激动，流下了热泪，他手捧着军功章，朝着家乡的方向，重重地磕了三个响头！

1999年4月陆彬接到命令给来访的哈萨克斯坦国防部长做侦察

课目表演,在这次的表演中,参演战士个个生如猛虎,表演课目做得极尽完美,哈萨克斯坦国防部长看完表演,带头起立鼓掌,竖立大拇指称赞:"中国军人,了不起!"并亲自赠送给陆彬一枚哈萨克斯坦国特种兵勋章。

2000年12月的一天下午,陆彬和战友们正在操场参加训练,突然一阵急促的集合哨音响起。原来有十几名持枪的暴恐分子已被武警围困在沙漠中。上级命令他们反恐分队完成中心突击抓捕任务。连长带领他们这些特警队员全副武装登上直升机,赶赴沙漠腹地。按照计划,代理排长的陆彬一声号令,他带着所在分队从直升机上顺着绳索从天而降,火速占领进攻位置,顽抗的歹徒对着他们疯狂扫射,在最后警告无效后,陆彬一马当先,迅速击毙了一名歹徒,其他队员又击毙了五名歹徒。这时,一个歹徒拼命般地向停车的方向逃去。陆彬心里很清楚,歹徒一旦上了车,任务将难以完成。他一跃而起追了过去,就在快追上时,他突然感到左大腿一阵剧痛,他全然不顾伤痛,直接扑了上去,控制住了歹徒。就在大家打扫战场时,陆彬却因腿部中弹流血过多,失去了知觉。

陆彬展现出一个共和国战士应有的绝对忠诚和奉献精神,在这次任务中陆彬荣立了个人二等功。

"生命里有了当兵的历史,一辈子都充满光辉"

2001年1月,陆彬光荣地退伍了。

陆彬因负伤影响了特警防暴军人的高强度的训练,虽然他对部队有那么多的眷恋,可还是背上行囊回到自己的家乡,他用血与汗为自己军旅生涯画了一个圆满的句号。两年多的军旅生活,他负过伤、立过功、受过奖,他充分地感受到了军人的崇高和价值,懂得了使命和责任,这是他一辈子都取之不尽的财富。

回家不到一个月,陆彬来到了北镇城市信用社,做了一名储蓄员。他依然保持着军人的本色,每天早上他都是第一个到岗,等他把卫生都打扫完其他的同事才来,中午同事们休息时,他就练点钞、练电脑、算珠算、写数字，晚上回到家还要学到深夜。就这样不分白天晚上地练习，凭着每天只睡三个小时的毅力，在月末聘用考试中以第二名的成绩顺利地进入城市信用社工作。在信用社工作两年中，他每年都被评为学雷锋标兵和先进个人。

陆彬随后应聘来到了知名的民营企业辽宁金实集团，做了一名保安员，由于他工作勤奋，业务能力强，很快就被提升为保安部经理。他利用保安部的特殊身份，积极发挥部队所学的一技之长，组建一百多人的民兵连，他用在部队的标准对民兵进行体能和战术训练，并且积极参加各级组织的各种比武竞赛，这位"赤脚虎教头"带领的这些民兵很快成为训练有素的"正规军"，在2003年北镇市民兵军事比武中取得了集体队列第二名和射击第二名，陆彬获得射击第一名的成绩。这让上级武装部刮目相看，辽宁金实集团作为第一个民营企业的武装部正式成立，陆彬成为当之无愧的武装部部长。

武装部成立挂牌那一天，军地领导出席了检阅仪式，当他们看到步伐整齐、口号嘹亮的民兵队伍通过主席台时，锦州军分区的司令员带头鼓起掌来，对身边的领导同志赞赏地说："这样的民兵连我放心！"

领导的鼓励犹在耳边回响，证明了这支民兵队伍的价值所在，可这需要陆彬付出多少的心血和汗水呀！

陆彬所带领的保安部、民兵连和武装部每年都被评为先进集体。2004年他被北镇市人武部评为"优秀专武干部"。2005年辽宁金实集团武装部被市政府和人武部评为"先进武装部"。2006年陆彬被锦州军分区树立为"八荣八耻"学习典型。2007年被沈阳军分区评为民兵预备役部队"优秀四会教练员"。

2008年，因截肢残疾的父亲失去劳动能力，加上辽宁金实集团离家较远，陆彬无法照顾生病的父母，而且他的收入无法抵付家用。陆彬只好忍痛离开了金实集团，回到家乡自己创业，他成立了辽宁陆氏牲畜专业代购代销有限公司，下设高山子黄牛交易市场和黄牛专业养殖场。精明强干的陆彬仅用一年多时间，带领公司为山东、吉林等省外客户代购黄牛一万多头，市场年交易量达三万多头，吸引了辽宁及省外各地区屠宰场、养殖场、养殖户前来交易。

陆彬掘得了人生的第一桶金，这让他在经济上翻了身，家庭的生活环境也得到了极大的改善，但他的心里却始终空落落的，让他无法释怀的仍旧是当一个兵的梦想。

陆彬深深懂得"吃水不忘打井人"的道理，是部队的培养锻炼才使他成人成才，是亲情乡情挽救了父亲的生命，是党的富民政策帮助他走上致富之路，他要努力实现自己当初许下的诺言，那就是献出自己的爱心，回报社会。

2009年5月，锦州市委、军分区号召民兵预备役人员开展"五进农家"活动，由于陆彬对武装工作的热爱，便率先响应，并出资七十五万元建起了三百五十平方米的"民兵科技致富养殖种植培训基地"，还出资五万元购买科技图书三千余册、科教光碟一百余张。在陆彬的带动下，周边十个村镇相继成立了十个民兵科技致富小区，每个小区的负责人都是民兵骨干。陆彬高薪聘请了畜牧兽医师和高级农技师，每月为民兵骨干进行一次技术培训，解决技术上的难题，免费为周边养殖户义务巡诊，定期发放消毒药品，进行疾病预防。通过民兵骨干辐射带动作用，带动北镇及周边县市区养殖户达三千多户，存栏量五万多头，每个养殖户年收入平均两万元以上，现在高山子黄牛交易市场已发展成为辽宁最大的黄牛交易市场之一。

六年来，民兵科技致富养殖种植培训基地共组织各种培训一百二十多场次，受众农民达两千多人；扶持贫困户四十余户，提供种牛六十五头，户均增收一万多元；推广新种子八万余斤，每亩增产三百到五百斤。

"你不站岗我不站岗，谁保卫咱祖国谁来保卫家"

2009年9月的一天，陆彬接到高山子镇党委书记的电话："经高山子镇政府和市人武部推荐,你被安排到镇武装部工作,担任武装助理。"

这个消息让他十分意外,也让他十分高兴。应该说这是组织上对他的信任,说明退伍这几年的组织民兵工作的成绩得到了上级的充分认可,如果担任了这个工作,他就可以大展身手来实现自己的人生追求。

可兴奋过后,他冷静了下来,这个消息对于别人来说,的确是千载难逢的好机会,这毕竟是工作在家门口,又成为镇上的一名干部,可以说是他从一个"土八路"变成了"正规军"。可让他犹豫的有两点:一是对他所从事的年收入百万的公司会有极大的影响;二是他清楚地知道肩上这份担子的重量,高山子镇已经连续五年没有完成征兵任务了,这也是组织上安排他做武装助理的原因。

回到家里,他辗转反侧睡不着觉了,反复做着思想斗争。直到天快亮时,他终于拿定了主意,就是放下个人私利,迎接挑战,接下这个"烫手的山芋"。

第二天一早起床后,他将自己的决定告知父母和妻子时,意外的是得到家人的一致支持,并鼓励他将武装部的工作做好。有了这个强大的后盾,陆彬信心十足地走马上任了。

上任之初就赶上一年一度的征兵,陆彬所面对的征兵工作十分严峻,首先他对全镇适龄青年基本情况完全不了解,再就是进城赚钱成了年轻人的第一选择。从以往每年的形势上来分析,今年的征兵任务仍然是一个难以逾越的沟壑。有人给他打退堂鼓,说他刚上任,完不成任务也情有可原。

而陆彬不信邪,不服输,就有那么一种韧劲,他每天起早贪黑,加班加点,一个村一个村地排查,一条街一条街地跑,不厌其烦地到适龄青年家搞宣传,讲政策,做工作。

在他的工作下,一批批优秀的青年人志愿报了名。

在刚定完兵发完军装后召集新兵开会时,却有几个人无故缺席,尤其是赵家村应征青年赵海波没有来开会,陆彬有些不可思议,因为赵海波是个非常坚定要去当兵的人。陆彬打他的手机询问情况，可对方却关机了。由此有人认为可能是对当初的决定反悔了，甚至有人怀疑很多人没有来是他带动的结果。要是在此时再去做其他适龄青年的工作已经来不及了，有人便断言今年的征兵指标又会"泡汤了"。

陆彬并没有失望，说："没有调查，就没有发言权。"

陆彬亲自去了赵海波的家做家访，才得知他的父亲在整修房子时不小心摔成重伤，成了植物人，赵海波一直在医院陪护父亲。赵海波的奶奶泪流满面地对他说："陆彬哪，我孙子不能去当兵了，家里出事了，他爸摔成了瘫痪，家里的顶梁柱倒了，孙子再要是去当兵了，我们这个家以后可怎么办哪！"

陆彬紧紧握住她的手，对她说："奶奶，我也是农村孩子，不到部队学习锻炼不可能有今天。海波是个懂事的孩子，让他去部队好好干，一定会有出息的！家里的事您不用担心，以后我就是您的亲孙子，家里的事您就都交给我吧。"听了陆彬的劝说，老奶奶欣然同意了赵海波参军。

高山子镇顺利地完成了当年的征兵任务，也得到了上级组织的表扬，陆彬也被提拔为副部长。

陆彬对征兵工作充满信心，也给自己划定了"四季备一季征，年年都送优质兵"的思路和目标。他心里总是装有一个账本，上面记着全镇的适龄青年情况，没事就过一遍，排排号，每年征兵工作一开始，谁行谁不行就已经拿捏个八九不离十，高山子镇每年都能超额完成征兵工作任务。2011年因为陆彬在武装部的工作成绩优异，他被破格提拔为高山子镇武装部部长。

作为一名乡镇武装部部长，陆彬清楚地知道自己的责任所在，首要任务就是为部队输送优秀兵员，再就是帮助军属排忧解难，解决他们的后顾之忧。

为了能让入伍的新兵尽快适应部队生活，陆彬开通了知兵暖兵热线，为新战士讲自己的部队经历，有针对性地做思想工作，热线开通后已连接爱心电话三百五十四次，一条热线如同一条无形的纽带，把他和战士们的心紧紧连在了一起。他还帮助三十多名困难的现役军人家属,尽量不让战士们为家里事分心。学校开学了,陆彬作为一名校外辅导员给学生们搞爱国主义教育,激发同学们的爱国主义情怀,也为今后的征兵工作打下基础。当驻地部队的老兵复员时,老兵思想波动大,陆彬作为编外指导员到部队给老兵讲自己的创业经历,鼓励他们返乡创业。

前面说过的那个参军入伍的赵海波,陆彬没有忘记当初许下的承诺,他只要有时间,便三天两头地往赵家跑,冬天帮买煤,春天帮育苗。他还积极协调镇里为赵家办了低保,又多次联系村委会和民政部门筹措费用,为赵海波的父亲进行了手术治疗,手术后赵海波的父亲康复得很好,不仅生活能够自理,还能做一些简单的家务,为赵海波消除了后顾之忧,2011年12月,赵海波由于工作出色,被部队选为初级士官。当赵海波第一时间将这个消息告诉陆彬时,他不禁流下了眼泪,他觉得自己的一颗真心没有被辜负,要是能让他送走的每一个兵都能有出息,长本事,这就是对他最好的回报,也是他最引以为自豪的事了。

陆彬送的兵,自拿到入伍通知书那天起,就等于与他签订了一份感情契约。陆彬把送走的每个兵都当成是与自己连着线的风筝,这些兵不管走多远,线拉得有多长,根根都牵着他的心。

陆彬先后送入部队九十六名优秀青年,全部被评过优秀士兵,无一责任退兵。其中十人立功,三十八人入党,两人考取军校,三十二人转为士官。高山子镇武装部连年被上级评为征兵工作先进单位。

"一颗博大的心哪,愿天下都快乐"

基层武装部根本职能是"务军习武",是国防动员和民兵预备役建设的第一线。民兵预备役这支队伍只有平时建得好、过得硬,关键时刻才能拉得出、用得上、起作用。

在解决好民兵整组工作"有编无兵、有兵无编、纸上编兵、交叉编兵"的问题,陆彬结合镇情实际,打破村屯界限,按照种植

户、养殖户、运输户的模式进行编组,从而形成了"跨区域、分专业"的整组模式和"公司加农户"的编组训练模式,确保了民兵的在位率,有效地提高了快速机动能力,同时也调动了民兵参加各项训练活动的积极性。这样一来,有任务时就能做到一声令下,集体冲锋,闲下来时又能组织大家发展生产,致富创业。他在编兵、训兵、征兵工作方面探索出许多新经验,受到各级肯定,得到了锦州军分区的高度评价:"公司加农户,编兵不打怵,这是个好办法,他们先后在原沈阳军区、省军区、军分区各种考核比武中,十一次摘金夺银。

多年来,陆彬注重发挥基层民兵的职能作用,组织建设一支关键时刻能拉得出、顶得上的民兵应急分队,在困难面前主动请战,在危险面前挺身而出,在挑战面前勇于担当。自陆彬担任高山子镇武装部部长以来,他带领的民兵分队先后完成各种急难险重任务三十多次,挽回经济损失近两千万元。

高山子镇那年强降大雨,几日不间歇,造成马家村周边万余亩良田浸入水中。镇党委命令陆彬带领民兵应急分队前往执行排水任务。由于大雨连日冲刷、浸泡,排水站的储水坑发生了垮塌,正在组织抢险的陆彬避让不及,掉进了四五米深的储水坑内,那排水泵的管道比人的腰都粗,此前的一条半米来长的黑鱼,被卷入其中,打成了肉泥,就在千钧一发之际,陆彬死死拽住一根电线杆子绑线,拼命往上爬,费了九牛二虎之力才总算爬了上去。此时垮塌的碎石被洪水卷着正冲击排水泵,排水泵一旦卷入碎石,这近百万的设备就得报废。上来后陆彬左胸口一阵阵剧痛,可职责所在,容不得他有半点迟疑,他强忍疼痛,冲进泵房,冒着生命危险,在水中拉下了高压电闸。险情排除后,村干部和民兵把他送到了医院,经诊断他的左侧肋骨折了两根,可是他只是进行了简单的包扎固定,吃了几片止痛药,又回到了巡堤抢险的一线,他竟然连续七十二个小时没有合过眼,直到大水散去没有了险情,他才回到家中。他的妻子在他的身上查出了一百六十多个蚊子叮出的包,妻子含着眼泪对他说:"陆彬你这么拼命到底为个啥呀?"他却笑着唱了那首他最喜爱的歌:"为了谁,为兄弟姐妹不流泪……"

高山子镇上毗邻的一座农场出现火情,火势借着七级大风迅速蔓延,严重威胁附近村子三百道大棚和全村百姓生命财产安全。接到命令后,陆彬迅速向周边十一个村的民兵发出集结命令,二十分钟内三百多名民兵就集结完毕。由于风大火猛救援人员根本无法靠前,这时他高喊:"当过兵的跟我来!"在他的带领下,民兵们不到一个小时就挖出了一条十米宽、三十米长的防火隔离带,挡住了大火,挽回经济损失一千多万元。

陆彬始终坚信,只要你捧出一颗真心,群众就会还你一片真情。

2017年4月26日上午十点多钟,一名叫魏志清的六十四岁老人骑着摩托车在中新线窟窿台村东侧与一辆轿车发生剐碰,摔倒在地,不能动弹。当时看着挺危险,满脸都是血,脑袋上还鼓了一个大包,周围有三四十人围观,但没有一个人伸手相救。路过的陆彬看到这种情况,立即停下了车,二话没说,开车将老人送到了距离较近的中安镇医院窟窿台分院。分院的医护人员经过检查,初步诊断为颅骨骨折,建议他立即将老人送到北镇市人民医院救治。虽然当天陆彬还有工作要处理,但看到受伤严重的老人,他驾车将老人送到北镇市人民医院。在半路上,老人情况非常危险,几次昏迷,一次吐血,他就用车上的毛巾给老人止血擦血,并不断和老人交谈,害怕老人再次休克过去。到了医院,陆彬自掏腰包帮助老人做了各项检查,并办理了住院手续。老人所在村的村干部和家属听到消息忙赶到医院,陆彬听到介绍说老人一家三口仅靠低保维持生活,老伴是脑血栓常年卧床,女儿从小患上了小儿麻痹症,他坚决地拒绝了村干部和家属还给他垫付的住院押金。晚上下班后,陆彬又带着水果探望了魏志清老人,还给老人扔下五百元钱,事后老人所在的王家村党支部和村委会专门去单位,给陆彬送了两面锦旗。

其实,这样的事,对于陆彬来说是经常的事,他总是千方百计为群众排忧解难,把党和政府的温暖送到百姓的炕头上。陆彬为此还制作了便民服务卡,把"俯下身子做群众的牛,站起来做群众的伞"作为自己深入群众、密切联系群众、服务群众的座右铭。凡遇到群众有急事、难事、苦闷的事、闹心的事，陆彬都有求必应，把服务送到田间地头。关家村村民何川，因患强直性脊柱炎花去大量医药费造成生活困难，陆彬主动出资三万元，帮助他开了一个兽药店。季家村七十五岁的孤寡老人马玉福右腿患病截肢后，生活十分艰难，陆彬下乡了解情况后，每月为老人送去二百元生活费，马玉福老人在2009年突发脑出血去世了，他为老人买了骨灰盒，让老人入土为安。陆彬长年为行动不便的老党员送党报党刊，向村民传递党的声音，他积极宣传党的惠民政策，并自掏腰包为乡亲垫付合作医疗等相关费用。从2008年开始，陆彬每年出资一万五千元资助十二名特困家庭孩子上学，并对期末考试前三名的，发放三百元"特殊奖学金"。同时，每年端午、中秋、春节等传统节日，他都会带上水果、食品、衣物等慰问品，叫上秧歌队，去镇敬老院看望老人，为他们送上一份快乐和祝福。

　　这样的好事，陆彬做了不知有多少，不胜枚举。有人竖拇指赞扬他，也有人说他傻，可是他却乐此不疲，乐在其中，他还骄傲地说："这样的事有人说不该做，我认为，不仅要做，我要做得更多。一名共产党员之所以能被党组织所信任，一个干部之所以能被人民群众所信赖，主要就是看你到底都做了什么，这就是价值，这就是幸福。"

　　多么朴实无华的回答，这就是一个普通共产党员的高风亮节！

　　陆彬爱岗敬业，无私奉献，时刻以党和人民的利益为重，为群众诚心诚意办好事、办实事。他先后被锦州军分区树为优秀基层专武干部标兵、国防教育先进个人、践行社会主义荣辱观先进典型；被辽宁省政府、省军区评为民兵预备役工作先进个人、优秀专武干部；被省委宣传部、省军区政治部评为理论武装之星；被原沈阳军区评为民兵预备役部队优秀四会教练员；被团省委评为辽宁省乡村道德好青年，并入围全国乡村道德好青年；2013年被锦州媒体誉为最美锦州人、十大新闻人物；并作为2014—2015年度锦州好人颁奖嘉宾给锦州好人颁奖；2014年被北镇市政府授予"见义勇为先进个人"称号；2015年10月22日被辽宁省委宣传部授予"辽宁好人·最美人物"荣誉称号；2016年3月8日被辽宁省委宣传部授予辽宁省首届岗位学雷锋学郭明义标兵；2016年4月被辽宁省政府、辽宁省军区授予辽宁省首届国防教育贡献奖。在省第三批学习实践科学发展观教育活动中，陆彬的事迹拍成电教片并宣传下发基层，陆彬成为中共北镇市第二、三次代表大会代表，2016年7月陆彬作为中共北镇市第三次代表大会主席团成员出席大会并当选为中共锦州市第十二次代表大会代表。

说起荣誉和赞扬，陆彬腼腆地笑了，说："组织上给我的荣誉太多了，其实这都是我应该做的，《咱当兵的人》歌词里说得好：'说不一样其实也一样，都在渴望辉煌，都在赢得荣光；说不一样其实也一样，一样的风采在共和国的旗帜上飞扬。'"

张力，锦州市作协副主席，小说作家，辽宁文学奖得主。

无倦苍鹰

张国梁

真正伟大的思想者,就像苍鹰一样,把自己的巢穴建筑在孤独的高处。

——题记

引 子

一只鹰在头顶上盘旋,他抬头仰望,那只鹰扑棱扑棱翅膀,向林海深处飞去。待他走向更高一点的沙丘上,只见一群鹰嘎嘎地鸣叫着,在林海上空盘旋,仿佛给这迟来的春天报喜。

今春天旱,惊蛰以来连续百余天无一丝雨星,沙坨子上的草不像往年那样早早地见绿,林子里依旧枯草遍地松针凄凉,再看看那棵棵獐子松,本就进入老迈,因为缺少雨水的滋润,皮肤皲裂,枝杈弯曲,针叶蔫萎,只有那腰身依然坚挺着,靠着深扎在沙坨中的根系吸收着营养,做着欲与天公试比高的姿势。

整整三十年长相厮守,没有谁比他更了解獐子松的渴望,没有谁比他更爱这片林海。此刻,森林防火期还没过,他一刻也不能粗心大意，只要大地不见绿，天天都是防火期。此刻，他多想求老天爷开开眼，下他一场大雨，他也好睡个囫囵觉。

风从西北刮来，天又有些灰暗，风卷起的细沙飞来，扑鼻打脸，太阳隐藏在灰色的云层里，一群鹰扑进林间，跃动着，嘶叫着，让他尽享黄昏的生气。

忽然，手机响了，他麻利地接听，只听妻子说："快往回走吧！菜都炖上了，吃完了再去呗！"是的，走了一天，肚子饿得不行，他也正想着赶紧回家填饱肚子，然后再出来到西坡上瞭望一番。于是，他双腿一夹马肚子，枣红马也加快了回家的脚步。

他这是自西往东走，那群鹰也顺着他的方向往东边的树林子里钻，仿佛在追随他的脚步，分担他的喜怒哀乐。

像苍鹰一样安营扎寨默默厮守

差不多一路小跑赶回家，洗洗手又擦了一把脸，就坐下来吃饭。倭瓜炖土豆外加一碟辣菜疙瘩切成丝的咸菜，两口子吃得很香。玻璃杯倒满散白酒，喝一口，浑身舒爽。李东魁说："一顿也就二两酒，就这点喜好。不喝不舒服，喝了浑身热乎，就来了精神头。"妻子说："我来了这几年他才顿顿能吃上热乎饭菜，那些年他吃饭就是个糊弄，有咸菜有大酱有酱油就能混顿饭吃，能将就就将就。"

这是三间砖瓦房，檩木椽子是从林场买的间伐的枯老树，门窗是在旧物市场买的旧塑钢，外皮的砖瓦石块就是水泥勾缝。没有院子更没有围墙，散养的几只鸡鸭在旷野里自由地觅食，却从来没有找不到家的时候，产蛋的季节，会给主人带来美食美味。雨后，沙地的水坑子里会有雨水暂存，鸡鸭饱食之余，会在水中嬉戏，偶尔也有几只鹰来池边找水喝。这已是守在家里的妻子王淑华隔窗而见的最大的生趣啦！没有闭路没有电视机，头些年连电都没有，晚上只能点蜡看亮，两口子却从来没想过离开这里。

说起盖这所房子，那还是2002年到2003年的事儿。在阿尔乡商店下岗之后，独自在街面上干了十几年小卖店的王淑华，想到李东魁还在住着两间破土房，一狠心卖了街面上的店铺，一心想到护林点上去盖房子。店铺卖了九万元，心想盖房子咋也够了。没承想大沙坨子里盖房子，材料不贵工钱贵，光砖瓦石块、水泥沙子拉到地方，再加上打地基，工钱就占去了两三万。折腾来折腾去忙活了将近两年才算整利索，一算账，花了将近十二万，不但九万元全花光，还拉了两万多元饥荒。

王淑华说能让东魁找到家的感觉，花多少钱都值得。因为他离不开这片林海，离不开这片沙坨子，我就得顺着他支持他，他的事业他的根都在这里，我就得和他一条心哪！夫妻同心，其利断金哪！

李东魁不会说啥，只是说："她能来陪伴我，我就知足了，有人给我烧火做饭，顿顿能吃上热乎的，还能烫口酒喝，这是多么幸福的事儿啊！"

为了这简单的幸福，李东魁和王淑华都付出了不简单的努力，都忍受了常人难以忍受的困苦。

1987年，当了四年多兵复员回原籍的李东魁，终于被安置在章古台林场阿尔乡工区，成为在编在岗的林业工人。那时，南坨子大片大片的獐子松还没长成镐把粗，还不足一人高，森林养护任务极其繁重，组织上就把他安排在南坨子护林点当护林员。

当时的护林点，就那么一间地窨子，在沙坨子的一个高岗子上，顺势挖开一个大窟窿，用木棒子树枝子支吧支吧，安上窗户门，钉上塑料片子，就算是房子。前边打了口井，倒是有水吃。夜晚点蜡烛，还算有光亮。李东魁的到来，让先前参加工作的两位护林员十分高兴，一来多了个倒班的，二来人多了烧火做饭多了份力量，吃饭喝酒也热闹些。三个人围着这大片林海团团转，那时都年轻，说说笑笑跑跑闹闹也挺欢喜，几个人都成了好哥们。不过好景不长，不到一年，那俩哥们先后都托人调走了，只剩下李东魁一个人独守地窨子。

好像什么事儿也没发生，三个人的任务一个人来担，他每天得骑着那匹高头大马巡查三十多公里，常常头顶繁星出去脚踏夜色归巢，一天只吃两顿饭，晚上黑灯瞎火地做口吃的，还要喂马、劈柴、烧炕。说起来挺有诗意，做起来一点也不容易。回家的次数越来越少，人也越来越消瘦，爹妈惦记着，妻子王淑华也蒙了。问他为什么，他只是笑笑，说分工有些变化，目前就剩他一个人了，有点忙不过来，可能以后还会派人来的。

谁想到，没有以后，之后组织上没再派来过护林员，他期望和战友一样并肩战斗的那个人一直没有出现。也许是林场编制不足人手不够，也许是没人愿意来和他一起吃这个苦。总之，三十年来，这一片八千五百多亩的獐子松，只有他一个人孤军守候。

他太能干了，他太能忍受了，这一守就是三十年。如今獐子松都已长高了变老了，他的心却还是那样青春洋溢。枯萎的老树被一茬茬地间伐，他的信念却从没有动摇过衰退过，依然保持着旺盛的生机与活力。

那些年，丈夫很少回家，那时在供销社上班的王淑华隔个十天半月、赶上星期礼拜的就得去护林点看看他。大沙坨子没有路，抄近道走，走一步退半步，好歹奔进树林子，蹚着绿草甸子步子还能加快些，结果脚下不时还蹚着蛇，有时候那蛇一堆一堆的，吓得她腿脚直发软。那时候蛇也不知道咋恁多，在树林子到处乱窜。好不容易走到地方了，还一时半会儿见不到人影。淘米做饭、剜点野菜，再把带来的好吃的摆上桌子，然后就傻等着他回来。

"傻老婆等苶汉子，这样的日子我过够了！"一天夜晚，王淑华等李东魁吃完了饭，禁不住发起脾气来。李东魁擦擦嘴，嘿嘿嘿地一直傻笑，就是不说话。他说啥呢，那些大道理小道理还用得着跟妻子讲吗？他知道妻子嘴上这么说，心里是最了解他、心疼他的。

李东魁的坚守，组织上是知道的，每年清明前后防火期开展大检查，都有市、县林业部门和其他部门领导来南坨子防火点检查工作，看到他的艰苦付出，都竖起大拇指表扬他、赞美他，之后就走了。只是这一次，领导发话了，说不能再让李东魁住地窨子啦，盖两间房子吧！随后，房子是盖了，很简易，住了几年之后就漏风漏雨将就不下去了。这期间，王淑华也时不时地来陪伴他，也曾多次撺掇他找找人，干点别的算了。可李东魁就是摇头，说那不行坚决不行谁说也不行，因为这片林子是他的生命，他不干这个，活着就没啥意思啦！

"既然丈夫这样坚决，那我就得改变生活方式，不能让他总是这么孤孤单单地一个人在这里守着，我必须给他一个像样的家。"于是，当孩子一上高中住校，她就毅然决然地卖掉了店铺扔下了买卖，张罗着盖起了属于自己家的房子。

家是人生的港湾，有了家，孤独就会消解，幸福和温暖就会萦绕在时空里、生活中。

然而，这只是近十五年的事儿，而前十五年，这一对夫妻却是在各自忍受孤独中度过的。正值青壮年华，他们为这片獐子松的安宁、为这片土地的安宁，付出了多少常人难以想象、难以忍受的寂寞和孤独啊！这期间，女儿从小学到初中，衣食住行、接接送送全是王淑华一个人承担；这期间，王淑华住院做手术，丈夫签完字就回到岗位上，一直没能陪伴；这期间，公公病逝张罗一大摊子事儿，做老儿子的李东魁啥也没管。说到这些，王淑华不无委屈，眼泪直在眼圈里转。可李东魁还是傻笑。

笑着笑着，他突然不紧不慢地冒出一句话："能守住这片林子，就该是对我爸、对你和孩子最大的安慰。你想想，要是一把火全烧了，给国家造成不可挽回的损失，我这辈子不就成了罪人了吗？"

王淑华说："那对！我也是这么想的，所以才支持你，才和你一道'隐居'在沙坨子里。"

那个"隐居"之所，是两口子一砖一瓦攒来的，就像苍鹰一根一根叼来柴火棍子在这里筑巢。每到夜色深沉时，室内孤灯微明，一个人坐在屋里翘首期盼，在等待着另一个人回家；而另一个人，带着警觉和疲惫骑马徐行，不管你咋盼，依然不慌不忙地东张西望着……那场景，酷似电影中的蒙太奇，淡入淡出，由远及近，叫林海沉醉，叫沙坨沉醉，叫苍鹰沉醉。

像苍鹰一样搏风击雨勇敢顽强

李东魁固守的这片林海,位于内蒙古科尔沁沙地的南端。历史上,这里就是不毛之地,黄沙肆虐,风尘滚滚,一年刮两季,一季刮半年,每年都向南侵袭三至五公里。沙进人退,人烟稀少。中华人民共和国成立后曾有专家预测,照这样下去,几十年后,莫说彰武县城难保,就是沈阳城也得被沙坨子淹没。为了尽快改变现状,国家支持的科研机构辽宁省固沙造林研究所很快组建,一批批林业专家、知识分子、科技工作者陆续被派来,刻苦攻关,反复试验,几年时间,就找到了栽植獐子松、造林防风沙的有效方法。

为适应大规模造林的需要,章古台地区建起了林场。林场招工,就把附近乡镇的不少青壮劳力集中起来。李东魁的父亲本来就是生产队摆弄木头出了名的木匠,1958年便应招当上了林业工人。1964年李东魁出生时,父亲已经是吃供应粮的户主了,而母亲和他们哥仨得吃定销粮。童年的记忆里,父亲成天赶着大马车,往沙坨子里拉树苗子,好几天才回家一次。七八岁时,他时不时地坐在大马车上跟着大人们去栽树。但见茫茫沙海里人头攒动,挥锹舞镐,一棵棵树苗栽进沙坑里,再浇上水,等待成活。到了饭点时,人们围拢在一起,吃着苞米面饽饽就着白菜汤,或者用开水冲着炒熟的高粱米就着咸菜疙瘩,他跟大人们抢着吃,觉得很香很香。春日的夜晚,没有帐篷,劳作了一天的人们把天当被、地当床,睡得也很香。他常听大人们说,等到这些小树长起来了,风沙就会被挡住了,那时候日子就该好过了。

小树在成长,李东魁也由少年长成了青年。初中一毕业,他就到林场做起了临时工。本想直接当个林业工人,可按照当时的政策,想在籍不大可能。不能像大哥、二哥那样当在籍工,将来成家都成难题。就在1983年冬天他应征入伍。既然来到部队,那就好好干争取有发展。在工兵连,学爆破、架舟桥,样样都优秀。入伍第一年当副班长,第二年入党,第三年当代理排长、代理教官,其间多次受到军旗下照相和嘉奖奖励。那时部队已开始考军校提拔干部，李东魁凭着初中文化底子，哪能拼得过高中入伍的战友呢？退伍后，按照当时的政策，就被安排为林业系统的全民工了。从此，开始了与森林为伍、与苍鹰相伴、与日月相随的护林员生活。

"当上护林员，四季不着闲。日夜怕失火，也怕牛羊钻。天天防偷盗，更防开荒甸。预判病虫害，细查树打蔫。还得防捕猎，保护生物链。巡防加巡查，处处保安全。"

这段顺口溜，道出了护林员的职责，简言之，就是防火防盗防放牧防开荒防捕猎，再有就是留心观察和掌握病虫害和枯死树发生等情况。

心里装着这些职责，李东魁走起来了，三十年一天没停地走起来了。拿步量，恐怕早把他累死了。伴着他走的，是前前后后骑过的三匹高头大马和三辆摩托车。

最要命的事儿当然是防火。一年四季只有夏季风险小点，其他三季时时刻刻都得绷紧弦。春天的脚步越迈越快，刚过了春节转眼就到了清明，这两个节日是护林防火最关键的时节，李东魁忙得几乎没有打盹的时候。林地周边散落着五六个村屯，住着二三百户人家超千口人，几代人的终老，均以林地为安享之地。确切地说，还没栽种獐子松的年月，这片沙丘已是坟茔遍地了。开始绿化之后，尽管经过政府的动员号召迁出了一大批坟茔，但仍有数十座老坟依然保留在这片福地上，每到节令人家后人亲人来上坟烧纸、焚香祭拜，谁也挡不住，硬要去挡，那恐怕不合情理也有伤和气，况且这里又是少数民族聚居地，民俗民风传承了千百年，你不可能一下子改变它，只能尊重它顺应它。李东魁深谙此理，每到这个时节，他就得挨个坟头走，对上坟的人好言相告，看住火点，告诫他们千万别大意。几十座坟头分布在哪里，他早已心中有数，马不停蹄地看完这座看那座，一天下来，人困马乏，身子骨就像散了架子。

平日里呢，只要遇见进树林子的人，比如来采蘑菇的来挖野菜的来树林子里照相游玩的，他就迅速奔上前去，告诫他们千万不能在林子里或周边抽烟点火，有时干脆让抽烟的人把打火机先交给他保管，离开时再还回去。忙不过来的时候，记下来过树林子里的人的手机号，等到没发现啥问题再删除。

李东魁防火就像鹰一样有着发现猎物的眼睛。有个冬日的傍晚，他巡查树林刚要往回返，忽然发现不远处的道边上有或明或暗的火光，急忙奔了过去。近前一看，是一个精神病病人正在拢火取暖，他迅疾将火扑灭。经过一番交流，又把那个人送到镇里，告诉家人来接。

獐子松虽然长得慢，但是三十多年的老树也已经成材。前些年不像现在家家盖房子不是用盖板就是彩钢，松木檩子那可是上好的材料。多少人瞄着这片树林子想弄几棵，由于李东魁看得紧，一棵树也没丢过。他仿佛是只鹰，每天都在林子上空盘旋，叫那些惦记偷树的人得不了手。

这几十年来，伴随着獐子松的成长，林下植被也逐渐茂盛起来，浅草没脚脖子，高草长到膝盖。周边搞养殖的大户们都想进林子里放牛放羊。李东魁说，别说进林子里放，就连周边放都不应该，因为沙坨子上好不容易长出植被来，放牧啃光喽，沙尘不又飞起来了吗？好几代人做出的努力，不就毁于一旦了吗？想撒牲口放牧的人们一听老李说得在理，也都不再打这个主意了。现在情况已经好些了，由于近十几年国家大搞封山育林、封林禁牧，农牧民们似乎都明白了"宁要绿水青山"的道理，想进林地放牧的念头基本打消了。

植被长出来，沙土地也肥沃啦，几乎种啥啥收。周边的老农们视土地为命根子，纷纷把眼光瞄向林地周边。国有林地虽有界线，但挨着人家承包地，如果人家在地头地脑上扩点边儿码点沿儿也没啥了不起。但在李东魁眼里，林地边沿是神圣不可侵犯的。凡属他管护的林地边沿，他都做了标记，谁敢刨一镐钩一垄都不行。有村民说老李呀这也不是你家的地，干吗看得那么紧哪，开点荒种点苞米黄豆啥的，我们有收成，再送给你点，不是两全其美吗？"不行，坚决不行！这片地姓林，谁敢开荒的话，那就拿法律说话，到时候别说我不讲情面！"到现在，李东魁一个口子没开过，一分地也没被周边村民们占过。

林草丰美，间或还有水泡子(俗称沙漠中的海子)，蛇、鸟种类繁多不必细说，就连黄羊、野猪、野鸡、獾子、狍子等野生动物也不在少数，一个自然生长、良性循环的生态链业已形成。近年来，国家关于野生动物保护的条例越来越多，李东魁的肩上又多了一份守护职责。其实过去他也对打猎的人看得很紧，只是那时单从防火方面考虑。现在可就不是了，不仅防火，还要保护稀有动物的生存繁衍。现在有钱有闲的人喜欢吃野味，有的人趁着月黑风高，开着车钻进树林子里，车灯一开，手电一打，有些动物就晕头转向跑不了了，狩猎人套子一撒，再加上一些熟练的手法，野兔、野鸡等一抓一个准儿。这给李东魁平添了不少的看护压力。有时半夜想着想着，或者听着远处森林里有动静，就睡不着了，立即起身骑马去巡视。打猎的人或许知道干这事儿是违法的，或许知道这里有个挺厉害的护林员，一旦被抓住没个好，警惕性都很高，有那么几次李东魁就要到跟前了，打猎的人开起大吉普一溜烟跑掉，他也只能干瞪眼干着急。

至于预防病虫害、查找枯老树，那也是他的家常便饭。哪里有病虫害的征兆，他做好记录，迅速上报，以便上边来人采取防治措施；哪里有枯老树，哪棵树几近枯萎，他都烂熟于胸，报给上级等候间伐或保养处理。

每年李东魁还要拿出一部分时间和精力走访周边的各个村屯，挨家挨户发送护林防火、防盗防猎、禁止垦荒等宣传材料，并宣讲全民护林对于治理沙化、保持水土的好处，引导人们不要图眼前利而要多为子孙后代的福祉考虑。他还积极主动地和周边村屯里农牧民交朋友处感情，发展"耳目"和"眼线"，经常互相保持电话联络，有时还要请人家喝顿酒联络感情。要是有"线"上人到家里来报告情况，那可真是大喜过望，让妻子赶紧想法弄上几道菜，喝个痛快。因为人家提供的情况，让他心里更有了底。

平常、琐碎，甚至看似漫不经心，然而，年复一年地巡查，林地周边哪儿能进车，哪儿能钻牲口，哪儿容易被偷树，哪儿容易上坟失火,哪儿容易生虫子,他都一清二楚心中有数。他说这叫重点部位,必须重点防范。

无数个风雨夜无数个大雪天,他牵着马,或者骑着摩托车,背上军壶和干粮,持把柴刀拿把手电,奔波在八千五百亩林海里。阳光的暴晒、暴雨的浇淋、野狼的困扰、饥饿的挣扎,使他的意志更加顽强,就像经受过暴风雨洗礼的雄鹰,更加矫健更加敏捷地飞旋、歌唱。

像苍鹰一样无倦守候不改初衷

其实,李东魁所经历的一切真不像大家想象的那么顺利那么美好。这片阵地的安宁,是他像一个孤军奋战的勇士一样拼杀出来的。

头三脚难踢。刚开始护林时,见他啥都管得严管得宽,周围的村民们就传开了,说有个转业兵来护林,挺横的,进林地里搂柴火不行砍树枝子不行打鸟更不行,就连采松树塔、捡蘑菇他也看着,这也没咱们活路了,得收拾收拾他,给他点儿颜色看看,要是能把他整走,那就更好喽!

真就打这话来了。这天李东魁巡查回到地窨子,刚要做饭,掀开米袋子,里面掺进了几把沙子;没几天,唯一的吃水井也被人用沙土填埋了。他知道这是为什么。忍着吧,不忍咋办?

大约来到护林点第三个年头上,秋夜里巡查归来,把马拴在房山头,添完草料,做点饭吃完就睡了。天亮起来看马,没影了,夜里被偷走。公家配的交通工具,丢了只得自己再买一匹。可是没过多长时间,又被偷走,这回李东魁不得不报案,派出所费尽周折才把那匹马找了回来。不怕贼偷就怕坏人惦记,人家要想祸害你,怎么躲怎么防你都躲不过去,因为人家在暗处,况且不止一个人。

李东魁知道这是下马威,但他一点都不害怕。自己是战士出身,没这点胆量还混啥?想赶我走我坚决不走,看看到底能怎样。这样想着时,麻烦真的又来了。林子西屯子有个叫冷三的家伙,平日里游手好闲,好打架斗殴招猫斗狗的,这天专门到护林点儿来找李东魁麻烦。听说你挺厉害呀,这个不让砍那个不让动,林子是你家的咋的?李东魁说国家的就当我家的管,你说咋的?说着说着两人就交上了手,几个回合,那家伙就瘫倒在地告饶了。李东魁说:"回去告诉那些个刺儿头,我就是不怕横的,来一个我收拾一个。"这事儿一传十十传百,想闹事的都害怕啦,没人再敢来捣乱。

不把这些人收拾老实喽,还护什么林子?人家想咋祸害不就咋祸害吗?李东魁不怕事、不信邪,更不怕死。马家屯村民张某几次到林地放牛,说服教育无效,李东魁按规定罚了他的款。张某气急败坏,操根棍子就开打,李东魁被打得头破血流,住了六七天院,差点丢掉性命。尽管如此,他还是越战越勇。有段时间林场搞围栏施工,白天围上水泥杆和铁刺鬼,晚上就被扒倒拉走。一连几天发生这样的情况,弄得领导都有些灰心,说干脆不围算啦!李东魁说那可不行,这些人这么干是为了放牧和开荒方便,咱要是打了退堂鼓,就正中了他们下怀。这个时候,你退一步他就进一步,慢慢地蚕食土地鲸吞草场,那还了得?领导说那咋办,这工作谁去做?"交给我,我李东魁就是不听邪!"他挨个村找村委会做工作,让他们派人和自己挨家查,找到扒围栏的人让他们马上拉回去复原,不然就法律解决。这一下就没人再敢干这种事儿了,围栏施工顺利进行下去。

到林地抽烟不行,砍柴不行,放牧不行,挖沙取土不行,开荒种地不行,打猎更不行。一些人怀恨在心,一心想把李东魁从这片林地赶出去,并采取各种各样的方式来打压他。李东魁家里的玻璃半夜被砸过好几次:"你等着,没有会不上的亲家!"这恶狠狠的话至今还留在他住过的旧工房墙壁上。

李东魁就这样等着,等了三十年,如今等来的不是仇恨,却是对他的赞美。现在周边的村民们都说,全仗他这么精心啦!要是没有李东魁,说不定林子早砍光了,草皮子早啃光了,还有这么美的风景啊!

草枯鹰眼疾,雪尽马蹄轻。一步一个脚印地守候,他和他骑过的那几匹马,和獐子松一道站成了如诗如画的风景,仿佛雄鹰振翅,高旋天宇。

守着林木,其实就是守着金山银山,可李东魁却从没想过发财。盖房子需要檩木,他没动过一丝念头。间伐枯老树,对砍倒的树木看得特紧。就连组织人力砍树枝子,他也丁是丁卯是卯,绝不允许谁随便拉走一车。有人说他可真是死脑瓜骨,守着金山过穷日子。这些年,周边的村干部找过他,村民们开导过他,说这大片林子这大片草场这大片土地就你一个人,你给我们开开口子谁能知道?你要是给我们行点方便,我们啥都少不了你的。可是任凭谁咋说,李东魁从来没动过活心眼儿。

他不缺钱吗?他怕钱咬手吗?世俗的人都觉得这是个谜。

那些年点蜡,一个月发三包,一根够点俩小时,然后就得摸瞎呼,他舍不得买;那些年养马,草料钱一年就给三百元,剩下的全靠自己拿工资添补;这些年骑摩托,油钱和修车钱全是自己拿,没人给报销;盖房子拉电,他苦苦求情于电管站,顺着新设的一条线路借光给他拉上,自己承担了施工费用。由于经营困难,林场对护林员以耕地替发工资。具有中级工人技师职称的李东魁,分到的三十二亩沙坨地即使是好年景,一年的收成也不足八千元,一家三口的生活全靠这笔收入。可他为了给爬地树剪枝修形,自己掏腰包雇了六个人干了好几天。他巡查山林时吃的每顿饭,只要填饱肚子就行;他穿的衣服,天天都是协警工作服,自己舍不得买件好衣服。

他缺钱,可就是不走眼前的来钱道。他说:"我常想着走几步要回头看看,组织上那么信任我,我应当知足,而不能犯错误。"

一年三百六十五天围着林海转,一连十二个春节没回家过,女儿出嫁赶上防火期没心思更没工夫去送亲,这一切究竟为了什么?

答案该揭晓了,我心中的谜团也该解开了。终于,他开口说出了藏在内心里三十多年,平时不轻易说出的话:"我也想过打退堂鼓,可一想到童年时爸爸带我到沙坨子里植树的场面,就打消了念头。上代人栽树吃了那些苦流了那些汗,我们这代人要是守不住,能对得起他们吗?爸爸那代人用绿了章古台、白了少年头的行动书写了大漠风流，我们今天吃这点苦还叫苦吗？现在我们吃的、住的都比他们好，组织上给的待遇和荣誉也不少，我怎能当逃兵呢？"

李东魁终于说出了坚守的秘密。这秘密，就是信仰，就是担当，就是忠诚，朴实无华，行止自如。坚守这个秘密的人，无愧于阜新市感动基层人物、道德模范、"辽宁好人·最美工人"、全国林业系统先进工作者等殊荣和省人大代表的身份。

这个像父亲一样年年都是林场先进工作者的人，再有几年就该退休了。我问他，对组织上没有什么诉求吗？他说有：如果可能，要选一个我信得过的人接我的班；再有，就是女儿学的是林学专业，毕业后找不到工作，没办法只能到村上帮忙，能当上林场工人是我和她最大的心愿。那样，就圆了我们家三代人的林业梦。

采访即将结束时，我请求他陪我去林地走走，实地感受一下他的工作状态。沙坨子忽高忽低，并非一马平川。走出千米之外，便觉气喘吁吁、大汗淋漓。尽管浅草没马蹄，那也同样需要勇气、毅力，还有心底无私的奉献。

夕阳笼罩在万亩林海和沙丘上，放眼望去，郁郁葱葱中，一只苍鹰在不倦地飞翔，不倦地歌唱，满怀着无尽的爱恋无尽的梦想。

张国梁，阜新市作协副主席，诗人、报告文学作家。

大爱筑起美丽乡村

——记辽阳市辽阳县刘二堡经济特区前杜村党委书记王绍永

钟素艳

> 我要把企业办好,用毕生精力,改变家乡,让这块土地上的人们过上和城里人一样的幸福生活。如果不成功,我愿意用生命谢罪!
>
> ——题记

生活起居在现代化的楼房
开车上班工作就在家近旁
业余休闲在文化宫和广场
从幼儿园到大学都是免费上
大病有保险,费用全报销
晚年无忧,月月有八百元进项
物业、取暖、燃气免费十年……

这是怎样的一幅生活图景?有人说,这里是"人间天堂";有人说,这里是"世外桃源"。这里的人民生活富足,福利水平直逼西方中等发达国家。其实,二十年前,这里只是中国北方一个偏僻落后的小村庄。现在，仿佛有一根魔杖，点石成金，把这里变成了中国十大最美乡村。而这个持魔杖的人就是全国劳动模范、辽宁省道德模范、辽阳市辽阳县刘二堡经济特区前杜村党委书记王绍永。

从辽阳市出发，驱车三十公里，在一望无际的葱绿的平原之中，一座高炉林立的现代化工厂陡然拔起，相邻的是多彩花海中的一片住宅楼。惊奇之时，看见路旁高高的绘有中国传统纹饰的牌楼上写着：前杜新村。

这里街道干净整齐，店铺经营齐全，小汽车穿梭往来。村委会门前的广场长廊里，老人们坐在一起避暑聊天，孩子们跑来跑去任性玩耍，怡然自乐，无忧无虑，一派祥和。汉白玉的小桥下，清水中的荷花已经绽放……

据村委会的干部介绍，王绍永每年要从自己的企业中拿出一千多万元支付村里各种开销，保证村集体健康运转。多年来，他带动村民致富，累计向村里投入超亿元，这些钱堆起来都得用车拉……

村民说，村里谁家有困难他都帮，而且是主动帮。他把村里一千六百多口人当成自家的人，对谁都好、都舍得……

王绍永声名远扬，神人、能人、大善人，这些带有浓重崇拜色彩的称谓来自身边，也来自远方；来自受惠人，也来自旁观者。我疑惑：他究竟是个怎样的人？有三头六臂，还是有金刚不老之身躯？抑或……不然，为何辛苦挣来的钱竟然"用车拉"地白白送给村里，送给村民？

我是在前杜实业发展集团见到他的。

办公室主任接待了我："我已经通知董事长了，他一会儿就到，你在这等一会儿。"

主任去忙了。办公室里人来人往，有请示的，有汇报的，有签字的，有复印的……

我坐在办公室里边的木椅上，低头翻看采访提纲。

毫无声息地，一双浅色休闲鞋安静地进入我的视线，抬头看时，一个身着浅色休闲装的中年男人站在面前，他在等待办公室主任处理事务。他中等身材，不胖不瘦，棕铜脸色，两只胳膊晒得黝黑。

主任忙完了手头的工作。

他问道:"哪位是来采访我的记者?"

我忙站起来,握手问好,然后随他来到董事长办公室。

办公室宽敞明亮,老板台对面是一组沙发,中间是个长条形的会议桌。从用品摆放上可以看出,这是个集办公、接待、开会于一体的集约型办公场所。也因此可以想象到平日里他紧张忙碌的工作状态。

简单聊了几句后,他说:"你的采访大约需要多长时间?"

我以为他有事要忙,或者对接踵不断的各种访问有所反感,以致怠慢,便尽量压缩了预想的时间:"一小时左右吧。"

他站起身,解释说:"那你等我半小时,我去吃口饭,马上回来。我早上五点就到车间去了,还没来得及吃早饭呢。"

此时,时间是上午九点半。

接下来的采访不断地被打断,有下属来签字审批、来请示工作,有亲属来寻求帮忙,有电话……细节处,我感受到他决策果断、记忆力超强、管理理念先进。从他娓娓道来的讲述中,从他的镇定坚毅的目光中,我看到了一个男人矢志不渝的人生追求,看到了一个党的基层干部敬业奉献的大爱情怀……

首创"村企共建"模式,领航新农村建设方向

"十年九涝,吃粮靠返销,花钱靠贷款""骡马系槽头,大姑娘往外流……"20世纪70年代前杜村是一个远近闻名的穷村、光棍村。那时,前杜人如果去外村走个人情来往,如果被问及家在哪里,都会吞吞吐吐地不愿说出"前杜"两个字。穷,让人生怯,让人羞愧。说话舌头伸不直,走路腰板挺不直。

王绍永就是生于斯长于斯的前杜人。他出生在20世纪50年代,姐弟七人,他排行最小。十四岁那年父亲因病去世了,几个姐姐都已出嫁,母亲年龄大了,视力又不好,养家糊口的重担自然落

在他稚嫩的肩上。为了求知，他边劳动边读书。村里人纯朴善良，都很怜惜他。他到地里锄地，叔叔伯伯会默默地为他接垄；他回家做饭，婶子大娘们总会把自家的菜送过来一把；即使他读书不在家，他家里的水缸也总是满满的。这一桩桩一件件暖心的事儿，都深深烙在他的心上。滴水之恩当涌泉相报。他立志，一定通过自己的努力，改变贫苦生活，报答乡亲的恩情。

90年代初期，村子还是穷，每年都完不成上级"三提五统"任务，年年借债，债台高筑，难以支撑。

当时，作为村联办会计的王绍永头脑灵活，睿智聪明，他经过思考，提出了自己的想法：村里必须办企业，有了钱，村子才有希望，村民才能摆脱贫困。

一群没有资金没有技术没有销路的农民要开办工厂，简直是天方夜谭，难度可想而知。王绍永去邻村的工厂取经，话还没说完就被轰了出来。

"凡心所向，素履以往，生如逆旅，一苇以航。"正如这几句诗所表达的，王绍永这个人，只要有了理想目标，就算是道路坎坷，荆棘遍野，再苦再难，他也要奔着那线希望，坚定地走下去。

1992年，村里相继办起了五家钢厂。王绍永被推荐担任辽阳市轧钢厂的负责人，从那一刻起，王绍永就立下誓言："我要把企业办好，用毕生精力，改变家乡，让这块土地上的人们过上和城里人一样的幸福生活！"

"工业强村，村企共建"的理念像一束光，照在前杜人治村致富的漫漫征途上。

钢厂投产了，但这些经营者都是门外汉，从生产技术到经营管理，一切都是摸索着干，形势和效益都不好。到了1997年，村办的另几家企业在激烈的市场竞争中被淘汰出局了，钢厂的经营形势岌岌可危。

村委会里算盘珠子噼啪响，经过核算盘点，厂里还有一百七十万元贷款没还上，利息滚到六十多万元。村民代表大会讨论决定：企业转制承包。但面对这个负债的烂摊子和未知的钢铁行业前景，没人敢报名。沉默中,王绍永站出来,坚定地说:"我干!"

王绍永对倾注了五年心血的钢厂怀有深深的感情,他不能眼睁睁地看着钢厂就这样消亡,他脱贫致富的梦想和回报乡亲的心愿还没有实现。况且,五年时间里,他已经积累了很多经营管理方面的经验,他坚信,钢厂的生产经营一定会出现转机。他承诺:"厂里的债我背,利息我还。另外,我每年给村里二十万元。我要是干赔了,就是卖厂子和自家房子,也绝不让村民背债……我一定把企业办好,用毕生精力,改变家乡,让这块土地上的人们过上和城里人一样的幸福生活。如果不成功,我愿意用生命谢罪!"

当时,厂里有村民的集资款五百多万元。王绍永决定承包钢厂后,没有一个村民要求提款,这份信任让王绍永非常感动。他决定为村里七十岁以上的老人每个月发八十元的生活补助。妻子为难地说:"咱刚买下厂子,还欠着那么多债。你给老人钱我不反对,要不就给三十元?"王绍永坚持自己的决定,也得到了儿女们的支持。从此,王绍永义无反顾地把心扑在"办好企业,建好前杜"的事业上了。

1998年,王绍永的辽阳市轧钢厂正式与前杜村结成了"村企共建"对子。

王绍永书读得不多,但头脑灵活,无论办企业还是治理村子,都闪耀着他的智慧。他相信科学技术是第一生产力,敢于搞科研和改革。2009年,王绍永发现企业的成本偏高,资源不能做到利用最大化。他大胆决定开始节能技术改造。为了取得第一手数据,他每天坚持在生产一线,很多工作他都亲力亲为,在研发的关键时期,他二十四小时不回家,困了累了就在办公室休息一会儿,他带领的技术团队经过近一年的研究与实践,终于研究出了"热轧热送"的轧制工艺,每吨钢可节省轧制成本七十元左右。

技术成熟后,王绍永毫无保留地把这项技术奉献出来,在辽阳地区大力推广,使辽阳县的钢铁发展上了一个台阶。

2012年,王绍永把当地几家钢铁企业联合组建为"前杜实业发展集团"。

目前，前杜实业发展集团又加大了科技环保投入，带动辽阳钢铁业升级改造，效益可观。有了梧桐树，引来了金凤凰。企业吸引外来打工人员两千余人，其中，不乏本科生、研究生。他们是企业进步的力量，正在集团这个平台上发挥着聪明才智。在助力地方经济发展上，集团公司担任着辽阳市钢铁工业改造任务与促进辽阳县域经济发展的任务，正在进行特种钢研发、大棚新墙体研发、高温、炼矿物研发等科研项目。

这些年，无论企业在顺境还是逆境，他对村民的承诺没有打一丝一毫折扣。每年向村里投入大量资金，搞基础设施建设：铺设柏油路，打深水机井，修明渠暗渠，安装路灯，建村委会办公楼、幼儿园、小学、园林式农民文化宫……村民富裕了，村子环境好了，前杜村发生了翻天覆地的变化。这些年，王绍永的企业给村民提供了大量的就业岗位，在外打工的劳力，先后回到了村里。目前，村里没有一个空巢老人，没有一个留守儿童。

发展设施农业，打造全国草莓特色小镇

前杜村工业经济发展迅猛，青壮年劳动力从田间地头走进了工厂，成为工人，四千多亩耕地扔给了老人和妇女。由于集约化、市场化水平低，曾经赖以脱贫致富的棚菜生产，也因投入大效益小，日渐萎缩，农业收入一年不如一年。

王绍永很快意识到了这个问题。王绍永说："土地是农民的命根子，离开了土地，就没了本色，国家要发展，人民要吃饭，粮食、农副产品的生产，哪一样都离不开土地！"

2008年，王绍永就提出了就地城镇化的发展思路。王绍永请市规划设计院编制了《前杜村新农村建设规划》，把工作重点放在盖居民楼和农企公司上。计划一期建五百栋高标准大棚种植草莓，建占地三百亩的养殖园区；二期建沼气池、秸秆气化站；三期建批发市场、冷库、假山、鱼池、运河、亭台，搞观光旅游和农产品精深加工。设施农业发展向周边村落乡镇扩散，形成设施农业基地，辐

射周边市场，建成东北的寿光。

2010年，王绍永担任村党委书记。他决定抓住新型城镇化建设的有利契机，依托企业的优势，打造前杜绿色品牌。

王绍永经过反复思考、考察和调研，决定搞设施农业，利用科技，提高土地利用率产出率，大规模扣大棚，种草莓，让庭院经济走向大地……

这是前杜村继蔬菜大棚之后第二次扣大棚，这个想法遭到了老书记和一些人的反对，他们担心钱的问题，担心前景问题。这些问题都在王绍永有理有据的科学论证和解释中得到化解。

蓝图已经绘就，怀着美好的憧憬，王绍永又慷慨地向农业投资七八千万元，组织团队潜心研究，发明了可拆装移动日光温室大棚：采用热镀锌钢结构，防腐性强；结构先进，抗压能力高，采光好；无支撑设计，便于耕作与种植，室内土地使用率高；可拆装移动穿销式连接，安装快捷。新大棚投资只是老式温室的百分之六十，效益却是老式温室的一至二倍。建设周期短、使用周期长，属于固定资产投资，农户贷款可做抵押，化解了农民融资难问题。农民投入小见效快。目前已推广应用到新疆、甘肃等干旱地区，推动了我国设施农业的发展，甚至在沙漠地区都能扣大棚，被誉为一场新的"绿色革命"。

先进的理念和超前的管理意识，决定了新农村建设前景的明亮和美好。王绍永出资两千万元成立了"辽宁前杜农业发展有限公司"与"辽阳县亚新种植专业合作社"，用工业的理念发展农业，改变了传统的生产经营方式，走规模化、集约化、产业化发展道路，通过引进高新适用技术，淘汰落后品种，创办农产品深加工企业，延长产业链条，发展高效现代农业，先期由公司出资流转土地、开发市场、提供技术、供给原料。农户自己种养、自主管理。对部分产品公司按订单农业的形式，实行统一收购、加工、包装与销售。通过"公司+农户"的形式，按照市场化运作，完成村民向股东、农民向农业技术工人、"村企共建"完全依赖输血向自我造血的三大转变。

合作社以服务为主，所有项目资金都由王绍永无偿资助。截至目前，王绍永已经投入四千多万元，建了九百六十六栋可拆装移动温室，水、电、路配套齐全，技术员无偿做技术指导。目前，一个棚草莓一年纯利润四五万元。合作社带动农户三百六十多户村民致富，前杜村已经成为全国草莓特色小镇。

2008年，为了新农村建设，让农民住上干净舒适的楼房，过上和城里人一样的日子，把腾出的土地用于发展设施农业，王绍永拿出资金，建成第一批六栋五层高标准农民新村住宅楼，入住二百四十户。2011年，以原有房屋置换的形式建设前杜新村二期工程项目，入住三百四十户，小区配套设施齐全，建设标准一流。2013年又建两栋二十四层住宅楼，配套建设地下停车场，车位三百个……现在，前杜村的村民全部搬进了新居，住进了楼房。每天，开车上班去工厂、去农场；业余休闲在文化宫和广场；孩子从幼儿园到大学都是免费上；居民大病有保险，费用全部报销；老人晚年无忧，月月有八百元进项，免物业费、卫生费、取暖费、燃气费十年……前杜村人过上了和城里人一样的生活。

二十年来，王绍永用实际行动兑现了他的诺言，累计为前杜村投入资金超亿元，"村企共建"使前杜村发生了翻天覆地的变化。辽阳市委、市政府在全市推广了"村企共建"模式，全市有二百多个企业与二百多个村结成共建对子，极大地推动了辽阳市社会主义新农村建设。

培育新农村文化，共建文明精神家园

百姓的生活富裕了，但精神不能空虚。王绍永又琢磨起了如何引导村民精神富足，人人向上，移风易俗，用健康文化革新陋习。他首先想到的就是党员的模范带头作用，进一步强化党建工作是根本，宣传、教育、引导是最重要的手段。

前杜村一千六百五十口人，党员一百一十人，是典型的人口小村，党建大村。村级党委下辖六个支部。王绍永每年出资带领党员干部出去考察两次，学习党建工作的先进经验，发挥党组织战斗堡垒作用和党员的先锋模范作用，增强党的战斗力和凝聚力。

凡是村里的大事小情，每一项决策，每个党员都要参与、表态、签字。对全体党员实行网格化管理，村里工作的方方面面都能看到党员的身影，确保党的领导、国家方针政策贯彻落实到位。

创建并利用好宣传阵地，培育新农村文化，凝聚人心力量。村委会建了党史馆，以图片的形式展示我们党发展壮大的光辉历程，时刻提醒每个党员，要按照"两学一做"要求规范自己的言行。

在广场甬路两旁建设一千二百平方米文化墙，对村民进行村民公约、村史与文明行为教育。宣传栏里，公开政务，提高村民参政议政的积极性。

为了丰富群众的业余文化生活。王绍永投资建起了一千一百平方米的农民文化宫和一万平方米的休闲娱乐广场。文化宫内购置了电脑、大屏幕投影仪、舞台、灯光、可移动折叠座椅等必要的配备设施，还专门设置了乒乓球室、棋牌室和农家书屋等室内活动室。每天早晨，前杜村先进的信息平台还向村民、农户等发布蔬果价格、天气预报及重大事情等信息，让村民及时了解最新消息的同时，抢抓机遇，获得更大收益。休闲娱乐广场配备了种类齐全的健身器材和小型篮球场，使村民在农闲之余有了更多有益身心的好去处。

为了和睦家庭关系，发扬中华民族尊老爱幼、助人为乐等美德，前杜村成立了思想宣传队和爱老队等具有前杜特色的精神文明宣传队伍。组建了红高粱农民艺术团、老年秧歌队、农民民乐队、女子舞龙队、农民篮球队等专业的文化队伍。并大力推进"道德信贷工程"，积极评选"十星级诚信户"与"十星级诚信联合体"，村民不仅受到了教育，也从中得到了实惠。

每年农历正月十五、八月十五，三八妇女节、五一国际劳动节、重阳节都举行大型文体活动，组织本村和各村秧歌、高跷队来前杜村演出，村民们欢聚一堂，其乐融融。

为了改变大操大办铺张浪费的陋习，村里建立了红白理事会，由王绍永担任理事长，村班子成员担任理事，村里的老党员、村民代表担任委员，有效遏制大操大办之风。为了推进殡葬改革，村里利用界沟边壕，造了四十六亩地，挖塘开池，植树开路，建起了公共墓地，从田里迁了一百多座坟，为设施农业的健康发展提供了更广阔的空间。

村企共建结出了丰硕成果，王绍永带领前杜人闯出了一条适用于中国农村发展的新模式，前杜村由一个贫困村变成了辽宁省精神文明标兵村、辽宁省新农村建设试点村、全国文明村、国家级村屯绿化工作示范村。2016年，前杜村被评为中国十大最美乡村。

播撒大爱，当好一千六百口人的家长

二十年前，王绍永怀揣着对前杜村的热爱，立下了"要用我的毕生精力，改变我的家乡，让村民过上幸福的生活"的铮铮誓言。多年来，他是这样说也是这样做的。对村里建设如此，对每一位村民都像对待家人一样。

1994年，前杜村村民宋克斌遭遇了一次车祸，造成高位截瘫，经济上陷入困境，精神上陷入绝望。那时，宋克斌的儿子宋贺刚上中学不久，就因家里困难辍学了。王绍永听说后，马上派厂里的同志到学校把钱交上，并把孩子以后所需的学费也包了下来。接下来又帮着打官司，宋克斌得了五万元赔偿。

孩子中学毕业后，宋克斌坐着轮椅带着儿子找到王绍永说："能不能给孩子安排个工作。"王绍永说："来吧，能干什么就干什么。"

孩子长大了，宋克斌又为儿子的婚事犯起愁来："两间破房和一个残废的爹，谁愿意嫁给他呀。"

2000年开春，他再一次找到王绍永，说要盖房，缺点材料。王绍永随即送去了红砖和五吨钢筋，同时还带去了两千元钱。宋克斌扒掉了两间土坯茅草房，盖起了四间大楼座。10月份，一家人就住进了宽敞明亮的房子。

村民葛长兴的女儿葛培考上了大学。葛长兴抱着试试看的想法，两次去企业都没找到王绍永。在学校即将开学的前两天，无奈的葛长兴来到村委会登记办理助学贷款，刚填完表，王绍永就走了进来，了解情况后，他说："外村的人我都资助了，本村人就更不用说了，你女儿的学费我拿。"他当场拿出四千五百元给了葛长兴，并说："每年这个时候，你就到我这儿拿学费吧。"

李鹏飞家里生活困难，上高中一年的学费与生活费用大概一点二万元，都是王绍永支付。他考入上海的华东政法大学，一年的学费与生活费大概一点五万元，也是王绍永的厂财务定期汇钱给学校。

1995年，是企业最困难的时候。一天，家住唐马寨镇刘家村名叫翟庆峰的学生找到王绍永说："我哥在念书，我家供不起我了，可我还想念书，这次来是向您借钱的，将来一定还您。"王绍永此时想起了小时候的自己：我就是因为穷而念不起书，不能让他再像我一样。从此，翟庆峰从高中到大学的学费都是王绍永资助的。

现在，前杜村的孩子，从幼儿园到大学，都是免费上，学费都出自王绍永的企业。

王绍永帮过多少人，他自己也记不清了。

为了保障老人的补贴，他每年都要拿出五万元给村里，即使在企业扩大生产、资金周转出现困难的时候，他也从未少拿一分钱。从2004年开始，每到重阳节，王绍永都会把村里的老人聚在一起，观看文艺节目，为他们发放礼品。在宴会上，王绍永深情地说："叔伯、婶子大娘，你们看现在每月生活补贴够不够，如果有困难就去找我！"几个大娘落泪了，一个大爷站起来向王绍永敬酒，说："如果早知道能遇上绍永这样的厂长，我连儿子都不要啦！"

从2014年起，全村四十岁以上的女性、四十五岁以上的男性全部参加社保，七十岁以上老人每月享有八百元的生活补贴，前杜子弟从幼儿园到大学的学费全部由村承担，村民大病医疗费除去国家报销部分，全部由村报销。村民免物业费、卫生费、取暖费、燃气费十年，过上了比城里人更优越的生活，福利水平直逼西方中等发达国家。

前杜村良好的发展前景也吸引了本村的大学生回到家乡工作，为家乡做贡献。宋克利1995年从辽宁大学毕业后到钢厂工作，如今已走上领导岗位，担任钢厂生产厂长。以前村里考上大学的都不回来。现在大学念完了都愿意回来，已经有三四十名大学生回到前杜村，他们为建设家乡而自豪。

面对全国劳动模范、全国钢铁行业先进个人、辽宁省优秀乡镇企业家、辽宁省道德模范、辽宁省党代表等众多的荣誉和身份，王绍永想得更多的是这些荣誉背后的信任与责任，是如何尽自己的所能回馈党和政府，报答前杜村的父老乡亲。

"人们说我是企业家，但我总觉得我还是个农民，如果种地，每年顶多收入三四万块钱，那么剩下的就都是我多得的。拿出点钱搞'村企共建'不会影响到企业的正常发展，我一生就致力于让前杜村的父老乡亲过上天堂般的日子。

"作为企业家，创造财富只是成功的一半，而承担起财富二次分配或者三次分配，带动乡亲们共同致富，才是完整的成功！"

采访到这里，王绍永的话解开了我的疑惑。

在村委会，我遇到了坐在电动轮椅上的宋克斌。他衣着干净，笑容满面。

他说："我没有劳动能力，但生活有保障。你有什么困难，王董事长知道了保准管。"他拍拍轮椅的扶手说："我以前用手摇的轮椅，王董事长让我换成电动的。我说不用，每天走路不远又没有急事。可是过了几天，他亲自把电动轮椅送到了我家里，我感动得不知说什么好。你想想，他一天得有多少事要忙，还记着给我买轮椅。

"还有一次，他看见我裤子破了个洞，当场掏出钱让我买条新的。来回推让好几次，我说什么也没接他的钱。他帮我们的实在太多了，我实在不好意思再要他的钱了……

"我活了五十多岁，从来没见过他这样的人，这些年，他给出去的钱一亿多，得用车拉呀，那都是他的血汗钱哪！谁有困难，他都主动去帮。再说说咱村子，以前前杜村穷得叮当响，现在谁都赶不上咱哪。"

村主任说："王董事长没有多少文化，但他想法超前：给幼儿园配备标准校车，到交警队办牌照，人家不知道怎么办手续，没办过，头一份儿。校车运行四十多天后，中央新闻报道南方校车出事儿，国家才对校车正式提出了要求。再说说扣草莓大棚，他第一个提出电商销售，我们农民第一次享受了'互联网+'的网络优势；还有，他组织研发的新式大棚和炼铁工艺都获得了专利并且得到了推广，许多地方都受益了。特别是，他首创的'工业强村、村企共建'模式，在全市推广……"

"为什么我的眼里常含泪水，因为我对这土地爱得深沉。"我想，这就是对王绍永敬业奉献、播撒大爱的最好诠释。

钟素艳，辽阳市作协主席，小说作家。

我愿意

卜庆祥

那一刻,杨素静恰似一朵水莲花。

对面的男孩歪着头傻笑,杨素静心慌了,她一点儿也想不起来他是谁。

男孩走上前,怯怯地说:"我们在同一所学校念过初中,是校友。"

杨素静摇摇头,她一点儿印象也没有了。那是地处鞍山市老城区的一所中学,家境窘迫的小女生很自卑,同时也很上进。

男孩说:"我记得你,你学习成绩好,喜欢参加文体活动,唱歌,跳舞,你还是我们学校花鼓队的,你当过三好学生,当过什么……积极分子,我总看到你上台领奖。"

杨素静羞红了脸。这个男孩对她知道得这么多,可她对他却完全陌生。

男孩说:"你是你们班的宣传委员。"男孩还在说着她,"你就像你的名字,文静,漂亮……"

那次的不期而遇却没有成为他们交往的开始。初中生活懵懂而过,在杨素静的点名簿里根本没有这个男孩的名字。胆怯羞涩的女生似乎很快就淡忘了在同学聚会上含情脉脉的那个爱慕者。

爱是青春的影子。

爱神垂青每一个渴望爱的人。

初涉社会

十七岁那年，杨素静告别校园走进了工厂。不久，她因表现出色担任了鞍山化纺厂准备车间的团支部书记。

自幼失去双亲的杨素静要比同龄人早熟。她理智地安排日常生活与学习，勤奋，坚持，不屈不挠。仅仅用了三四个月的时间，她就获得了计算机和会计两个资格证书。

入厂第三年，杨素静所在的工厂如同撞上冰山的"泰坦尼克号"轮船，沉入黑夜里死寂般的汪洋之中。厂里的纺织女工不得不重新选择，终止没日没夜的繁重劳动，厂里只剩下僵尸般的织机和荒凉空荡的车间。

她没有指望，只能选择坚强。她应聘了新岗位——交警部门的修理厂会计，同时兼顾职工业余文化活动的安排。

这时，一个四十多岁的女人进入了杨素静的生活。她叫李桂兰，保险公司财产险方面的管理人员。

两人因业务交织，彼此结识。

性格外向、举止豪爽的李桂兰喜欢上了身材高挑，模样清秀，机灵干练，快人快语的杨素静。

李桂兰说："小静，我要认你做我的干女儿！"

杨素静有点儿小兴奋，但又有点儿犹豫，心里咚咚打鼓，没有应诺，也没有拒绝。父母离世后，她一直寄居在哥嫂家。认干妈不是小事，懂事的她，怎么可能不经哥嫂的同意，自己做主呢？

李桂兰又说："我有一个儿子，哪天让你看一眼。"

羞答答的杨素静，抿嘴笑了笑。

机缘巧合

李桂兰真心喜欢杨素静，对小静像姐姐，又像妈妈。

李桂兰所在的公司租了宾馆的三层楼作为办公室，住宿饮食洗漱标配。李桂兰给小静打电话："你来我办公室吧，这儿有沐浴间，洗澡特别方便，想怎么洗就怎么洗。"

小静想了想，接受了邀请。那时还是20世纪90年代，洗澡还是件奢侈的事。小静心里热乎乎的。

李桂兰对杨素静喜欢疼爱在方方面面，给她买好看的衣服，亲手给她织毛衣，织不过来就去街里的店铺机打，选麻花股的图案，挑红色的毛线。李桂兰喜欢红色的，她说小静穿红色的最好看，她就愿意看小静穿红色的毛衣、风衣。

李桂兰嘴上叨咕："你看，穿上多抬人，我呀，就是不给儿子买，也愿意给你买。"

李桂兰隔三岔五地给杨素静添置衣装，花钱花得小静都心疼。

一次，李桂兰在银座商场买了一大块布料，找裁缝定制了两件俗称"毛朝外"的裘皮短大衣，一件红色的给杨素静穿，一件绿色的自己穿。那是杨素静长到那么大穿得最贵的衣服，特别暖和，暖得她眼里闪动着泪花。

李桂兰还时不时带上杨素静出去应酬，甚至公司内部聚餐也带上小静。

单位效益好，时常安排员工外出旅游，每一次李桂兰都把小杨姑娘带在身边，登山下海，南下北上，小静心里别提多高兴了。

李桂兰遇人就说："我打心眼儿里喜欢这孩子，文文静静，老实听话。要是我有这么一个闺女，那得多好啊！"

杨素静抿着嘴笑。认还是不认干妈，没哥嫂点头她可不敢答应。

一天晚上，杨素静手包里的传呼机响了，李桂兰约她到鞍山站前吃饭。小静稍作打扮，风打旋儿地赶往约定地点。一进饭店，姑娘怔住了,对面站着那个曾经向自己表达爱慕的男孩。

"怎么你也在这儿?"

男孩子看着她只是笑,也不作答。

李桂兰喜出望外:"你们认识,还是同学?"

此时,谜底才被揭开了。

男孩子叫吕强,是李桂兰唯一的儿子。

棒打鸳鸯

那年情人节,杨素静正在单位忙着。花店服务人员送来一大束鲜花,一直送到了她的手里。

花丛中有一句留言:祝情人节快乐!

杨素静猜到了那个送花的人,脸红心跳,小鹿撞怀。有生以来,从没人给她送花,她也从没接受过别人的如此浪漫的馈赠。

当晚,两个年轻人约会了。在鞍山胜利广场附近的西部迪士高,灯光闪烁,旋律飞扬,吕强热血沸腾地献给杨素静两支歌:《一路有你》和《祝福》。杨素静也深情地和了一首《风中有朵雨做的云》。

此时,那个待小静像姐姐、像妈妈的人也赶来分享他们的快乐。他们载歌载舞,沉浸在醉人的幸福之中。

是的,此前杨素静没有接受过爱慕者抛来的绣球,更没有谈过恋爱,这是她的初恋,也是她度过的第一个情人节。

恋爱中的杨素静隐隐地有些担忧。

果然,杨素静的新动向很快就被大姐捕捉到了。小伙子怎么样,男方父母厚不厚道,仁不仁义,家境殷实还是一般……诸如此类,必须探个究竟。

说来话巧,大姐夫的一个熟人正好认识李桂兰,一二三四,向他说了些情况。

大姐明确表示反对:断绝与李桂兰和她的儿子的一切联系。同时,大姐还对她采取强制措施,搬离相对宽松自由的哥嫂家,到大

姐家住，上下班有人接送，哪儿也不许去。

杨素静与吕强的恋情还没开始他们的第二个情人节就夭折了。

大姐的态度非常极端，不容商量。

杨素静很害怕，晚上睡觉时常从梦中惊醒。来自家人的压力像块石头，她喘不过气来。她很小就失去了双亲，吃穿用度，全是哥哥姐姐等全家人的接济，她的每一次人生改变都少不了他们的帮助，他们是亲骨肉，他们的爱像一道道围栏，而她就是围栏中的小羊羔小马驹。她不忍心忤逆他们的关爱。

失魂落魄的杨素静拿起电话："我们俩不合适，家里不同意我俩再交往。"她尽量使自己的语气听上去很平静，但在电话的那端却是难以掩饰的，她声音颤抖，话筒也几乎从手中脱落。挂断电话，她已泣不成声。

吕强一次次地打电话给杨素静，她盯着显示屏，咬着嘴唇狠心不接。

吕强跑到单位来找她，她躲在楼上不下去。大姐派来接她的车也不给她一秒钟犹豫的时间。听哥姐的话，尽快把他忘掉，重新回到一个人的生活中去。

美好如初

有人还蒙在鼓里。

李桂兰比以前更喜欢杨素静了，约小静逛街吃饭，得到的回答却不似从前：今天不方便，明天有事，后天没空。小丫头不再有请必到了，李桂兰一头雾水。不过她相信自己的眼力，看好儿子与小静的姻缘。

有人敲响了李桂兰办公室的门，送来了几个大包袱，还附上了一封信。小杨姑娘送还了李桂兰给她买的所有衣物，一封长信，明明白白地写着：我们还像从前那样，做好朋友，和你儿子吕强也做好朋友，做最好的朋友。我内心很不舍，心很疼，但我不想伤害我的哥哥姐姐……李桂兰恍然大悟。

这个家离不开你,离开你,这个家就不在了;你在,这人家才在——李桂兰用这样的表述,诚恳地甚至是央求杨素静驻足在自己的生活空间之中。在她和儿子心中,杨素静是不可或缺、不可替代的选择。

1993年的那个农历年,李桂兰家愁云惨淡一片哀声。

正月十五这天,娘俩采取了特别行动。吕强站在大马路中央,仰头望着那个曾经熟悉的窗口,高喊着:"小静,小静……"

李桂兰抱着杨素静送还的包袱,坐在小静姐姐家门外的楼梯上,嘴里念叨着:"你们一家年过得好好的,我们家没有杨素静日子就过不下去了……"

姐姐、姐夫打开屋门,把不速之客让进家中。

俗话说,树怕扒皮,人怕见面。两家人拾起筷子端起碗,有什么事摆不上台面,有什么心结解不开,有什么分歧说不拢?

面对心中的女神,吕强一个劲儿地表白:"我会对你好,我会对你好……"

真诚的话语,解开了心锁。

风平浪静。和好如初的恋人,破涕为笑,手拉手,匆匆去赶新华电影院新上映的一部爱情片。

琴瑟和鸣

1998年的"五一",在爱情马拉松的长路上奔跑五年的吕强,如愿以偿地抱得美人归。杨素静一袭白色婚纱,新郎咧着嘴,和新娘交换了戒指。

婚礼上,有人问:"你们吵过架吗?"

新郎答:"吵过。"

问:"不影响感情吗?"

答:"不,越吵感情越深。"

婚前,吕家媳妇业已辞去了修理厂的会计,一心做全职太太,同时料理家里的浴池生意。

新婚的生活如同蜜一般甜。

吕强初中毕业的第二年，等到他走进体校，走出校门时，已是一名身高一米八、体重一百公斤的摔跤选手。这个曾获1992年辽宁省第六届运动会少年国际跤第七名的年轻教师，先是出现在公用技校的操场上，几年以后又穿上了公用事业局稽查大队的制服。

杨素静和吕强结婚后第二年冬天，李桂兰心疼儿子每天在公交线上稽查违章的小客车，拿出一千元让小静给儿子买件羽绒大衣。

那天，小两口逛到钻石城商场，吕强相中了一件女式水蓝色的校哔大衣："媳妇，买了吧，你穿上肯定好看。"杨素静错愕："我们是来给你买大衣的，怎么换成给我买了呢？"吕强执拗："你穿上好看，买了吧，我穿啥不行，再说巡线都是坐车，冻不着。"七百块钱，吕强给杨素静买下了那件大衣。

媳妇不吃肉，吕强变着法地劝。媳妇提出条件，你忌烟三个月，我就吃。吕强真的一狠心把烟忌了。有一天，正在厨房忙活的吕强犯了瘾，刚偷摸把烟点上，就被嗅觉灵敏、明察秋毫的小静发现了。吕强手忙脚乱，像毛愣小伙做错了大事，麻溜扔掉了烟。杨素静被逗笑了，丈夫是她的守护神，只要她高兴，他什么都可以为她去做。

他们的婚姻生活仅仅两年，几乎没红过脸吵过架，相亲相爱，相敬如宾。

吕强一直想把杨素静手上的那枚白金戒指换成更好的。在天成珠宝店的玻璃橱柜里，吕强发现了一个标价"50"的钻戒，他简直不敢相信眼睛。结果，招致售货小姐的抢白："先生，你看清楚，后面还有一个'万'字呢！"羞愧的吕强红着脸说："媳妇，等我赚够五十万，肯定给你买一个最好的戒指。"

他们去体育场看足球比赛，看见别人做人浪，杨素静也跟着站起来举起双臂，回头还问："进球没？"吕强逗她说："进没进球你都做人浪，净跟人瞎起哄。"

在家里，婆婆儿子儿媳围坐打扑克，无论输赢，转圈的永远是强哥，小静妹妹从来不转，理直气壮、蛮不讲理地耍赖。

年龄还小半岁的强哥凡事都让着宠着小静妹妹。他对她的爱几乎是无条件的。如果有，杨素静说那也是她能做到的。婚礼前的一天晚上，新郎官上门接被褥运行李，郑重其事地对新娘子说："咱俩以后过日子，你对我怎么都行，在家干不干活儿都行……我最担心我妈，她的脾气你也知道，你们吵架的时候，你不要骂她，你做到了，我就把你捧上天，这是我对你唯一的要求。你要骂就骂我，骂多难听的话都行，骂我啥都行。"

杨素静情意绵绵地回答："我从小到大，也不会骂人，你不用担心，我对你好，就对你爸妈好，我不和他们争，也没有必要。我没有爸妈，就把你的爸妈当自己的爸妈，我孝敬他们，给他们养老。"

一语成谶

世事难料，当年杨素静和吕强的一番情话，竟然成为她之后十多年的生活现实。

2000年，他们的千禧宝宝已经孕育在杨素静的腹中。准妈妈的妊娠反应特别强烈，恶心，呕吐，食欲不振，头晕乏力，准爸爸心疼地看在眼里，心中的宠爱呵护无以复加。半夜，妻子想吃冰糕，他起身下楼去买；夏日炎热，妻子坐卧不宁，他就陪着下楼散步，一边走还一边问："你想吃啥？我去买。"可当想吃的东西跋山涉水地买来了，她眼瞅着又一点儿胃口也没有。出门乘坐公交车，他把挺着大肚子的妻子扶上去，车上人多拥挤，他大身板一横，粗壮的胳膊一张，把她严严实实地保护起来；车到站点，他先跳下车，候在车门口把妻子扶下来。他爱妻子，在外人眼中甚至有些依恋，他时不时用岩浆般炽热的拥抱和柔情蜜意的话语表达对她的爱怜。

在同学朋友的印象中，吕强的性格有点儿呆，沉默寡言，不善交际，但回到家里的吕强，话特别多，什么都愿意跟老婆叨咕。

吕强的父亲，性格内向，在家干的活儿比说的话多，好了歹了也不挑。虽是一个机关的工会干部，却好钻研有内秀，甚至照着一本书把给浴池拉水的车修好了。

吕强的母亲李桂兰，性格外向，情绪外露。小时候带吕强去游园，还把他掉进了湖里。骑自行车送他上下学，脚绞在车轮子里不知多少次，他疼得嗷嗷大叫，她才发现……

杨素静感受到了丈夫对她的信任，他的袒露心声令她动容、落泪。她庆幸遇到了他，她贫穷，不富有，没有父母的爱，也没有值得夸耀的容貌，但他却深深地爱她。她更加珍惜得到的幸福，爱这个男人，爱这个男人的一切，包括他的父母。

四口之家其乐融融。小两口陪着李桂兰出门，她总是挎着婆婆的胳膊，而把丈夫晾在一边，看上去她们是亲娘俩，跟着的是姑爷。

有一天，吕强神情忧伤地对她说："媳妇，我做了一个梦，不好的梦，不说了……如果有一天，我没有了，你能想我吗？"

她说："不许乱说，我们会一直好。"

那时，杨素静腹中的孩子已经六个月大了。

晴天霹雳

杨素静听吕强的同学讲过丈夫的传奇故事。

上小学四年级时，吕强在路边捡到一个钱包，内有工作证和四百元钱，吕强和另一个同学在原地等了两个多小时，最后他们把失物交到学校。学校设法找到了失主，失主感动不已，执意见见拾金不昧的好学生，吕强却不好意思去见人家。

上初中时，班里有同学被开水烫了，行走困难，吕强挺身相助，主动接送这名同学上学放学一个学期，风雨无阻。

上初三时一天的傍晚，在自己家附近，吕强和同学遇见一个神色慌张的年轻女子，她说有一男子尾随其后，请求他们的救助。吕强他们机智地将女子藏于楼门内，然后守住大门。尾随的男子前来询问，并要冲入楼门内找人，吕强他们堵住大门，与寻衅滋事者搏斗起来，最终将其赶跑。

有天晚上，吕强正在家看电视，突然传来急促的敲门声，隔着门，一名男子对他说自己正被一群人追杀，身负多处刀伤，吕强不由分说，将素不相识的男子让入家中，为其包扎，还给人家二百元钱，下楼叫出租车送陌生男子回家。

…………

杨素静总是叮嘱吕强，热心助人，帮护别人的时候，一定要先保护好自己。吕强总是笑着要她放心。

厄运的大鸟悄悄地张开了黑暗的翅膀。

那天晚上七点，稽查队员将参加一次夜查黑出租车的特别行动。晚饭过后，吕强安顿好妻子，取道烈士山南麓英泽湖边，抄小路赶往几百米外的稽查大队。他的队友们也在吃过晚饭后从家里赶往集合地点，然后分头去各处路口查处黑出租车。

有求救声传来："救命啊，救命啊，来人哪……"声音是突然传来的，一声比一声凄厉，吕强屏息静气，辨别声音传来的方向。

他发现了情况。不远处，草丛中，一个干瘦干瘦的家伙，正晃动一把寒光凛凛的短刀，从身后勒着一个姑娘的脖子。姑娘面无血色，头发校服凌乱，拼命挣扎，拼命呼救。

那晚，姑娘正在英泽湖畔约会，被寻机作案的歹徒劫持、控制。无辜的一对儿恋人想不到，他们撞见了一个穷凶极恶的歹徒。歹徒逼走姑娘的男友，叫他乖乖回家把钱取来，才会放人。姑娘的男友无奈……

吕强并不知道，他遭遇了一个曾因盗窃获刑十二年的惯犯，当年出狱恶习不改又因盗窃被劳教三年，五天前从劳教所逃脱，在大连、金州等地流窜。事发当天下午，歹徒在站前饮酒后，晚间窜至烈士山下伺机抢劫，见一对学生模样的男孩女孩正在散步，便刺伤男孩，劫持女孩，男孩无奈跑去向女孩的家人求援……

但对面的歹徒也有所不知，热诚而无畏的解救者——吕强曾经获得省级摔跤比赛的好成绩。

"你放开她，冲我来。"

"滚开，别没事找事，我扎死你。"

像他名字一样勇敢、强壮的解救者，在闻讯赶来的女孩家人和过路群众的协助下，三下五除二将鼻青脸肿的歹徒制伏于地。吕强用手机报了警，大致说明了案情，又向队里请了假——搏斗中，气急败坏的家伙在他的肚子上捅了一刀，他要去医院包扎包扎。

独自来到医院的吕强，因失血过多，抢救无效，事发当晚永远地闭上了眼睛。歹徒的尖刀刺破了吕强的肝脏。因与歹徒搏斗，他的制服沾满了泥土，兜里的手机上血迹斑斑……事后，吕强的队友在搏斗现场，发现了吕强遗落的圆珠笔。

杨素静最后一个获知噩耗。当姐姐、婆婆和吕强的队友把她接到医院，正是吕强躺在铁床上被推向太平间的一刹那。怀孕六个月的杨素静，在2000年10月24日，目睹自己的至亲至爱消失在那个漆黑的夜晚。

那个魁梧、温暖、细心，深深地爱着杨素静的男人走了，永远地走了。

孝义为重

杨素静想生一个男孩，因为吕强喜欢男孩。吕强曾忧心忡忡地对她说："若是生一个女儿，她长大嫁了人，我们俩可怎么过呀？"

杨素静找人占了一卦，没有结果。

吕强满不在乎地说："我们的孩子，男孩女孩我都喜欢。"

可对这突如其来的一切，杨素静久久地缓不过来神，他们幸福的小家，如同跌入了黑暗的深渊。

"这个孩子你还生下来吗？"

"没有男人，一个女人可不好过！"

"你想过没有，以后你拉扯一个孩子，难着呢！"

家人、朋友、好心人议论纷纷，为她的将来担忧。

悲痛中的公公婆婆也在取舍中纠结。

吕强的灵棚在楼下搭了好几天，她第一次见到平时表情坚毅的公公落泪哭泣，半年后，经受失子之痛的公公心口疼痛，血压急升……

2000年12月25日，西方圣诞节这一天，杨素静和吕强的女儿降生了。月子里的杨素静虚弱而忧伤，她给女儿起了个喜气的小名：圣诞佳美。同时，还有一个寄托着她无限哀思的大名：吕念强。

全家人都来探望她们母女，唯独不见公公。杨素静心生疑惑，她想让每个亲人迎接女儿的到来，分享她的快乐。小女儿长得像爸爸，尤其是嘴巴，更像爸爸，公公婆婆见了多高兴啊。

姐姐说："老公公怎么能到产房来看儿媳妇呢?"

姐姐说得理由充分，杨素静不再分心。

其实，当天杨素静的公公也因心脏病发作住进了医院。

得知病情，还在坐月子的杨素静裹了里三层外三层，从铁西区医院跑到鞍钢集团总医院神内病房探望重病中的公公。

她耳边回响着对吕强说的那句话：我对你好，就对你爸妈好……我没有爸妈，就把你的爸妈当自己的爸妈，我孝敬他们……

吕家似乎有家庭病史，小念强一岁时，她的太爷爷病逝，两岁时，她爷爷的两个弟弟也相继离世，皆因心脏病发作。为了进一步治疗，杨素静四处为公公张罗做心脏手术的费用。公公说，手术就不做了，做两个支架至少七八万元，不做了，孩子生下来就没爸，以后用钱的地方多着呢，给孩子省几个吧。

2012年初夏，杨素静带着小念强去鲅鱼圈度假，途中突然接到婆婆打来的电话，她公公病情恶化不省人事。杨素静赶紧在熊岳下了火车，打了辆出租车赶回鞍山。到了家，她紧接着上了120急救车，护送公公去中心医院。

在重症监护室外，杨素静五天五夜等待着抢救的消息。公公生病三四年，半夜常常心口剧烈疼痛，陪侍左右的杨素静没睡过一个囫囵觉，陪着去医院输液，一扎就是七八个小时，回到家还要悉心服侍，去药店买三四种特效药。公公久病耐药，血压降不下来，她又四处求医问药，问同学，问朋友，挨家挨户到药房打听……最后那一天，她噙泪给弥留之际的公公换上衣服，公公抓住她的手，眼里充满感激，颤抖着说："我们一家欠你的情啊，我们感谢你……好好带孩子，别太委屈着自己……"

舐犊情深

那一年，小念强正在上小学。妈妈的坚强和细心在她幼小的心灵烙下了深深的印迹。

没有了丈夫的女人，感受到了四周投来的异样目光，他们和她们都以为杨素静是一个离了婚的女人，一个单亲妈妈，手忙脚乱连滚带爬地拉扯着一个孩子。

杨素静心想，对于自己，她什么都可以不在乎。但对于女儿，除了没有爸爸，其他什么都不可以没有。她一直陪伴在女儿身旁，把女儿打扮得漂漂亮亮，看上去像洋娃娃，她想付出自己的所有，让她快乐地成长。怕幼小的女儿自卑，她一直瞒着女儿"爸爸在哪儿"。小念强八岁那年，央视举办一个青少年英语艺术表演选拔赛，杨素静和女儿投入了极大的热情，按照网上的视频，她给女儿选歌编舞，节奏感很强的英文歌曲《铃儿响叮当》成为最终的选项。怕受到干扰，孩子放了学就在家里练习演唱。初赛鞍山，复赛沈阳，全国百强决赛北京，小念强比赛七天过关斩将，直取儿童组组合金奖。

万万没想到，出自钢都小学同一个班的这对儿洋娃娃组合发生了内讧。口角之中，杨素静精心编织的美丽谎言破灭了。

"你没有爸爸……你爸爸没有了……你妈妈在撒谎……我要告诉所有的孩子不跟你玩……野孩子……"

在场的杨素静如同冻僵了，泪水夺眶而出。

小念强也如同遭受了电击。载誉归来的小明星闹着不去上学了。"我要转学，我不上学了……爸爸这么傻，为什么不好好保护自己，受伤了，死了，不管我了……"

杨素静在家陪伴孩子一周。她自责，她悔恨，自己不该一直瞒着孩子，她想慢慢告诉她，她骗女儿爸爸出国了，去美国了……

孝老爱亲

婆婆李桂兰患有类风湿病、胆囊炎、滑膜炎。2012年杨素静送婆婆在双山医院做了骨质疏松瘤手术，从右膝盖取出鸡蛋大小的瘤。

当时小念强正值小升初，上课，补课，又接又送，作为公交公司通卡公司的充值员，一个萝卜一个坑，根本走不开，真难哪。她好强，但家里有事，从来不说，从来没因家里有困难找单位，她有一个信念，豁出性命也要守护好这个小家。

婆婆卧床一个多月，杨素静发动她的哥嫂姐姐全家跟着照顾。

五年前，婆婆李桂兰又被确诊为重症肌无力，发病时视力受限，右眼视力0.1，逛街、洗澡、出出进进，像当年李桂兰带她一样，杨素静带着婆婆去拔火罐、去扎针灸、去看病、去药房……

腿脚不利索的李桂兰，变得爱发脾气，她心烦，在小念强学习时踹门，玻璃踹坏了好几块，杨素静不吱声。

婆婆说自己患上了抑郁症，动辄扬言跳楼，正在服务窗口忙碌的杨素静撂下电话就往家跑。

杨素静的心里，一直记着对吕强说的那句话：……我没有爸妈，就把你的爸妈当自己的爸妈，我孝敬他们……

傍晚六点下班回到家里，杨素静是生着三头六臂的哪吒。

买菜，做饭，去学校给孩子送饭，在学校附近的自习室看着女儿把饭吃了，接着面对面考英语单词和古文背诵，然后接孩子回家，半夜十一二点到家洗漱就寝……忙孩子，忙老人，连轴转。累，一旦成为习惯，便不觉得累了。第二天早七点，她又在车水马龙之中送女儿去上学，新的一天又开始了。

杨素静和女儿还琢磨出一个小办法：用小纸球儿把耳朵眼儿堵上，就可以安静地看书写字了。当女儿开始做卷子时，她就分身过去，满足婆婆找她唠嗑的愿望，陪李桂兰下楼散步逛街购物。她几乎每天带婆婆下楼，去超市走走转转看看。

作为妈妈，杨素静真是不想委屈女儿，但她无能为力，家里地方太小，放学只能去自习室。她们最早的家毗邻市委党校，八十几平方米的面积。

今年4月，她们搬迁到立山孟泰公园附近，一处只有四十多平方米的居所，一室一门厅。她把婆婆安排在唯一的向阳的卧室，她与女儿住门厅，睡抽屉式沙发床。她想，孩子每天十一二点到家，回家就是睡觉，睡哪儿都是睡。

杨素静不想告诉女儿：女儿，我们卖房子、搬家，是妈妈迫不得已，奶奶患重症肌无力，做手术需要十二万元，我们原来的家卖了三十一万元，新买的家花了十四万元，简单装修又花了几万元，你还要花钱到校外补好几门课……你爸爸见义勇为先后荣获的七万元奖励，妈妈悉数给奶奶看病吃药了……不过，女儿你不用犯愁，妈妈可没有那么弱不禁风，妈妈炒股票，对了，你是不是忘了，你妈妈曾经是一名不错的会计哟。妈妈的网店人气可旺着呢，头花、箱包、化妆品……都很受欢迎。

小念强是爱，是暖，是杨素静希望的帆，生活之中酿的蜜。

女儿上小学时，她去派出所给她上户口，一个闪念，她认为女儿应该有一个新名字：吕胜美。她只是一个天真无邪的孩子，她有她的快乐，她有她的美丽，而不必为妈妈承担更多的悲伤和思念。

2015年中考，优等生吕胜美在北华育中学应考，以759.5分成为状元，考入重点高中。如今，已读高二的女儿是班里的组织委员、数学课代表、小组长，课余时间弹钢琴、下围棋、唱歌跳舞——一个文静、懂事、上进的女生，今年夏天作为鞍山中学生代表队选手，赴葫芦岛备战第三十一届中国化学奥林匹克（初赛）辽宁赛区比赛。

真爱相依

世界上最宽阔的是海洋，比海洋更宽阔的是天空，比天空更宽阔的是人的胸怀。

夕阳西下，鞍山的万水河如缎似锦，人们偶尔可以见到这样母女两个：亭亭玉立的女儿挽着妈妈的胳膊散步。她们一边走，一边轻声地唱歌，唱《约定》，唱《隐形的翅膀》，独唱，母女对唱。

女儿："妈妈，爸爸娶你的时候，你们说了什么悄悄话？"

妈妈："你爸说我会一辈子对你好。"

女儿："你说了什么？"

妈妈："我说我也对你好，对你爸妈好……我没有爸妈，把你爸妈当我自己的爸妈，我孝敬他们，给他们养老……"

补白：

一年前，鞍山市领导到公交公司走访，得知杨素静的情况，提出必须全力照顾好。2016年3月，杨素静调入公交二公司工会工作。

2013年至今，杨素静先后荣获"最美鞍山人"、省市"诚实守信最美家庭"、第五届"鞍山市道德模范""辽宁好人""孝老敬亲中国好人""中国好人"等荣誉称号。

卜庆祥，鞍山广播电视台副台长，小说作家。

这里有个最美的家

——记"辽宁好人"王霞

祁 顶

引 言

她的微信网名也挺特别,叫作"最美家庭"。头像是她才十个月大、虎头虎脑的大胖孙子。

她只是位普普通通的农家妇女。

看得出来,她的整个心思也都在这个特别的家庭上,在公婆身上,在孩子和孩子的孩子身上,在丈夫身上。这个家庭因为有她,才有了特别温馨的意味。或者说,因为有了她,这个特殊家庭凝聚起一种力量,世俗"幸福"的概念到此打个奔儿,而孝老爱亲的传统美德也有了新的诠释。

她的光彩照人源自她二十年前前夫病逝后做出的一个超凡脱俗的抉择:招上门女婿,继续奉养公婆。

她叫王霞,宽甸满族自治县石湖沟乡双岭子村三组农民。现在,她既履行着做儿媳的使命,也完成了远在天堂的丈夫对儿子的养育之责，更是现任丈夫的好妻子。她用柔弱的臂膀，撑起了一个特殊而又温暖的家。她的事迹辽宁电视台和宽甸电视台都做过报道。2014年宽甸满族自治县妇联授予她"十佳孝心儿女"称号，2016年她被评为"辽宁好人"。

接到让我采写王霞的通知，我一度很犹豫。作为宽甸人，我对她的事迹倒也了解一些，但我觉得这样的工程该由大地方的媒体记者来做。况且报上关于王霞的文字也已经很多了，她那么有名，我能做点儿什么呢？但领导说："要你写得再细一点儿，我们已经反复研究过了，就由你来写。要写好，王霞可是你们全市要推出的两个典型之一啊。"

接着市县有关方面的领导都打来电话，最后乡里负责宣传的朱女士告诉我：她两口子现在在青椅山乡梨树园子村六组的大山里养鸡。

原来王霞和她丈夫在2016年就已经选择了养殖当地鸡这项产业，地址就选在青椅山镇梨树园子村六组山上。他们建鸡棚，养鸡雏，吃住在山上，起早贪黑，当年饲养量就达一千只。

梨树园子六组？这么巧，我的好友王普就住在那儿。他在三十里外的镇中学上班，收入微薄，却有个很贤惠的爱人。爱人百依百顺地为他操持家务，里里外外一把手。更重要的，她不但奉养着公婆，家里还有一位老人——她的光棍叔公。

直觉让我感觉到这当中的联系。我马上打电话给王普，王普说："王霞是我堂妹……"

"但王霞的养鸡场现在已经不在梨树园，已经转到赫甸村了，原来的养鸡场准备兑给别人。"王普说。

赫甸村原来就是赫赫有名的赫甸古城所在地。

赫甸城作为宽甸六甸中保存最为完好的古城堡，已于1988年12月被定为省级文物保护单位，听说作为宽甸一个重要的旅游景点，目前也正在研究开发之中。

王普为我打的一辆出租车在古城边的乡间土道上几经辗转，看看实在找不到王霞养鸡场的路径了，我就只好再打电话给王霞。王霞说:"这样吧,你到村部等着,我让对象去接你。"

二十分钟左右,一辆农用四不像车突突开到我身边,慢慢停下。一位四十多岁的壮汉跟我打招呼,确定准了,就下车热情地向我伸出手。我看他很有点儿像老电影《英雄儿女》里的王成,只是个儿高出一头,浑身透着憨实气。

他就是王霞的爱人姜彬。正是这个铁塔似的男子,与王霞共同构筑了一个孝老爱亲的佳话。

农用车在古城脚下的乡间土路上又一阵颠簸,驶上一片辽阔的"高原"地带。我知道,他们的养鸡场快到了。触目尽是些低矮的栗子树和各种果树,白色的野蒿子花在风中摇曳着,远处青翠的山海浪般漫向天际。

"这是东港市一个老板承包的,方圆将近两千亩。"姜彬指着说。

"老板不知怎么找到我,让我给看管着,希望我成为一个股东,他让我在这儿发展项目,也允许我在这里发展养鸡,看情况他也可能给投资的。"

"我已经把梨树园子鸡场的鸡转到这儿来了。我的想法王霞都支持,并且愿意陪着我在这荒山野岭守护着。"

"那么家里呢?"我问。

"家里有叔婶帮着照看,还有大儿子,儿媳,他们照看大孙子之外,还得照看房前屋后的地,那些芋头,还有地瓜。"

我知道,他所说的"叔婶",其实是王霞的公婆,儿子儿媳和大孙子,其实也是王霞的。而他自己和王霞的儿子,或者说"二儿子"此时因家境困难辍学在大连打工。

农用车在一排简易的房舍前停下来。一位四十来岁的清秀女人迎了出来,我知道这就是我要采访的主人公了。

她有些纤弱,苍白的脸上掩饰不住的疲倦,语言也有点儿矜持。这些都在修改着我心目中壮壮实实快言快语的农家妇女的印象。甚至,眼前的她,与报纸电视上呈现给人的"模范"形象似乎也有些距离。

屋内的陈设很简单，迎面窗下一个小炕，地中间一张小床，物品摆放相当整齐。

我就问到她的身体状况。

"不怎么好。"她说，"去年动过一次手术。现在常常贫血，说昏迷就昏迷过去。

"我十多年前就发现自己得了肝硬化，不得不吃保肝药，那药一盒就得一百七十元，一年得吃掉将近两万块钱。吃了三年，后来就觉得吃不起了，就只好停下来了。

"现在只能吃点儿苏子油维持着。养鸡场和家里的各种活计都压在身上。经济上的压力更大。

"盖房子花了二十多万，紧接着是大儿子结婚。小儿子实在念不起书了，就去大连打工去了。

"我好天就在这养鸡场忙活，雨天还得回家，家里还栽了三万株地瓜，还有些芋头。饥荒多，不干不行啊。"

这就是说，她的那些孝老爱亲的事迹都是在这个背景下做的了。

模范是这样炼成的。

"那你起初怎么就把养鸡场选在梨树园子呢？"我问。

"我娘家就在那儿啊，我就在那儿出生的。乡里乡亲的，办什么事都比较方便。"王霞说。

我的脑海里浮现出青椅山乡一个同样处于"高原"地带的小山村来，二十多户人家散落在山坡上，青堂瓦舍，俨然一处世外桃源。当中有一排房子长出几间，前面的院落也稍大一点儿，那就是梨树园子小学了。我因好友王普住在这儿，对这里特熟，我甚至不用亲临就能知道王霞的养鸡场的位置。

这里也是王姓家族聚居的地方，他们的亲属关系很少有出五服的。而且这个地方颇保留些淳厚的风俗，七十岁以上的几乎都老有所养。王霞自幼跟爷爷奶奶生活在一起，也目睹了父母对他们的孝顺。

这里风景如画，但人们的生活却并非牧歌式的。王霞在这里长大，从小饱尝了生活的艰辛，因而也养成了吃苦耐劳的性格。她说她那时虽然念书，但家里什么活儿都干。有一次她给生产队拔苞米苗，正是艳阳高照的天气，忽然一阵头晕目眩，她发现鼻子出血了，可兜里连个手绢都没有，就用苞米叶子不停地擦血，结果把鼻子、嘴都擦得火辣辣地疼。

"我只在梨树园子念到小学毕业，就没有再上学。"王霞说。

1988年二十岁的王霞嫁到曾家，对公婆就像对自己的父母一样，家里家外的活儿抢着干。她和丈夫同心经营着小店的生意，日子过得红红火火，和和美美。次年他俩有了可爱的儿子。

但丈夫却生了病，开始是头痛，吃点儿药就能缓解，后来痛得难以忍受。到县医院检查，医生说这种病很难治，只能回家用药慢慢地调理，就开了三个月的药。不想药吃完一点儿都不见起色，反而日渐重了。王霞就让婆婆带孩子，和丈夫去了省城医院检查，检查结果与县医院相同。

在王霞的记忆里，那一年仿佛整个夏天都阴雨连绵。一向快言快语的婆婆也很少说一句话，丈夫在炕上，眼睛直直地望着天棚。王霞看得出来，他想放弃治疗了，就竭力劝他，坚定地说："为了孩子，为了我，为了这个家，你要坚持下去，再苦再难也要治病。"

但丈夫的病情还是一天不如一天。

王霞表面还正常一边照顾着小店的生意，一边又带着孩子。可是一天下来，她的眼泪在没人处就涌流不止。

最终，丈夫还是留下遗书，自行离世了。

丈夫的遗书，其中有一段就告诉父母不要为难妻子，让她找个好男人嫁了。婆婆也对她说过："王霞，你还年轻，找一个好男人改嫁吧。"

她说，再嫁可以，但要招个上门女婿，女婿必须和她一起赡养公婆，必须得对老人好，对孩子好。否则宁肯不嫁。

"我能做出这样的抉择，其实也是我父母的意见，而且起了决定性作用。"王霞说，"我娘家父母是乡亲公认的心眼儿最好的人，他们凡事总愿意替别人着想。"

姜彬小王霞三岁。他深知一个女人能做到这些，定是心地善良、脚踏实地、会过日子的好女人。他郑重地向王霞承诺：你的公婆就是我的父母，你儿子就是我儿子，我们一起把这个家撑起来！

1998年，姜彬与王霞的儿子出生了，王霞的公婆逢人就告诉："我又有一个孙子了。"公婆视孩子如亲孙，精心帮助抚养照顾，孩子也把他们当作亲爷亲奶。转眼孩子也长大了。

我眼前四十六岁的姜彬，正是那种让人一看就百倍信赖的男子汉。

"她昨晚看着给鸡打疫苗来着，没怎么休息好。"姜彬向我解释说。

我也看出了王霞有点儿疲倦，就对王霞说："那今天就先到这儿，你先休息一下。一会儿让你对象陪我看看你们的养鸡场吧。"

我们走出门，先看孵化间。临出大门，我看到院的南侧方圆延伸了很远的地方都用丝网圈着，里面是些半大鸡雏，呼朋引伴地在它们的王国里或跑或飞，好不热闹。

"这些鸡跟圈养的不同，它们就在这广阔的天地里自由生长，就像农村的当地鸡，肉质格外香。客户特别欢迎。"姜彬介绍说。

"有多少只？"

"两千只左右。不过都是合伙的。"

"你们在梨树园子那个养鸡场效益不也挺好吗？"

"主要还是这里的发展空间大，再说赫甸城如果开发成旅游景点了，这里的商机很多的，就不仅仅是养鸡了。"姜彬说。

这时王霞也向这边走过来，身后还有五只黄毛鸭雏由两只黑色的大鸭雏领着，呱呱呱地跟了过来。王霞转身往回轰它们，它们就站住。王霞拔脚走，它们就又跟了过来。

"你看见前面那两只黑色的，那是大雁，用大雁蛋孵化出来的，长大了就能飞起来了。不过它们不管飞多远，都能自己找回家来。"姜彬指着说。

我蹲下来用手抚摸着一只大雁的后背，那只大雁竟也蹲下来，扁着身子让人摸，我们大笑。

"整天有这些小玩意儿做伴,也挺有意思的呢。"王霞说。

我们走一路,那七只小东西就跟了一路。

王霞的家坐落在石湖沟乡双岭子村三组的201国道边上。这是一栋宽敞明亮的新房,红色的琉璃瓦,塑钢门窗。院内停放着两台农用车。走进屋,真感觉窗明几净。

我原本约定昨天来这儿的,但王霞打来电话,说鸡场忙着打疫苗,前晚一夜没合眼,于是便改在今天。

婆婆到昆明女儿家去小住几天,前几天刚走。公公在地里拔草,大儿子和儿媳正在哄着孩子玩。小孙子长得虎头虎脑的,兜着车子在屋地上跑来跑去,特别招人喜爱。

"我小姑家住昆明,也曾想把我公婆接过去住的,但公婆并不想去。我也想,小姑虽说是他们的亲生女儿,但我们在一起毕竟生活三十多年了,也跟他们的亲生女儿一样了。有时公婆碗里有了剩饭,我很自然地拿过来就吃。下顿给他们盛上的还是新鲜的。"王霞说。

话题转到这栋刚刚建起的房子上。王霞家原来的房子是公公几十年留下来的老宅,墙壁是用石头垒起来的,屋内设施非常陈旧,每到冬季门窗封闭不好,室内温度很低。王霞夫妇看到老两口年纪已高,为了让他们安度晚年,有一个舒适、温暖的住所,2014年,他们投资近二十万元将老房进行了翻建,建起了一栋一百二十平方米的高标准民宅。

"看来这房纯是你们自己建的,并没把工包给别人。"我转向姜彬。

"我和王霞在建筑工程队打工足有五年时间,很多活儿自己就会干。"姜彬说。

"那时候是我们当小工。"他们的大儿子说。

感受着这个特殊家庭浓浓的亲情,我也难免想到另一种情形:假如王霞在丈夫去世后做了另一种选择(这样的选择又是多么的无可厚非),那么这个家庭可能就不是这个样子了。

笔者一向特别相信孝心的传承性,就是说,孝心往往都是一辈传一辈的。长辈的言传身教对子女的巨大影响力，是完全可以胜过这个社会的某些负面影响的。而且我又特别相信爱心的传导性，就是说哪里有爱，哪里就必有一个强大的磁场，凝聚爱，传导爱，释放爱。

王霞就是这样用自己瘦小的肩膀，扛起了一家人的喜乐。虽然一家有五个姓氏，但是，她、丈夫和公公、婆婆和睦相处，对待公婆胜似亲生父母。公婆逢人便夸"俺儿媳妇就是俺的亲闺女，甚至比亲闺女还亲"。

"我们家四代五姓，还有四个党员呢！"王霞俏皮地说。

我又产生了兴趣，问："四个党员，哪四个？"

"婆婆，我，姜彬，还有我们的大儿子，差点儿够个支部了。"王霞说。

正说着话，我见一位老者从大门进到院里来，在苞米仓子底下坐着休息。王霞说这是她公公从地里回来了。

我出去跟他见面，就闲聊起来。

问起他的工作，他说他是1966年的复员军人，复员后就一直在供销社工作，现在已经退休将近二十年了。

老人还讲起一个事情：

儿子死后不久，他突然又得了胃穿孔，很重的，在医院一住就是半个多月。王霞忙前忙后地细心护理，按时按点儿做各项检查，洗脸、洗脚、喂饭，不知情的外人还以为他们是父女，说："老爷子你真有福气呀，养了这么孝顺的闺女。"手术后，因为公公每顿饭不能多吃，她就一天做五顿饭给公公吃，让公公多顿少吃。公公上厕所不能下地，大小便就在炕上解决，洗脚、擦身她也亲自动手。在她的精心照顾下，三个月后，老人很快康复了。

"我住院时她自己的爷爷也病了，这孩子忙过我这边又去忙那边，接连伺候着。有一次她两天两夜都没合眼，连我的老伴看了都心疼。"公公说。

"病房患者满了的时候，她连躺下睡觉的地方都没有，只能坐在凳子上打盹休息一会儿。"公公接着说。

"这孩子心眼儿就是好。"老人不无感慨地说。

我又向王霞询问这当中的有关情节。

"那两年家里的事一件接着一件,我真感觉天要塌了。

"公公临进手术室时握住我的手说:'王霞,这些年你就是我们曾家的顶梁柱,我要是下不了手术台,相信你不会把你妈丢下,帮我照顾好她,我们曾家算是永远都欠你的了。'

"当时在场的人都哭,我更加感觉到我的生命已经不是我自己的了。"说到这儿,我的心里一酸,她的眼圈儿也红了。

通过谈话我还知道,公公的老人也是在他这儿养老送终的。

我这才知道:他们家在养鸡之前,竟有十多年的打工生涯。他们每年都要到建筑工地干活四至五个月,刷涂料,放板,建房,哪样都干。2014年姜彬去了尼泊尔干建筑,却正赶上强烈地震,幸得平安返回。

于是话题又转到老人身上。

"那你娘家老人现在谁养着呢?"我问王霞。

"只有我爸了,目前哪儿都不想去,自己过呢。这也是我眼下很挂心的。"

"你对象家的老人呢?"

"他老妈八十一岁了,目前又找了个老伴一起过。姜彬家姊妹四人,就他一个儿子,我也主张姜彬把老人接过来。谁家的老人都是老人哪,我也不能只想着自己呀。"王霞笑着说。

"平常还能有点儿娱乐活动吗?比如打个麻将什么的?"我问。

"我们家谁都不玩麻将。公婆不玩,孩子不玩,姜彬也不玩。我的娱乐活动也无非是养养花,绣十字绣——"她又说。

王霞:"我们婆媳之间也曾有过矛盾。"

再次专程去王霞的家采访,已是十天之后了。我发现园子里的芋头又高出一大截子,叶子已经转为苍翠的颜色。墙边的玉米冒出了粉红色的缨子。

这期间,王霞两口子忽然又有个重大决定:他们要退出赫甸城那个养鸡场了。鸡雏,就是我们先前看到的那些,转给他们合伙的另一家了，他们只养着那些大鸡，待秋季卖出。

我觉得可惜，王霞说："实在没办法了。老婆婆去了昆明我小姑家，小姑得了病，恐怕一年半载不打算回来。家里公公照看着家和地里的一切，却又吃不上饭，我们在赫甸山上的养鸡场更是离不开人。左思右想，就只能舍了山上那一头了。"

"好在那些大鸡可以不用天天去看着。"她说。

话又转到正题上，我问："婆媳之间怎么说也会有矛盾的，何况你老婆婆据说很厉害，性子也急。"

"我嫁过来之前别人也都有过这个担心，可是我发现婆婆就是那种通常所说的刀子嘴豆腐心，说话喜欢直来直去，心眼儿其实蛮好的。

"我们也吵过两次架，其中一次是我丈夫死后不久，她大概也是心情不好，在家里大发脾气。我的心情也正糟着，实在听不过，就接茬了。结果她气得两天没吃饭。我早晨过去，见她还躺在炕上怄气，就对她说：'咱娘俩就吵那么几句，我没生气你倒生气了，你要觉得我说得对就起来吃饭，要觉得不对那你就躺着吧。'她马上就下地吃饭了。

"我的公公跟婆婆正相反，整天也难得听到他说几句话。他性格特别温和，不过心里特别有数。"

说到这王霞就笑了起来，姜彬也笑。

姜彬就讲了一件趣事：

有一次他陪老爷子多喝了几杯，就想逗逗老爷子："咱爷们一起生活也快二十年了，现在新房盖上了，孙子娶上了媳妇，重孙子也有了。您看这样行不行，我和王霞就领着老二出去过。"

"妄想，门儿都没有！"一向温和的老爷子把桌子一拍，圆睁着眼睛。

"你们走哪儿我跟到哪儿，看我不把你的锅底儿都给砸了……"老爷子吹胡子瞪眼，头比以前抖得更厉害了。

说到这儿，王霞两口子大笑，我也大笑起来。

这个想法的产生其实是源于头一天他们对我采访的再一次

拒绝。

我先是发个微信，没有回复。就只好打电话去。过了一会儿她才接，说："我明天要给芸豆地打架，能不能改天？"

在我的印象里，给芸豆插上架棍，也就一会儿工夫，顶多半天，就说："我去帮你打吧。"

"你别来了，不是你想象的那么容易，很多的，地儿又远，一天恐怕都干不完的。"她说。

我只好就将这个采访推迟了一天。

我们出门，姜彬领着，向房西越过一片芋头地，走上一个陡坡。才进入"高原"地带，眼前竟又是一大片比较平坦的农田。这儿由于离青椅山不远，地形地貌仍有着那地方的特征：原上有原，原上有山，山上还有人家。而每一条河边，又有立陡的石壁。

姜彬把属于他的地瓜地、玉米地指给我看，说着说着我们又到了高原上另一座山脚下。再向坡上登，才到了他们的芸豆地。芸豆地有三趟，间植果树。每趟都没入山的那边，而芸豆架棵儿只打了两趟。

"我是把架儿棵用车拉上山，再一棵一棵植进去的。"姜彬说。

"这些芸豆能卖多少钱？"我问。

"也许能卖上两三千块钱呢，更主要的，等卖地瓜、芋头时，把它们一起捎带着就卖了。这样显得品种多些——"王霞一边薅着地边的草，一边说。

我估计着这山上到山下至少有三里地。又看见坡下青纱帐的那边，大树底下隐隐露出几家屋脊的红瓦，原来我们刚才经过的那段山路，竟是这些人家出山的必经之路。

我不知怎么就想起著名诗人梅绍静的两句诗：

年年都这样举起连枷来
一家老小俯仰在坦平的高山顶

笔者自小生活在农村，劳作之苦也吃过一点儿。我能想象到王霞两口子在这片土地上俯仰劳作的场景。他们生活在诗中,但生活本身却是挣扎,而人性的崇高又是在这挣扎中凸显出来的。

当下人们的物质生活水平的确是大大提高了,但国民生活的幸福指数却不容乐观。其原因除了生存压力的加大和生活节奏的加快之外,我想,就是信仰缺失问题了。

孝老,其实就是信仰的实际体现。

中华民族历来就把孝列为德之首位,《弟子规》有言:"首孝悌,次谨信,泛爱众,而亲仁,有余力,则学文。"就是说无论老人健康与不健康,有脾气与没脾气,可爱与不可爱,都需要我们去孝敬。孝敬老人是无条件的,这里要求"孝敬"的"父母",当然是夫妻双方的都包括在内了。

然而当下,老人却处于被"无暇顾及"的状态了。当他们身体还硬实,能动弹的时候,老人往往选择自己过,绝不拖累儿女。老一点儿不能照顾自己的,儿女出钱送敬老院,或者儿女几个轮流照顾。这种不得已老人不可能体会不到。

随着老龄化社会的到来,老人的去处就只能是敬老院了。老人感受不到家庭生活的温馨,感受不到儿孙满堂的幸福,这种情形之下,儿女又能快乐幸福到哪儿去?

而王霞作为一个普普通通的农家妇女,替亡夫照顾公婆二十余载,自身处于艰难之中却能把老人放在首位,以自己柔弱的肩膀,撑起这样一个特殊的却又温馨无比的家庭。我想她是悟到幸福真谛的人,是有信仰的人。并且我还发现,她这一切都做得很自然,仿佛一切都是她分内的事。

有一次我问:"你的事迹是怎么被宣传出去的?"

她说:"这事仍跟婆婆有关。婆婆还是村妇女主任时,乡里让报一名孝老爱亲的典型。婆婆正为人选发愁,有人说:'还用考虑啥,你自己的家不就是一个很好的例子!'于是就把我报上去了。这一报可倒好,整得沸沸扬扬的。

"其实比我做得好的多得是,我们村,梨树园子村都有……"

我想她这话并不仅仅是谦虚。

尾 声

  我不禁又想起半个多月前第一次到赫甸村采访的情景。

  那一片辽阔的"高原",高原上弥望的白色野蒿子花,花丛中欢跃奔跑的鸡雏,还有那七只紧跟着王霞寸步不离的大雁和鸭崽,一晃儿之间,这一切又不属于她了。在她心中,另有一种东西高于一切,再大的事业也挽留不住她。

  那天临走时,姜彬执意要送我去看看赫甸城。

  赫甸古城其实就是一个小小的村落,周遭有高大的城墙护卫着。那城墙是百分之百的本真,下面是极深的根基,上面垒着布满青苔的石头。确切地说,那石头是些火山岩,一个挨着一个,甚至连成了一体,昭示一种永恒,一种无法用任何方式夸饰的永恒。

  那城里只有十几家农户,房前屋后又都被蓊蓊郁郁的青纱帐包围着,甚至看不到人迹。但我知道有一种辉煌在这里真真切切地存在过。

  我还看到那城墙的石缝中已经硬生生挤满各种野生植物,它们顽强地向上生长着,越过城墙,伸向高空。

  我的脑海中不禁又浮现出梨树园子村那一处世外桃源来。我真切感受到有一种精神和力量也在顽强地生长着,蓬蓬勃勃,历久而弥香。

  唐振海,丹东市作协副主席、宽甸第二高中语文特级教师,诗人、散文作家。

朴实善良的苹果树

——记省道德模范营口盖州农民田微

翟营文

序

营口市艺术中心。

庄严隆重的"纪念三八妇女节一〇七周年暨营口市第二届最美女性颁奖仪式"上，营口市委常委、市委统战部部长、市总工会主席亲自把"营口最美女性"的大红绶带披在田微的肩上，顿时一股温暖注入她的心里。这是对她——一个普通农家妇女莫大的荣誉和鼓舞。

给她的颁奖词这样写道：

有一种承担，明知是煎熬。在诱惑纵横、金钱买爱、婚变瞬间的今天，你以一个青春的嫩肩膀，扛起了一个千疮百孔、风雨飘摇却与你毫无关联的家，你的承担，令人深深地感叹！

有一种"爱"，是一个人最坚硬的底牌。在信念坍塌、价值观混乱的现实中，你用最温暖的、无私的爱，温暖了两个孩子的心，为一个几欲窒息的家庭注入了强心剂，你单纯而赤诚的心意，是那么宽广而悠长。

有一种善良，贵在本质。善良是一种选择，心中有爱，才能行中有善。你选择的善，是无人能企及的高度，在给了这个家不一样的生活的同时，也告诉我们：善良的人，对于自己，能自安自足，能去做一切安于良心的事，这样的人，对于夫妻，是一个良好的伴侣；对于他人，是可亲的朋友，对于社会，是安定、美满、幸福的元素。

田微，你的价值，就是你那一颗善良的心灵，使这个社会多了九分美好。愿历尽沧桑之后，你依旧"善良"，清澈明亮。

对她的评价一语中的。

2017年盛夏，一个骄阳似火的日子。我在盖州东部山区一个叫梁屯镇旺兴仁村的农家小院里见到了田微。

听说我来采访，她急忙从山上下来，去屋里换衣服。出来时，忙不迭地说："我去薅草了，天热又不下雨，果树边上的草和果树争水分哪。"她又用手指着周围山上的果树说，"今年还行，现在看还不错。"她的脸上有一种付出辛劳后的幸福。

她的丈夫迟广德把刚下的鸡蛋收进屋里，边擦手边往屋里让我。二女儿凯琳站在爸爸身后，略带羞涩地望着陌生人。院子里干净、规整，看不出一丝一毫经历了命运暴风雨打击后的零乱。相反，他们的脸上始终挂着笑容，那是一种从心底流露出的对生活的满足和自豪。

或者说，是风雨过后的一道彩虹……

屋子是那种农村常见的一通到底的格局，很宽敞，几代人住也不显得拥挤。两位老人一个在灶间忙，一个在炕上逗着孙子。我来到田微和迟广德的房间，田微给我搬来板凳，我们就朋友般地聊开了。

随着话题的深入，一个普通女性的坚忍、豁达、善良和挚爱慢慢展开，使我更深地了解了她选择的艰难和义无反顾，对她有了更多的敬佩和理解。

"谁家没个难处，有事喊我一声儿"

是田微骨子里的"善"，让她和迟广德有了命运里的"缘"。

2011年春天，二十四岁的田微正处于人生的转折点。当时她在盖州市内一家饭店打工，忙起来无暇顾及其他，连给对象打个电话都得挤时间，这也让处了一年多的对象产生了不快。对象在盖州的一个消防队工作，两个人见面很难，年轻恋人间的思念渐渐演变为矛盾，有时打电话没说上两句话就吵起来。田微不知自己该不该放弃目前的工作，好将就一下两人的关系，毕竟自己也是这个年龄了，对象各方面条件都挺好，就是有点儿心眼儿小，有时甚至是自私，只顾考虑自己不管别人的感受。田微越想越心烦，就和姐姐一同在四月十八这天去赶大石桥娘娘庙会。一来是为自己的命运祈福，二来也是散散心。

大石桥迷镇山娘娘庙会远近闻名。正日子这天，附近十里八乡的人都来赶庙会，山上有几千人。田微和姐姐裹在这川流不息的人流中，让她更有一种茫然，她不知道自己前面的命运是什么，也不知道自己会被命运裹挟到哪里。

在庙门口，田微买了一炷高香。她要把心里的话对娘娘倾诉，她听说娘娘是很灵验的。她手举着高香随着人流向前移动。不知不觉中被前面一个跪在蒲团上哭诉的男人吸引了，这个男人三十多岁，拄着拐，腿上缠着绷带，此时他跪在娘娘像前已是泪流满面。

这是一个快要被困难和挫折摧垮了的男人，他的每一串眼泪都饱含着生活的辛酸和苦楚。田微听清楚了，她的眼泪也淌下来。她没有想到，这个世界上还有如此命苦的人，她无法安慰，只能不时把包里的纸巾递过去，这个男人并没有注意到她，即使接过纸巾也没有留意她一眼。这个男人已经完全投入到自己的命运中不能自拔。

后来，田微知道了这个被命运压垮的男人叫迟广德。

迟广德是盖州梁屯镇旺兴仁村人，家里六口人。他从小要强，心地善良。十四岁就帮着家里盖起了新房子，十八岁时自己在大山里一锹锹挖出了一座水窖，让东南沟的四户人家吃上了水，他肯钻研爱动脑筋，学成了建筑工的手艺，在外面干点儿建筑活儿贴补家用。两年前，他和妻子在去外地要工程款的途中发生车祸，妻子当场身亡。他也身受重伤，左右侧肋骨折了十五根，左腿股骨头粉碎性骨折，一直到现在也没有痊愈。这一突然的变故，让这个家一下跌落到谷底。屋漏偏遭连夜雨，念小学五年级的大女儿迟凯玉无原因地双目失明，老父亲一股火出现神经障碍瘫痪在床上，老母亲又查出膀胱癌，这一连串的打击，让迟广德这个家里的顶梁柱再也支撑不住了，他想到了死。在医院的病床上，他不吃饭不吃药，这时家里唯一的健全人二女儿凯琳泣血的呼喊让他重新回到了现实。凯琳哭着喊道："爸爸，你得吃饭吃药哇，妈妈已经没有了，你要是再有个三长两短，我们怎么活呀！"迟广德强忍着泪水，咽下了一口饭……

令田微惊讶的是，中午吃饭的时候，这个男人也坐到了她们的桌上，并且和姐姐聊得挺好。原来，迟广德和姐姐田娜是一个堡子的邻居，处得非常好，田娜经常去帮助迟广德干活儿。田微顿觉亲近了几分，但是她还是保留了几分姑娘的矜持，一顿饭也没说几句话，迟广德更像是没有她这个人一样，看都不看她一眼。快吃完时，田微悄悄把账结了。

如果仅此而已，这一对命运的有缘人可能就此别过各奔东西，他们又回到各自的生活中，但是好像有一根无形的线总是把他们牵到一起。

之后的五月十五是旺兴仁庙会，他们又相遇了。

当时，满山满岭已经绿意葱茏，那些经历了冬天寒冷摆布的树木花草，在暖阳中绽出新绿，仿佛在向世界说出坚持和希望。寒冬总会有尽头，人生总会有盼头。这次他们两个聊了起来。他们从各自的人生际遇聊到对生活的感受，从居住的环境聊到各自的爱好，两颗心有了共鸣。

"你相信神佛存在吗？"

"相信，我相信好人总会有好报。"

"我姐说了，大伙都帮助你家干活。"

"多亏了大伙，要不，我的苞米还不得烂地里啊！"

"那你有啥活儿也告诉我。"

"你，啊……不，不，不用，有他们帮就行了。"

田微把一张写有自己电话号码的字条塞给迟广德，迟广德好像被烫了一下。那不是一张普通的字条，那是一个人的善良和火热的心哪！

迟广德只记得田微说："谁家没个难处，有事喊我一声儿。"

"让我留下来照顾这个家吧！"

过后迟广德冷静下来觉得，那就是客气客气，人家不会往心里去，因为这个家太困难了，别人躲还躲不过来呢。

当时的迟广德家除了旺兴仁东南沟的几间普通砖混房子，几乎是一无所有。就是这几间房子也是多年没修了，原打算要了工程款修房子，后来出了车祸，连带给妻子办丧事和自己治病，以及给老人治病共花去了三十多万。外面能借的亲属都让他借到了，有的亲属还没等他张嘴就给堵回去了，说自己家里也遇到这样那样的困难，有的干脆躲着他走。家里只有三四亩地，自己又是这个身体状况，就是身体好也挣不了几个钱，那些债啥时候能还上啊！

全家人只有二女儿凯琳是个身体健康的人，但她还是一个只有九岁的孩子呀。每天早上起来，凯琳就要给全家人做饭，还要帮助瘫痪在床的爷爷接屎接尿。每天放学回来懂事的凯琳不用大人指挥，就拎起猪食桶喂猪，冬天，小手冻得通红。有一次迟广德看到凯琳的手冻出了口子，他再也忍不住，捧着凯琳的手号啕大哭。懂事的孩子还要劝爸爸，说她不疼，说她能行。

那一阵，家里死气沉沉，听不到欢笑，有的只是唉声叹气。每天天一黑，家里人就早早钻进被窝，关上灯，望着茫茫的黑夜想着各自的心事。

偶尔,也有高兴的时候,那就是小凯琳又考了班级第一名,全家人都会露出笑容,高兴一阵子。但那样的欢笑犹如烛火,一闪就熄灭了,剩下的依然是生活的艰辛和压力。

有时,田微也会和姐姐一起来,帮助这个家干点儿活儿。

田微刚来到这个家时,屋子里东西散乱,电视机和柜子上落了厚厚的一层灰,窗玻璃都是雨水的道子,而要强的凯琳拎着高大的猪食桶磕在门槛上,把膝盖都磕红了。田微一把接过猪食桶,回头又扶起小凯琳。凯琳感激地冲她笑笑,甜甜地叫了一声"姨——"。

就是这一声姨,让田微心里像抹了蜜一样甜。

干完了活儿,凯琳就依偎在她的怀里,听田微和大家唠嗑,那神态就像是依偎在亲人的怀里。

但田微有自己的工作,她在饭店工作也非常忙,有时忙起来半个月甚至一个月也没有时间来,她只好给姐姐打电话,问问老迟家有没有啥事。时间长了,姐姐发现一个问题,那就是:田微总是老迟家长老迟家短,很少问自己家里的事。有一次,姐姐急了,就吼了她一句:"老迟家,老迟家,你是老迟家什么人?"

是呀,她是老迟家什么人呢?从此,田微觉得自己该放下了,不能让一个不相干的家庭占据自己心太多,何况自己的父母身体也不好,也很长时间没回家看望了。另外,自己总是去帮助一个不相干的家庭,对象和她吵得更凶了。在他看来,老迟家困难应该找当地民政部门,她又不是他家的亲戚,管得着吗?田微在心里默默问自己:"是呀,我是不是管得太多了,我有自己的生活啊。"

可是当迟广德打电话过来时,她心头的这些想法一下子就烟消云散了。她在电话里安慰他:"别急,别急,我这就过去!"

迟广德也不愿意给这个素昧平生的人添麻烦,只是他遇到了特殊的困难。原来,大女儿凯玉步入成人行列了(来例假了),但凯玉没有经历过这事,眼睛又看不到,她害怕地躲在墙角一个劲儿地哭。这本来应该是妈妈料理的事,让迟广德一个做父亲的束手无策。他给田娜打电话,田娜出门了,犹豫再三,他还是找出那张字条,把电话打给了田微。

田微来了。她给凯玉买来了卫生巾和好吃的,边帮助整理边安慰凯玉。凯玉也好像见到了亲人,一头扎到田微的怀里,身体抖动得像大雨中的小树……

这个家太需要自己了,田微为自己以前的想法感到羞愧。

从此,不论多忙,她都挤时间来照顾这个家。

窗子明了,地上干净了,全家人的脸上也有了难得的笑容。但是风言风语也在小小的旺兴仁村传开了。"是不是田微要和迟广德搞对象?""不能吧,人家可是黄花大闺女。""不能,不能她咋老往人家跑。"……

这话传到了迟广德的耳朵里,迟广德为田微鸣不平。

可不让田微来,这话迟广德当面无论如何也说不出口。他只能在电话里说:"妹子,哥知道你心里有这个家,但你也老大不小了,可不能因为这个家耽误你的前程,听哥一句,以后别来了,有你姐和大伙照顾就行了。"

田微照来不误。

一天,田微正在帮着迟家挑苹果,爸爸怒气冲冲地闯进院子,一把拽过来田微就往外走,边走边说:"我的脸都让你丢尽了。"迟广德过来劝,老爷子就冲着迟广德一巴掌抡过去,说:"你把我闺女祸害惨了,一名二声的,你让我闺女以后怎么嫁人?"

田微病倒了,一病就是半个月。

半个月的头上,她爬起来,摇摇晃晃来到老迟家,又帮着干活。迟广德看她没好利索,就把她送到诊所。昏昏沉沉中田微紧紧攥着迟广德的手,两个苦命人的心越贴越紧。

病好后,田微做出了决定,嫁到迟家。她拉着迟广德的手:"哥,我真不是一时冲动,让我留下来吧,这个家和你需要我呀!"

"苹果树都能活,人咋就不能活!"

迟广德听到这句话,眼泪再也忍不住了:"好妹子,你咋那么傻,嫁到这个家来,你可咋活呀?吃什么,喝什么?我已经这样了，不能再把你拖进火坑啊，听哥的，找个好人家吧！"

田微坚定地说："苹果树都能活，人咋就不能活？"

家里人听到她这个决定，一片反对声，两个姐姐一个弟弟都不和她说话了，爸爸每次看她回家都躲出去，就连最疼她的妈妈也流着泪求她改变主意："孩子，你从小就是妈妈最疼的，能不能让妈省点儿心！"

是呀，田微从小就特别漂亮，是公认的班花，她也从不刻意打扮，她的美就像熟透的苹果，是大自然赋予的。她还特别懂事，上学到现在很少让大人操心，都是她为别人操心。小时候，家里孩子多特别穷（同病相怜，这也是她理解迟广德的原因吧），上到初中家里供不起了，为了让弟弟和姐姐念书，小田微到后山上偷偷哭了一场，就做出决定：自己挣钱帮助父母养家。十九岁她出去打工，为了这个家她真是付出了太多……

现在，为了自己的决定，她把全家人的心都伤了。

但是，她照顾迟广德一家人的决心是任何力量都动摇不了的。

家里的亲属轮番来劝她，她一言不发，亲戚们叹息着走了。

一天，迟广德的姐姐来了，悄悄地告诉她，给她介绍了个对象。男方家庭条件不错，在盖州市里有买卖，人家也挑，正是听说了她照顾迟广德一家，心地善良才想娶她。可田微说："姐呀，别人不理解我，你咋也不理解我，我要去找条件好的不早找了吗，我是觉得这个家需要我呀！另外，迟广德这人对老人孝顺，对孩子也好，是个可以托付终身的人，你就别劝我了！"

迟广德的姐姐没劝她再找，反而给田微买了一套衣服，说："可苦了你了！"一句话没说完，两人就抱在一起……这套衣服田微一直没舍得穿，一直到去北京参加"全国最美家庭"领奖才穿上。这是她觉得最幸福的时刻。

田微和迟广德要结婚了。这消息像长了翅膀在旺兴仁大山里传开了，就连赶旺兴仁大集时乡亲们碰到一起也都在谈论这件事。

腊月里的人们丝毫不觉得冷，都在为这对有情人祝福。结婚那天，小小的东南沟沸腾了，人们三三两两奔过来，屋里没地方就站到院里，院里没地方就挤到院外。

迟广德问田微有什么要求，田微说没什么要求，你找两辆车就行，一辆坐我们俩，另一辆看我们家里人谁能来就坐。结果，结婚那天，娶亲的车辆有三十多辆，排成一个长长的车队，都是乡亲们自发参加的。他们都为迟广德高兴。

可田微的心里有个小小的阴影，那就是家里谁也没有来。只有姑姑算作了唯一的娘家人。

但田微的脸上一直在笑，她有足够的信心告诉自己，会幸福的！一切都会好起来的！

可眼前的困难还是出乎田微的预料。

首先是钱。

迟广德出院时并未完全治愈，要换被打碎的股骨头就得几万元，现在在家里养也得吃药，加上患膀胱癌的婆婆和瘫痪在床的公公吃药，小凯琳要开学了，学费到哪里去借，已经是求借无门了。

更有甚者，要账的堵上门来。

一天，田微刚从田里回到家，看到大地里的苞米就要成熟了，一棒棒的苞米已经露出丰收的模样，她的心里泛出希望和快乐。只要付出劳动就会有收获，老天爷饿不死瞎家雀。可她刚进门兜头就是一盆凉水，两个要债的正在冲迟广德吼，吼声在院子外都听得到："你赶紧还钱，当初你说半年就还，我是等不起了，今年买卖也不好，就指着你还钱我好还别人。"

"你也看到了，我没钱还哪！"

"没钱还？你地里的苞米不是好了吗?!"

"那苞米还没成熟呢！"

"没好我也要，我能卖点儿是点儿。"

"那不行，孩子的学费还指望这点儿粮食呢。"

"你是真不想还了，想要赖呀……"

就听哗啦一声，窗户上的一块玻璃碎了。那是公公住的屋。公公在屋里喊："你们别在我房子里住了，你们也不能养我，你们搬出去住吧！"

搬出去住，他们房无一间到哪里住啊？当然公公说的是气话。

田微走进院，对来人说："多少钱，我来还！"田微把自己打工辛苦挣的两万多块替迟广德还了债。

这是她走进这个家后，和迟广德共同迎接的第一个挑战。

她用自己柔弱的肩膀扛起了这个家庭即将倾倒的屋梁。从此，这个家多了一个支撑，多了一份温暖，多了一双手臂，多了一个成员……

她要用自己滚烫的心去温暖这个家，用她的双脚带着这个家往前奔。

往前奔就要靠勤劳的双手去创造财富。她的眼睛瞄上了北面山上一块荒地。

那是一块没人能看上眼的荒地，要改变它谈何容易，丈夫迟广德干不了重活儿，孩子还小，无奈之下，她找到了迟广德的一个亲属帮忙。这个亲属家里有一台抓钩机，她求着人家赶早晚把地给开垦出来，并种上了一千多棵苹果树。

苹果树开花了。

漫山都是小小的苹果花，她硬是拉着丈夫到果园里坐坐。不知为什么，她觉得那些花就是她自己，苦尽甘来，硬是在寒冷中开出一片春意！

她觉得那些苹果树是她自己，它们随便在山上哪一块土里扎下根，就会生长、开花、结果，而这些树从来也不炫耀自己，当枝头捧出苹果后，又回到朴实无华，与这座大山融为一体，默默生长，直到老去……而自己呢，不也是把花一样的年华献给了这座山、这片果园、这个家……

这天，她和迟广德从中午一直坐到黄昏。

末了，她说："没啥了不起的，果树能活，人也能活。"她还用手指着自己的肚子，这里的果树也结果了。

2013年6月18日，他们的儿子迟承金出生了。他们都希望自己的承诺是金。

"你知道姨爱你就行了！"

迟承金的出生给这个家庭带来了欢乐，也带了负担。

为了让劳累了一天的田微多休息一会儿，凯琳抢着带弟弟玩。

凯琳是个懂事的孩子，她和田微之间早已是深切的母女之情。

每天天一亮，凯琳就帮着田微做家务，晚上不忙完家务凯琳不会去做作业。有几次凯琳真的是太累了，写着作业竟趴在桌子上睡着了。第二天，老师打来电话，批评凯琳没完成作业。没等放下电话，田微早已是泪流满面。只有她懂得凯琳是多么累。

田微自从走进这个家庭的第一天起，就把爱两个女儿当作自己的责任和义务。

凯玉双目失明，生活上有诸多不便。田微想尽办法照顾她，吃饭时总是把凯玉爱吃的菜放到她近处，还把菜往凯玉碗里夹。凯玉爱美，田微总是把凯玉的衣服洗得干干净净，每年再困难也要给孩子们买件新衣服，而她自己自从嫁到迟家就没买过一身新衣服。别人送给她一套化妆品，她一放就是几年，她说不是不舍得用，是用不上，天天上山干活儿，抹了也白抹。其实田微也是爱美的，她总是翻出手机里以前的照片，默默地发一会儿呆。是呀，那个漂亮、朝气蓬勃的田微如今被生活的重担压得已经没有了那份闲情逸致，她有的只是把这个家支撑起来这一份心思。

后来，凯玉被好心人介绍上了沈阳盲校，聪明的凯玉自己学会了下载手机上的语言功能，三两天就给田微打电话，询问家里的情况，把学习上的好消息告诉家里，放下电话田微眉头舒展："孩子大了，懂事了，凯玉大了，懂事了。"

孩子们的成长是田微为这个家奔波的动力。

她觉得自己更应该努力，让小日子红火起来。

果园里的活儿，一年四季闲不着。正月十五一过就开始剪枝，接着找腐烂病，打药，喂树，稀花，稀果，给苹果套袋，打药除草，摘苹果……她刚开始不会侍弄，丈夫迟广德就拖着未痊愈的身子,在旁边指导她。一年过去了,两年过去了,田微成为一个侍弄果树的行家里手。凯琳看在眼里疼在心里。一次田微干活儿把脚扎了,走不了路,她就拄着拐上山干活儿,凯琳就每天先送田微上山再去上学,十一岁的小肩膀支撑着田微沉重的身子。小小的山道上,留下两个人相互支撑的影子。累了,她们就坐下来,互相靠着休息一会儿,每天放学回来凯琳再去山上接田微回家。在全家的努力下,山上四千多棵苹果树开花了,结果了。田微把苹果送给家里每个人品尝,让他们共同分享收获的幸福!

2015年的母亲节悄悄来临了。

十三岁的凯琳有一个埋藏心底很久的愿望,就是要亲手把自己攒钱买下的一条围巾给田微戴上。一条粉色带浅花的围巾,普通得不能再普通,可它却凝聚了凯琳对田微的无限深情。凯琳在戴围巾的同时想喊她一声"妈妈",可话到嘴边,又哽咽住了。田微理解凯琳的心情,她也知道凯琳对母亲的感情是别人无法取代的,她只是把凯琳搂到怀里说:"孩子,叫我什么不重要,重要的是你知道姨爱你就行了!"

可是这一声妈妈,凯琳憋在心里无论如何都要喊出来呀!

在中央电视台2016年"众里寻你——寻找最美少年大型公益活动颁奖典礼"的晚会现场,当主持人宣布由田微为最美孝心少年迟凯琳颁发奖杯时,凯琳望着笑盈盈向自己走来的继母,一幕幕的动人往事一下子浮现出来,她再也控制不住自己,拥抱住田微,一声妈妈,喊哭了全场观众。

这一声妈妈,让田微几年的心血得到了回报,她们相拥而泣。

2016年春节,旺兴仁村沉浸在节日的喜庆氛围中。

三十这一天,迟广德把早早就备齐的年货拿出来,然后把田微和老母亲从厨房撵到屋里,他要亲自上灶,为大家做年夜饭,用这种他自己的方式来表达自己的心情。红灯挂起来了,鞭炮响起来了,迟广德把满满一桌年夜饭端上来。凯玉也从盲校赶回家过年,大家围坐在桌子边其乐融融。迟广德端起酒杯说:"这是我们家最高兴的一个春节呀,我们家能过上今天的日子要感谢谁呀?"大家把感激的目光投向田微。田微也非常开心:"我也非常高兴,这一年好事太多了,凯玉代表辽宁参加全运会,获得乒乓球第五的好成绩,凯琳也被评为'全国最美孝心少年',我们家的债也还上大半了,老迟的身体也在恢复,我高兴啊!只要有你们在,我就是再苦再累也值得呀!"说完把一杯酒一饮而尽。

这是喜悦的酒,这是舒心的酒。这个大年夜全家人都醉了,醉在了一种久违的幸福里,醉在了对明天的美好向往里……

尾 声

采访结束,当我即将告别这个院子时,不由自主望向山坡上那些苹果树。

这些树是生活中的强者,不也是一种伟大人格的象征吗?

我问田微:"还有什么困难吗?"她笑笑:"过日子哪能没困难,可日子一定越过越好。去年苹果不好卖,市文明办号召大家把我家的苹果都买走了。山上干旱,浇水费劲,镇里也给解决了,为我们打了机井。这个社会好哇,才会有那么多好人帮助我们,你要写,就写写帮助我们的人吧。我的事真的没什么好写的。"

我加了她的微信,她也只是时不时发来她家里的好消息:凯琳考上盖州第一高中了,凯玉打乒乓球在全国锦标赛获得了银牌,老迟在大家的帮助下把股骨头换了……唯独没有她自己!

田微,这个坚强乐观的人哪!

我祝福她,祝福普天下的好人!

翟营文,营口市作协主席,诗人。

青青子衿，悠悠我心

李大葆

瞬间，许多人都在动，喧哗，慌乱，里出外进，行色匆匆；而他，却是静的，在救护车上，担架上，抢救室里，他似乎早已了无声息。

王勇华出事了！

刚刚，他还和几位战友在整理卫生队的仓库，突然就蹲下来。"我好难受"，他的声音明显轻了许多，接着，开始呕吐。战友叫来了急救车，他迟疑着，摆手，他的意思是：自己凉快一会儿，就没事了。不行！队里的战友们急了，专业知识告诉他们，这绝不是中暑。他被扶着，但还是自己走上了救护车。他是他们的头儿，副队长，可不是懦弱的孩子。他的嘴角，向战友们挤出一丝微笑。军人的字典里，时刻都写满了刚强。

在救护车里，他昏厥了，上吐下泻，不省人事，生命垂危。

一切都突如其来！

"王勇华头晕，在医院呢！"孙欣接到了部队打来的电话。此刻，儿子正值暑假，去参加市里一个特长班。中午，她送完孩子，回到家，做了晚饭，盛出来晾着，为了嘴急的孩子回来就能吃上。

突然，就来了这样一个电话。丈夫王勇华的身体一直很好，不胖，但属于"挺壮"的那一种。今早出操不是还跑了五公里，怕不是晒着了吧？这是孙欣的第一反应，她寻思着是骑车去呢，还是打车去呢。但这个念头刚闪过，她就感到了"问题的严重性"。勇华自己就是医生，如果只是头晕用些药不就得了，怎么还会去住院？电话怎么是战友打来的？不祥之感潮水一样涌起来。

孙欣打车来到医院。走廊里，人影幢幢，有跑着去挂号的，有联系病房的，有人还抱回一大堆卫生纸，在勇华身上擦这擦那的……孙欣蒙了，大脑一片空白，不敢相信这是真的。

王勇华颅内大面积出血。多亏战友们送医迅速，医院也抢救及时，王勇华的命保住了。

但是，他却被确诊为"植物人"。

虽然时值酷暑，但孙欣的心一下子凉了半截。她说她永远记住了那个时刻：2008年7月28日下午二时许。

一

又是一个暑气蒸腾的夏日，我来采访孙欣。此时，距王勇华得病已经整整九年。时间过得快也罢，慢也罢，虽说它对每一个人的给予都是等速的，但是，承载在时间之上的每个人的命运，却千差万别。九年了，王勇华、孙欣这一对夫妻，有着怎样的相守？他们给这漫长的时间，填充了些什么内容？

在王勇华病房的窗台上，我看见了两盆花。叶片是心形的，微微卷曲着向上收拢，作剑与鞘的耳鬓厮磨之态，又好像在敞开眉目，翘首以待。我知道这种花的名字，叫马蹄莲。

孙欣说："这是从家里搬过来的。自从勇华有病，病房就是它们的'家'了。"

身为某部队的一员干将，王勇华多次被集团军以上单位评为各类先进个人，立过三等功两次，二等功一次，在各种刊物上发表了十多篇文章，被提升为卫生队副队长。部队首长对爱将的忽然"折翅",心疼不已。他们和医院领导商量,一定要给勇华提供最好的治疗。医院领导也早就默默点头,尽全力为每一个病人服务是医院的本分,何况这个医院又是部队的医院,勇华当普通军医的时候还在这里实习过呢。得,既然这样,就没有什么不放心的了,双方的手握在一起,好半天才松开。

我环视着病房,孙欣告诉我:"这病房就住勇华一个病号,是医院特意安排的。这充气床垫,这轮椅,都是部队给买的。"

说着说着,孙欣哽咽了。她扯了一张面巾纸,擦拭着眼窝,说:"勇华是我的丈夫,我要担起家人的责任,不能老给部队和领导添麻烦。勇华虽然躺在病房里,但是我要让他有'家'的感觉!"

感觉?可怜的"植物人"还有感觉吗?

这种病人,以"植物"比喻,可能是找到了一个最为贴切的镜像。他们有体温,但却没有知觉;有呼吸,但却没有思维。他们醒着,但没有欲望;他们睡着,但没有梦境。他们饥肠辘辘,但却排斥食物;他们双目圆睁,但却无所捕捉。植物,谁能感知植物的悲戚和尴尬?

王勇华躺在床上,丧失了常人的喜怒哀乐,生命在"零度"委顿,脑电图上呈现着杂散的波形。

而孙欣对"植物人"三个字是排斥的,至少它不能用在勇华身上。孙欣与我的讨论,明显地情感大于学理。她一再申明:勇华不是"植物人",不是!语气坚定,不容置疑。

她说,在她走近他身边的时候,他会立即张开嘴,像是说"你来了"。而在她出门的时候,他会眼睑低垂,一副很委屈的样子。孙欣说到这儿,让我看勇华的表情:"你快看,我一说,他还不好意思了。"我迎合着孙欣,看过去,茫然地点点头。其实,我一点儿也没发现勇华有什么表情,如果说有,那就是依旧的木然。

勇华的肩膀露在外面,孙欣把手伸进他的腋窝,试了试:"他不冷,出汗了。"

孙欣给勇华往下扯了扯被子。贴着他的耳朵跟他说:"刚才我说你呢,你知道啦?"

王勇华的身子压住了被角,孙欣哄着,扳开他的身子:"你别使劲,你一使劲,又会出汗了。"天热了,孙欣担心他得褥疮。

他们夫妇本来有一处宽敞的住房,可是现在只能叫它库房了,孙欣只是在换洗衣服什么的时候才回去一趟,不一会儿又得匆匆离开,她对勇华放心不下。

孙欣觉得,勇华在哪儿,哪儿就是她的家;她在勇华的身边,勇华也会有家的感觉。住宅跟"家",是两个概念!

"爱人们理解着彼此的信息,不需要语言就能具有同一的思想,不需要思想就能诉说同样的语言。"勇华的病房似乎永远都是静谧的,又似乎永远有一种声音在喁喁私语。孙欣停下对我的讲述,俯下身,看着勇华,那样专注,那样长久,完全忘记了还有我这样一个外人存在。

是孙欣走神了吗?

也许,是我的闯入,成了这个"家"的不速之客,打扰了他们的交流。

二

孙欣选一个军人做丈夫,可能缘于他父亲对解放军官兵的好感。父亲主持微波网络传输工程时,得到了当地驻军的大力配合。小伙子们生龙活虎,吃苦耐劳,处处表现出阳刚、利落的劲头,让他心有所思。他单位的司机小张就是当兵出身,他从小张身上也切实地感受到了军人的特殊素质:守纪律,听指挥,不怕困难。这些优点可能都出自军营的锻炼吧。因此,在一次交谈中,小张问起女儿未来的婚事,父亲坚定地说:"从部队里找一个最好!"

由小张牵线搭桥,孙欣结识了在辽阳培训的军医王勇华。

孙欣当时二十一岁,师范学校毕业,刚参加工作。在知识分子家庭中长大的她,生活对她是宽厚的,在对父母的依赖中,无忧无虑地享受着岁月的厚待,她还没有碰到令她必须深思的问题。

勇华的父母都是农民,又远在千里外的河南,各方面条件与孙家都不门当户对，但孙欣的父母就是看好了勇华：这年轻人淳朴、懂事，更主要的是爱学习，上进心强……

好一个"媒妁之言，父母之命"！

此刻，孙欣对爱情的向往是朦胧的。再说小姑娘刚刚二十一岁，与婚姻这事还远着呢！在孙欣与勇华有一搭没一搭地谈着的同时，勇华也没抱多少成功的希望，一是在辽阳的培训就那么两三个月时间，结业后还要回到大连亮甲店那个小镇上去；二是一旦转业，落在哪儿还是个未知数，别让人家跟咱遭罪了。

谁知，王勇华回到大连后，两人却有了频繁的书信来往。在你言我语中，他们走向对方的脚步都变得急切了——

…………

真诚的交流，切实的关怀，对对方的欣赏，对自己的解剖，感情经过三年的升华，使他们由朋友成为夫妻。

伴随着岁月的流逝，作为"军嫂"，孙欣对军人的使命有了甚至超出父亲的理解。军人的口令是服从；军人的肩头是责任；军人的行囊，永远准备出发；军人眼中，哨位再小，也大于家庭。因而，勇华不单单属于自己，更属于国家。

更令人钦佩的是，对作为一名军人妻子肩头所要承受的超常的负担，虽然沉重，虽然未知，但是，勇于担当的孙欣，对自己是有信心的。

因为爱着勇华，所以，孙欣愿意为他承担一切。

孙欣多么希望与勇华朝朝暮暮厮守在一起，然而，孙欣告诉我，在勇华有病之前的十七年里，他们夫妻在一起的日子，加起来也不到一年。虽说勇华后来从大连调到了辽阳，然而，在不执行任务时，每周也只能在家里待一天，第二天早晨六点前又要回到部队，若是有任务，那一天假期也泡汤了，以致儿子对勇华很长一段时间都是陌生的。"就是休假在家，他也是坐在电脑前研究他的论文。我要是让他陪我上街，他就说你自己去吧。再逼他，他就说钱不都给你了吗？你爱买啥买啥吧。"孙欣说。

此刻，孙欣终于可以与勇华日夜厮守了，但是，竟以如此的代价和方式，谁能料到？

有人怜悯她命苦，孙欣说："那取决于怎么看。人这一辈子，什么事情都可能遇到，唉声叹气是一天，坦然面对也是一天。"对苦难的超越，对变故的从容接受，对未来的信心，支撑着孙欣。

孙欣对我说，现在，她与勇华好像回到了从前，回到了初恋岁月，回到了新婚的时刻，回到别后的相见，他们的爱，一点儿都没有变，只是勇华更加纯粹了，纯粹得像个婴儿，婴儿般地沉睡，婴儿般地微笑。

孙欣像对待孩子一样关怀着勇华。

孩子是脆弱的，所以，更需要呵护！

春节快到了，勇华不也需要年气吗？护士贾瑞雪介绍说，她参加工作九年了，差不多每个除夕夜都轮到她值班。那时，按照风俗习惯，许多患者都回家了，而勇华哥不走。勇华嫂说，折腾什么呀，可别把咱勇华弄感冒了，冰天雪地的。再说，她家住三楼，勇华哥要上去，得别人抬，大过年的，兴师动众的，勇华嫂不想麻烦别人。勇华嫂说在哪儿过年不是一样，只要她和勇华在一起，哪儿都是家。于是，勇华嫂把病房悉心布置一番，窗子上贴上"福"字，塑料薄膜那种的，防静电；把特意选好的对联贴在门上；灯光晃得屋里亮堂堂的。勇华嫂把勇华哥抱到轮椅上，给他指窗外的焰火，贴着脸告诉他什么是"钻天猴"，什么是"五朵金花"，什么是"孔雀开屏"，细声细气地说不完。勇华嫂还做了许多菜，年夜饭嘛，一点儿也不马虎。勇华哥虽然吃不了什么，可我们值班的人尽管享用！

孙欣也跟我说起这几年在医院过春节的情景：每到春节，部队首长和医院领导都来慰问，咱自己也不能死气沉沉的呀。

有记者采访说，王勇华入院后，有人建议给他剃光头，可孙欣死活不接受，她说宁可自己麻烦一点儿，也要让丈夫还像原来那么帅。孙欣专门买来电推子，自己给丈夫理发，但每一次理发，碎头发都飞得满床都是，收拾起来非常麻烦。就这样坚持了两年，孙欣不得不听从建议，给丈夫剃了光头。

孙欣说，她前面总有一盏灯，亮着，那就是爱。

说起这些，孙欣再一次哽咽了，阳光镀亮了她潮湿的眼睑，但没有眼泪掉下来。她不愿意让旁人看见她的眼泪，忙转过身，给窗台上的马蹄莲浇水。

水珠在叶子上滚动，滑落。

三

孙欣是辽阳市白塔区实验小学的一名优秀教师。如果不是丈夫得病，她还会继续当班主任，把一帮孩子从入学一直带到毕业。日子还会一如既往，既平静又热闹的校园，给予着她事业的成功感和人生的满足感。

然而，此刻，孙欣必须调整自己的时间和精力。

校长来看望她了。校长知道孙欣遭受的打击有多大，但她更了解自己这个同事强烈的工作热情。校长说："你放心，眼下最要紧的是全力护理勇华，不管多长时间，班主任的职位给你留着。"孙欣懂得，这是领导在宽慰自己。做班主任要全天候地把精力用在班级上，而自己现在这个样子怎么能顾及得上？还是做课任老师吧，时间毕竟可以灵活些。还是自己主动说出来吧，别让校长为难啦！"那就负责四个班的德育课，每天下午上课好了；至于备课的时间呢，你自己掌握吧！"校长把早就想妥的办法，顺势说给了孙欣。

孙欣以往按部就班的作息时间来了个大调整：每天下午在学校，晚上和第二天上午在病房，两点一线，两不耽搁！

话虽这么说，但这"两点一线"却被具体的操劳充斥着。

凌晨三四点钟的时候，走廊里出现了轻微的脚步声，不用问，值班护士就知道，这个起来最早的人肯定是孙欣。她开始往卫生间给丈夫倒大小便了。收拾停当，她可能会眯一会儿。六点钟左右，正式起床，准备早餐。八点钟，给勇华擦身子，喂早饭，穿衣服。九点钟，让勇华坐进轮椅里，推他到另外的一家医院做理疗。十一点钟，返回病房，给勇华喂午饭。一点二十分之前，赶到学校上课。

有人总结说，孙欣的每日起居是三段式的，这是第一段。

第二段是整个下午。这下午又分为两部分，十六点三十分前在学校，集中精力把课上好；十六点三十分后下班，孙欣回家换换衣服，再到父母家陪老人吃晚饭，之后带上饭菜回医院。

回到医院，是孙欣一天之中的第三段。给勇华喂晚饭，做全身按摩，再擦洗一遍身子，让他舒服地躺在床上睡觉。夜里十二点左右，王勇华会有一次小便，接完这次小便，打开勇华头顶的小电视。自此，一天完活儿，自己才能躺到另一张床上。

周而复始，常年大致如此。"习惯了。"孙欣平静地说。

四

任课，是孙欣的专业；而护理病号，她却要从头学起。

孙欣走进书店，在一排排书架上搜寻，神经方面的，骨骼方面的，按摩方面的，膳食方面的，只要对护理勇华有用，就拣出来，满满的一大抱，像新学期的教案被她小心地捧在怀里。

一个长期卧床的人，最怕的就是出现肌肉萎缩等不良反应。孙欣摊开书本，一个穴位一个穴位地找，一种手法一种手法地练。医护人员告诉我，孙欣坚持每天给王勇华做九十分钟的全身按摩，夏天汗珠子把她的头发湿成了绺儿，顺着脸颊往下滴；冬天也是浑身热汗。护士心疼她："孙姐，你不用花这么大力气，只要按过了，肌肉就不会萎缩的。"孙欣却说："书上说，刺激穴位对恢复知觉有好处，反正除了按摩也没有更好的办法，就试一试吧。"

除了按摩，孙欣还要隔一会儿就给勇华翻一次身。我在采访过程中，看到了她多次给丈夫翻身的动作。她把双手伸进丈夫的身下，轻轻地托起，再慢慢地斜着放下，过一会儿再放平。孙欣固执地认为，勇华是有知觉的，重了，快了，他都会痛的。我在她轻抱慢放的动作中，既看到了专业的手法，也看到了亲情的注入。

王勇华每天的伸展运动是必不可少的。孙欣说，她得"折腾"

他。孙欣除了跟勇华说话，给勇华唱歌外，还让勇华坐着、跪着、趴着，让他的胳膊腿动起来，每天至少一次。一张病床，成了王勇华的运动场，孙欣是陪练。

主治医生嘱咐孙欣："让勇华经常呼吸新鲜空气、晒太阳，对他的身体恢复会有好处。"孙欣在护理学的著作中，也读到过康复理疗的学说。可是，怎么能让勇华从床上坐到轮椅上呢？这需要技巧，也需要力气。孙欣对我说："别人都在减肥，可我必须增肥。""为什么呀？"我问。她说："为了能把勇华顺利地抱进轮椅里呀！"

出病房得靠轮椅，如何把丈夫从床上扶到轮椅上，对孙欣来说，刚开始，确实又是个难题。孙欣个头不矮，但却瘦弱。王勇华总是容易从她的双臂间滑落到地上。这时王勇华就会双眼紧闭，孙欣的眼泪也每每扑簌簌掉下来……这眼泪中，有对自己的谴责，也有对丈夫的怜悯。护士贾瑞雪对我说，王勇华入院时，孙欣的体重不足六十公斤，想要把九十公斤的王勇华送到轮椅里，她哪儿有那个劲儿，只能靠护士们帮忙。后来，孙欣觉得总麻烦别人不好意思，就强制自己在两个月的时间里增重十五公斤，给自己加"劲儿"。

孙欣说："只要能让勇华舒服一点儿，我付出什么都心甘情愿，胖瘦美丑无所谓。"

每天上午，王勇华坐在轮椅里，孙欣推着他到另一家医院去做康复理疗。勇华的仰卧起坐，都是在孙欣的推拉托举中完成的，一个程序下来，孙欣气喘吁吁，其劳累的程度可想而知。但是，对勇华来说，延缓肌肉萎缩，效果极好。

孙欣在营养学理论的指导下，又结合勇华的饮食习惯，给他编制食谱。孙欣说，辣的不行，咸的不行，过甜不行，不甜的也不行。遇到丈夫不爱吃饭时，孙欣就拌上点儿草莓酱，勇华就把食物咽下去了，勇华平时愿意吃甜食。自家熬制的草莓酱、橘子酱，成了勇华床头柜上的常备之物。

孙欣充分地考虑到了勇华较弱的消化功能。她把食物用榨汁机打碎，用汤调成干稀适度的糊糊状，一小勺一小勺地喂进勇华的嘴里。王勇华没有咀嚼功能，嘴也不受控制，食物从嘴角流下来，孙欣就一手拿勺一手托着纸巾，不断地喂也不断地擦，一顿饭要吃一个多小时。

王勇华"吃"过饭，孙欣还要给他"刷牙"。一把牙刷，不用牙膏，只是在清水里涤净，伸进丈夫的口腔，摩擦他的牙齿、牙床。王勇华常常是咬住牙刷不松口，孙欣就喃喃地说："听话，听话啊，你是好孩子！"王勇华好像听懂了，果然松开了口，孙欣拿出牙刷给我看："一支牙刷，才几天就没模样了。"

孙欣每天都三四次地给丈夫擦身子，一条湿毛巾，把王勇华前前后后擦个遍。我看见王勇华身下还藏着一些"暗器"，诸如支撑他侧卧的三角垫，避免他脚跟着力的脚垫，屁股下变了形的睡枕，这些都是孙欣有意为之。

在处理勇华的大便时，孙欣一直给他搓揉腹部，一两个小时过去了，王勇华无法排出大便，而病房里的气味开始有些难闻了，孙欣甩甩手腕，坚持着。

孙欣说："坚持，坚持到'胜利'。"

说完，冲我笑了一下。

五

孙欣虽然不愿意提及"植物人"三个字，但她还是主动接触了大量有关"植物人"治疗方面的材料。除了物理因子疗法、运动疗法、高压氧疗法之外，她还看到了"亲情疗法"几个字。

亲情疗法，几乎成了孙欣的医学信仰。

于是，与勇华"聊天"，成了孙欣每天的必修课。

都聊些什么？

她首先想到了他们的情书。热恋中的他们，除了打电话，就是写信。起初，勇华的文字是频繁而迅猛的，而孙欣按兵不动，以守为攻；后来，有时他们又都在同一天给对方写信，他们收到信后，又不禁感到蹊跷，心心相印不是？

孙欣做过统计，在与勇华相识、恋爱的那段时间，他们几乎周周通信，共有七十封。它们之中，不见山盟海誓，却有金玉良言。

如今，当年甜蜜、欢快飞翔的两地书，经过柴米油盐的人间烟火，经过日月如梭的生计奔波，突然以鸟儿折返般的姿势，回落到孙欣的面前。孙欣把它们翻找出来，字迹鲜嫩如初，情感依然波澜汹涌，令放飞它们的人心弦颤抖。

孙欣伏在床头，贴在勇华的耳边，开始念信了——

…………

王勇华静静地躺在床上，似乎在听。

"医生说让他听一些印象深刻或者喜欢的东西，能促进脑皮层的兴奋，我就给他读当年的信，希望他能在哪一天睁开眼看看我。"孙欣相信爱的力量。

孙欣还把每天发生的大事小情说给勇华："我去上班啦，你先睡一觉，你睡醒了，我就回来了。""儿子来电话了。儿子还行，还知道祝我母亲节快乐。你怎么没表示呢，怎么不祝我节日快乐呢？""儿子明天要上大学了。你这当爸的，怎么不帮儿子张罗张罗哇。"……

孙欣把一本书般大小的平板电脑，悬挂在勇华面前。他们的结婚现场录像片，《雍正王朝》之类的历史剧，军事频道的节目，反反复复地播放，这些都是勇华的最爱。孙欣读完信，就让它们登场，孙欣相信，说不定哪天，播着播着，奇迹就会出现。

孙欣说，勇华很依赖自己，只要一听到她的开门声，勇华就睁开眼睛，冲着她"乐"。

夫妻之情，在度过青涩岁月之后，在困苦猛烈袭击之时，依然如胶似漆，并且可以让它成为拯救生命的一剂良药，为何？

是孙欣坚忍的守护，给爱情以尊严，给婚姻以礼敬。在孙欣那里，爱情和婚姻是炽热而纯洁的，是深刻而崇高的，是顽强而悲悯的，是甘甜而晶莹的，还有对美好的期待，对困苦的无惧，还有磨砺和坚持，承担和忘我，责任和义务。热恋时的浪漫和憧憬，随着岁月的延展和冲击，可能会变得平淡和平常，而她，对对方的体贴与呵护，却更加现实和细致。

六

王勇华在医院观察室的样子,让儿子惊呆了。

白纱布包裹了父亲的整个头部;胸前背后,插着数不清的管子,各种各样的仪器围着他。这是爸爸吗?儿子转身跑出去,扶在病房的门框号啕大哭。此后,他最纠结的事情,就是去看望爸爸。他说:想看又不想看!

"你知道为什么吗?"孙欣问我。"孩子一定是给吓坏了。"我说。"不,他是心疼啊,心疼他爸爸遭的罪。"孙欣说。

孙欣说到儿子,脸上露出既歉疚又自豪的表情。

王勇华发病时,儿子正念小学五年级。孙欣拿不出精力照顾他,只好把他送到姥姥家。孙欣说,不知不觉,儿子就上了初中,可是,学习成绩一向名列前茅的儿子,却是以倒数第一的名次进入初中的。孙欣顿时惊醒了:这两年里,她哪里问过孩子的学业?

她认真地和儿子进行了一次谈话。她说:"咱不能因家里出了困难,学习就水下来了,那叫啥出息,也让人笑话呀!听说上课时你还爱搞点儿小动作,与邻座同学交头接耳什么的,不能那样啊,孩子!"母亲的话,深深触动了儿子。

期中考试的时候,儿子的成绩一下子跃上了中等,"小毛病"也改了。开家长会,是姥爷去的,老师表扬了儿子,但也流露出不理解:他的父母怎么一直不跟班主任沟通呢?会后,姥爷等别的家长都走了,跟班主任说了实情,班主任"哦哦"地感慨了好一阵子。

九年了,孙欣每天忙着照顾丈夫,而儿子却学会了照顾自己。儿子在姥姥家,每天都学习到很晚,考上了市里的重点高中。高考的时候,成绩超出了一本线,但他却没有选择离家远的一本大学,而是自愿留在父母身边,就读沈阳一所二本院校的临床医学专业。他对孙欣说:"妈,我不能走那么远。爸有你照顾,那你又由谁来照顾?我去学医,既能照顾你,还能照顾爸爸……"

班主任老师评价说,孩子懂事,与家庭影响有关。我觉得,孙欣与儿子的那次谈话，使孩子得到了正能量。

孙欣的确拥有一颗强大的内心，正像有人赞扬她的那样：在生活的种种磨难和压力面前，她都能柔肩扛起，独当一面！

2010年，孙欣的父亲因脑血栓住院；父亲刚出院不久，母亲又因风湿性心脏病、心梗、心衰三次送往急救中心抢救。她本来可以告诉两个妹妹，可是妹妹们都远嫁外地，她说，她们来回一趟不容易，折腾她们干啥。一边是老人，一边是丈夫，都是自己的亲人，哪边都不能亏欠！

儿子的大学录取通知书下来了，勇华、孙欣的双方父母、各路亲戚要聚一下，为孩子送行。孙欣把丈夫推到饭店，勇华衣服整洁得体，戴了个网球帽，坐在轮椅里，像刚从运动场上比赛归来，坐下来小憩。亲人们的掌声随之而起。孙欣说："虽然他坐在轮椅上什么都做不了，甚至头都抬不起来，但有他在这个家就是完整的。"在去往酒店的路上，孙欣告诉勇华："我带你出去喝酒，喝你儿子考上大学的喜酒！"从酒店回来，孙欣又告诉勇华，"你要好好地活着，一定要看到儿子结婚！"

我问孙欣："你哪来的这么大的承受力？"

她笑笑，没有回答，也许是"军嫂"的角色培养了她的独立和自信吧。

我想，如果把军人比作长城的砖石，那么军嫂就是簇拥着长城的小草，她们虽然平凡，甚至无名，但无论阳光还是风雨，都能以柔软的内心和挺立的身姿为长城增色，质朴而坚定。因为她们在长期分担甚至独撑家庭重任的时间里，越发地认清了命运对自己的托付；困难甚至困苦不断磨砺着她们的意志，她们也就会用百折不回的执拗走向梦想。

孙欣不就是这样的女性吗？

七

2010年12月，王勇华还是因大量脑出血又一次被推进急救室。许多医护人员都让孙欣为丈夫准备后事，他们知道这些"二进宫"的患者将面临什么，何况王勇华又属于卧床两年的"植物人"，身体的各项机能早就打出了"白旗"，他守不住自己了。

"难道连一点儿希望都没有了吗？"孙欣问。

"百分之一都不到！"科主任回答。

有的朋友也暗示她，就此收手，放弃治疗，活人、死人各寻方便吧。

孙欣知道他们话里有话，然而，她不能接受。

不求一万，只求万一。孙欣也知道勇华这次的病情甚于上次，何况上次就是从鬼门关中逃过一劫，但是，她更抱有希望，尽管它十分渺茫。她坚决要求医生为勇华做手术，如果做了手术有可能是死，那么，不做手术就是必死。

"有一丁点儿希望，我也要争取。"她说。结果，王勇华又一次出现了奇迹。这奇迹出于孙欣对他的不放弃、不抛弃。

王勇华又活过来了，而孙欣的"苦难"就得继续，并且此后，勇华站起来的希望越发渺茫了。

"但是，勇华活着就好。"孙欣说。

早年就认识孙欣的人说："这个美丽女子，近几年老得太快了。""这样下去，很可能要把一辈子都搭在一个植物人身上。"他们替孙欣的命运抱憾，而孙欣一笑而过，"如果你爱过，你就知道，很值！"她甩出的话，让人家半天转不出个个儿来。

著名作家迟子建曾说："如果苦难里有柔软的光影浮动，苦难就不是深渊，它会散发着湿漉漉的动人光泽。"希望之光，在孙欣的信念中闪烁，因而，她每天都会及时发现勇华的好转，哪怕那进步十分微小，常人难以察觉，而孙欣却深有感知。她从勇华的"肢体语言"上，感知丈夫的诉求。正像有人说的那样，王勇华发出什么声音是要伸懒腰，发出什么声音是想喝水，什么时间会小便，身体怎么使劲是要大便，孙欣都了如指掌。

当发现勇华排斥一些食物时，汤汤水水的，喷到了孙欣的脸上、身上。"你不抱怨他？"我问。"抱怨啥？我高兴还来不及呢，

你看他知道挑食，这说明他的意识还在。"

"他长时间躺在那儿，皮肤绷得特别难受，特别愿意让我碰碰他，每次给他按摩，我感觉他都知道，眼睛眨得可勤了。"孙欣说。

2011年7月的一天，在只有孙欣自己喃喃自语的病房，在孙欣给勇华翻身的时候，突然多了啊的一声，像隐约的春雷，划过漫长的冬季，打破了太久太久的沉寂，这声音真真切切，是从勇华的喉咙里发出的。"当时浑身就像被电了一下，一股暖流涌遍全身，眼泪控制不住地往下流……勇华的眼睛虽没那么有神，但能直勾勾地瞅着你，像在跟你说话，我心里别提多高兴了。"孙欣兴奋极了。

后来，孙欣还发现王勇华睁开了双眼，手也轻微动了一下。

孙欣告诉我，如今，你若抬起他的左臂，他的右臂也会跟着动一下；他能用眼睛对孙欣出入病房表达出不同的情感，孙欣关门上班，他的眼神就黯淡得很，他舍不得她走；更可喜的是，孙欣跟他聊天，他能发出一串啊啊的长音去回应。

有多少岁月就有多少坎坷，一场爱的马拉松已经历时九年。三千多个日夜，月华盈亏，阳光明晦，孙欣用温暖的手抚平了艰辛的分分秒秒，用坚毅的嘴角催放了美德之花，用春去春回的坚持、不离不弃的深情创造了王勇华生命的一个又一个奇迹。

在给王勇华进行全面检查后，主治医生感叹地说："王勇华成为植物人多年之后还能恢复知觉，长期瘫痪却没有肌肉萎缩，也没得上褥疮，他的妻子付出了太多太多！"

部队和地方给了孙欣很多荣誉：2011年"感动炮旅"十大人物评选中，获"倾情奉献标兵"；2012年集团军感动军营活动中，被授予"模范家庭"称号；2013年炮兵旅授予"优秀军人家属"称号；2013年原沈阳军区政治部授予"军区优秀军人妻子"称号；2016年3月某集团军双先锋表彰中被评为"最美军嫂"；2016年5月获得全国妇联"全国最美家庭奖"；2016年获辽阳市第七届道德模范称号；2017年1月荣登中国文明网中国好人榜。

荣誉是对孙欣的肯定和鼓励,但孙欣却觉得自己的努力还没有到位,她的心底始终藏着不灭的希望——

马蹄莲象征着爱情的纯洁和尊严,孙欣想必早就知道。

啊!青青子衿,悠悠我心……

李大葆,原辽阳市作家协会副主席,散文、报告文学作家。

风雨中的玫瑰

——记孝老爱亲模范于凤芝

邱玉超

在辽宁省凌源市刘杖子乡郭杖子村,一提起于凤芝,人们都交口称赞:"那是一个了不起的女人,这么多年来,伺候公公婆婆,照顾大伯子、小姑子、儿媳妇,苦苦支撑起一个家,不容易呀!"

这口碑背后,镌刻着她三十多年的艰辛付出,承载着三十余载岁月的风雨。

任性的姑娘与风雨飘摇的家

于凤芝,1964年4月9日出生在辽宁省凌源市刘杖子乡郭杖子村。于凤芝十五岁就辍学,老师派人来家里找她,可她说啥也不去学校,父母苦口婆心地劝说,都不能让任性的女儿回心转意。父亲说:"老姑娘,你不念书,将来可别后悔。"正值青春期的于凤芝很叛逆,老师的话听不进,父母的话当耳旁风,毅然决然地离开学校,回到生产队干农活儿,晨星暮月,春种秋收。后来又到砖厂工作,挖土、拉坯、搬砖、装窑,和男人一样干重体力活儿,再苦再累,她都不服输。不过,多年以后,她还是后悔了,因为当时她的学习成绩是很好的,如果坚持学习下去,考个师范学校是没问题的,那样她就会成为一名教师,有更大的能力为家庭分忧解难。但人生没有假设。

1984年秋天,二十一岁的于凤芝怀着一颗纯真的心,走进了婚姻殿堂,与郭杖子村村民侯珍组建了家庭。丈夫侯珍做人本分,憨厚、朴实,不喝酒,不打牌,干活儿好。搞对象时,于凤芝看中的就是丈夫的好脾气、好人品。她憧憬着自己的小家庭一定会非常甜蜜、幸福。

当于凤芝走进婚姻,走进婆家,她没想到,自己从此成了这个大家庭的顶梁柱。

六十多岁的婆婆患有严重心脏病,需要人伺候,公公常年患慢性气管炎,什么活儿也干不了,二大伯子眼睛患先天性白内障,双目失明,身体残疾,生活也无法自理,二小姑子先天性心脏病,全家七口人,只有她和丈夫是家里的劳动力。大哥早已分家另过,丈夫是家里的三儿子。在农村,按常理说,上有长兄,本该由他们带头做表率赡养老人,为了避免兄弟间的争议,维护家庭和睦,于凤芝和丈夫商量决定,由他们来赡养老人,并抚养照顾兄妹,不攀不比,不等不靠。于凤芝是在良好的家风熏陶下成长的,父母都是纯朴善良的农民,开明的父亲经常告诉女儿:"憨瓜长得大。人不要争,不要抢,不要生气,一个尖儿谁能占着啊,亏是人吃的。"

于凤芝虽然年龄小,但性格率真泼辣,办事能力强,心地善良,他们夫妻主动挑起家庭的重担来。

清晨,于凤芝第一个起床。她做饭做菜,伺候公婆,照顾二大伯和小姑子,之后下地干农活儿,中午赶回家做饭,下午接着下农田。分田到户后,家里有十多亩地需要耕种。于凤芝在娘家的时候,是最小的闺女,没吃过苦,没受过累。可到了婆家后,一天到晚,一年四季,家里家外,啥活儿都得干,没有得闲的时候。

那时候乡村落后,郭杖子村还很穷,于凤芝一家所住的村民组分散在山坡和山沟,连电都没有通。每天除了伺候一家老小,下地干活儿，三天两头还要轧碾子，磨面，磨豆腐。夜晚，老的小的睡下了，于凤芝还要点油灯，纳鞋底，缝缝补补，日子很苦。逢年过节点上蜡烛，于凤芝就很知足了。

于凤芝对大家庭的付出，丈夫侯珍都看在眼里，也很心疼她。过年了，丈夫去供销社花两块四毛钱给媳妇买了一双袜子，于凤芝便和丈夫开玩笑道："辛辛苦苦给你们家干了一年，就值一双袜子钱哪。"她嘴上虽这样说，可心里还是甜甜的。

日子一天天地往前过。二小姑子的先天性心脏病病情日益加重，因走路困难，最后连学都不能上了，只好休学在家。1988年正月，二小姑子的心脏病发作，于凤芝和丈夫带着小姑子到承德医院看病，后又回到凌源市医院住院治疗。在二小姑子住院期间，于凤芝无微不至地照顾她，每天早上给她洗脸、梳头，把饭菜端到床前喂给她吃，接着端水、喂药、看吊瓶，犹如手足的亲姐妹一般。于凤芝抽时间回家去料理家务，养猪、养兔子、养鸡，换钱给二小姑子治病。经过一年多时间的治疗，还是没能治好她的病，二小姑子带着遗憾离开了这个世界，告别了生养她的父母，告别了这个虽有些苦却患难与共的大家庭，那一年她才十八岁。

白发人送黑发人，失去朝夕相处十八年骨肉亲情的女儿，公公和婆婆精神受到沉重打击，因思念女儿过度悲伤双双病倒了。为了给公婆治病，于凤芝四处求医问药。由于家境困难，无条件购买营养补品，她就调理伙食，变花样地粗粮细做，家里做好吃的都可老人先吃，尽量满足二老的口味。公公早年曾当过兵，担任机枪班班长，老了，患上气管炎，经常上不来气。听说喝鸡蛋水能治疗气管炎，每天早上，于凤芝就给公公沏鸡蛋水喝。

于凤芝为公婆每日做好可口爱吃的饭菜，喂水喂药，耐心伺候，从不厌烦。于凤芝还劝慰他们说："虽然你们的女儿不在了，以后我就是你们的女儿，你们放心吧，我会像你们的亲生女儿一样，关心你们，照顾你们！"经过她的精心护理，公公和婆婆的身体一天天好起来。

婆婆逢人便讲："有好儿子不如有个好媳妇，我家凤芝是我几辈子修来的好儿媳妇。"

二老的病刚好起来，大小姑子又到了结婚的年龄。可出乎意料的是，姑娘与本村一青年私奔，一去不回，这下又气坏了公婆。从此婆婆眼病复发失去视力，这一瘫痪就是五年多，于凤芝又端屎又端尿，从来没有怨言，从来没有发过火，从来没嫌过脏。

时隔六年，大小姑子领着两个孩子回来了，没有地方住，一家只能吃住在于凤芝家里，家里乱成一团。于凤芝又帮他们换房基地、建房，为大小姑子安了家。

于凤芝大把花钱给公婆治病，每次回家却是空着手见自己父母，从没给父母买过吃的。"眼下自己条件不算好，等日后再回报自己的父母吧，省下些钱给公公婆婆买吃的。"她这样安慰自己。

于凤芝的婆家与娘家是邻村。心里有苦无处说，借着回家办事，就和父母吐吐苦水。于凤芝的父亲于俊全总是教育女儿说："你婆婆家小门小户的不容易，要多理解他们。没钱回家来拿。"父母的理解和爱让于凤芝心里暖暖的。

为了给家人治病，丈夫不得不外出打工，照顾一大家子的重担就落在了于凤芝一个人的身上。

1995年，苦命的婆婆又患上了肝癌，于凤芝带着婆婆到凌源市医院住院治疗。她每天都坐在婆婆床前，给她洗脸、梳头，按时喂饭，端水喂药，还要端屎端尿。

尽管住院治疗，不惜花钱救治，尽管于凤芝尽心尽力护理，还是没有治好老人家的病，婆婆不久就去世了。婆婆前前后后病了十年，且五年是卧床不起，于凤芝都一如既往地精心侍候。都说久病床前无孝子，于凤芝用自己的行动验证这句话不是真理。

孝，人之本，礼之始也。于凤芝文化不高，但她用实际行动诠释并传承了中华传统文化。

她的高尚品德感动了村民，1997年村委会换届选举，于凤芝以高票当选为村妇联主任。工作和家庭两副担子都压在了她的肩上，于凤芝更忙了，但她并没有因此怠慢了家人。于凤芝家住在半山腰，离村部六七里路，还要爬大坡。去村部需要骑自行车，推车爬坡太累，只好把车寄放在村民家。她就像一个永不停歇的陀螺，转着，忙着。

于凤芝的公公因老伴的离世，身体每况愈下。1998年冬天，公公因老病复发病倒在床。于凤芝就陪在公公身边照顾他，因不能动，怕公公的身体硌坏了，每天都给他按摩擦身。尽管于凤芝做到了尽心尽力的照顾，也没能挽留住公公的生命，公公还是去世了。公公去世前最不放心的就是他的二儿子，临终时千叮万嘱于凤芝，一定要照顾好残疾的二哥。于凤芝真诚地说："爸，您老人家放心，我会努力照顾他的，只要有我吃的，就不能饿着他，有我穿的，就冻不着他！"

于凤芝兑现着自己的诺言，每天给残疾的二大伯子做饭、洗衣服、烧炕。吃饭的时候，她先把筷子递到二大伯子手上，把盛好的饭放在他的手里，再把热乎乎的菜夹到他的碗里。长年累月，天天如此。

见证着于凤芝这么多年对这个大家庭辛苦的付出，总有好心人劝于凤芝说："你二大伯子是五保户，也符合相关文件的政策条件，就把他送到敬老院去吧。"于凤芝坚决不肯，她要遵守承诺，绝不辜负公公的嘱托。她说："共同生活了这么多年，不忍心把二大伯丢下不管，在家里照顾好些。"而这一照顾，就是三十多年。

星移斗转，逾年历岁。进入新世纪，于凤芝难得地迎来两件喜事。

2001年，于凤芝光荣地加入了中国共产党，成为一名党员。

2006年9月10日，金秋时节，儿子侯晓东和儿媳张艳春举行了简朴而隆重的婚礼。新婚大喜的日子，是最快乐的一天，全家人其乐融融，沉浸在幸福之中。

儿子娶媳妇了，于凤芝露出了开心的笑容。由于对大家庭的过度操劳，虽然才四十多岁，但她却苍老了很多。可一想到不久就能抱上孙子，于凤芝就乐得合不拢嘴。街坊邻居也替于凤芝高兴："儿媳妇娶进家了，有了帮手，这下你可以歇歇，享受享受天伦之乐了。"

苦尽甘来，于凤芝觉得生活是如此的美好。

然而，令人猝不及防的是，又一场家庭灾难降临到她的面前。

风雨如晦，她倾家荡产救助儿媳

《诗经·郑风·风雨》诗曰："风雨如晦，鸡鸣不已。"在一个风雨交加、天色昏暗的日子里，周围除听见鸡叫声外，一切是那么沉寂，那么悲凉。这两千五百年前的诗人心境和两千五百年后的一位农妇的境况竟如此相似。

2007年春天，儿媳妇张艳春怀孕不久，突感不适，高烧不退。到医院一检查，患了双肾结石，是胎儿压迫双肾导致的高烧。医生建议说，必须打掉孩子，否则胎儿越长大对肾脏越有影响。儿媳妇不想打掉孩子，于凤芝劝儿媳妇："孩子以后会有的，自己的身体才是最主要的。"用药物体外排石不成功，最后还是在市医院做了手术，打掉了孩子。于凤芝在儿媳妇病床前悉心照料，花光了家中积蓄，儿媳妇才得以康复。

生活刚刚平静了两年，2009年腊月十六凌晨三点，儿子突然把于凤芝叫醒，惊慌失措地大喊："妈妈，你快去看看，张艳春不行了！"于凤芝跑过去一看，儿媳妇躺在炕上一动不动，嘴里往外吐血。此时丈夫在外地打工，不能及时赶回来，儿子年轻没经过大事，于凤芝就是全家的主心骨。她马上给120打电话，又找了一辆出租车。让儿子把媳妇背到山下，扶上出租车，这边送，那边120救护车接，争分夺秒奔医院。儿媳在凌源市医院住院一周，病情缓解，但并没有确诊出是什么病，只好回家休养。在凌源医院护理时，于凤芝晚上还得赶回家，给二大伯子做饭。于凤芝一般不敢在外住，怕二大伯子自己吃不上饭。实在回不了家，就请街坊邻居，帮忙做饭给二大伯子送去。

2010年7月初，在辽阳打工的儿媳妇再次生病，住进当地乡镇医院。当时于凤芝丈夫和儿子都在外地打工，于凤芝把双目失明的二大伯子托付给邻居，自己立即坐车赶到辽阳。她到了医院，看见儿媳妇疼得浑身是汗，急得连出院手续都没办，打车带儿媳妇赶往辽阳市201医院。在那里做了全面检查，医生没看出来有什么病灶，于是又打车直接奔省城沈阳的大医院，先到沈阳医科大学附属医院，再打车到胸科医院，已经是半夜。最后检查确诊是肠梗阻。

住了半个月院，即将出院，儿媳妇又突然浑身无力，身体不能动弹。一场大病降临在儿媳妇身上。

经沈阳医科大学附属医院检查确诊，儿媳妇张艳春患的是"克淋巴利"。这是一种罕见的疾病，这种疾病，全身无力，状态酷似植物人。据说这种病全省仅发现几例，治疗费用高，且很难治愈。

于凤芝说，卖房子卖地也要给孩子治病。于凤芝的儿子也以最快速度赶到沈阳，护理妻子。住院期间，药费最多时，一天就花费近万元。为了治好儿媳妇的病，于凤芝想方设法四处借钱筹集治疗费。

住院两个月，病情并没有好转，最后还上了呼吸机，来帮助病人呼吸，甚至又把喉咙气管切开，儿媳妇遭了很大的罪。有一天半夜，儿媳妇身体突然没有了知觉，完全不会动了。儿媳妇骨瘦如柴，体重只剩六十多斤。

在那备受煎熬的日子里，于凤芝坐在医院的小凳子上，暗暗祈祷儿媳妇快点儿好起来。儿媳妇张艳春是个苦命的孩子，从小就没了妈妈，父亲身体又不好，家庭困难，是喝玉米糊糊长大的。于凤芝把儿媳当自己女儿看待。

这天，医院通知于凤芝，患者的病无法治疗，建议接回家休养。

此时医药费已花费二十多万元。

儿媳妇的娘家人劝说："你们已经尽力了，钱也没少花，把孩子接回家吧。"

于凤芝说："回家，那就是等死，只要让儿媳妇在医院一天，就会有活的希望。"

于凤芝在和家人商量后，用救护车把儿媳妇从沈阳接回到凌源市医院治疗。这样，离家近，既能给病人继续治疗，又便于护理。

儿媳妇回到凌源住院时，于凤芝的父亲因病去世了，享年九十岁。这对于凤芝又是一个不小的打击。因为父亲身体很好，八十多岁时还能自己挑水，于凤芝只顾照顾婆家的家人，而忽略了自己的父亲，没想到还没来得及给年迈的父亲尽孝，父亲就突然撒手人寰了。

尽管内心充满对父亲的歉疚，充满丧父的痛苦，于凤芝还要装作很平静的样子，因为儿媳还住在医院，二大伯子还需要照顾，这个家需要她坚强地支撑下去。

在凌源住院期间，一天仍然需要八百元住院费用，家里已经一贫如洗，而且欠下一大堆债。为了给儿媳治病，于凤芝继续到处借钱。到娘家的亲戚家借钱，她干脆就下命令，有没有都得借，没有你再去别人家挪。于凤芝的姐姐在外地打工，家里存折、卡都放她手，没钱了就支取，到最后都给花光了。

于凤芝说，只要孩子有希望，就是给人磕头也愿意。

于凤芝一边出去张罗钱，一边还要往医院跑，村里的工作又不能耽误，家里还有农活儿要干，亲戚朋友就劝她："儿媳妇的病没治好，反倒把你自己累坏了，这个家全靠你支撑着呢，干脆别治了，放弃吧，别到最后闹个人财两空。"于凤芝说："儿媳妇来到咱家不容易，既然到我家来这都是缘分，虽然不是我生的，我也要把她当亲生女儿一样对待。倾家荡产我也要给孩子治病！"

她每天守护在儿媳妇身旁，对她无微不至地关怀照顾，儿媳妇需要做长时间的按摩和调理，要求全身舒筋活血，不然会留下肌肉萎缩的后遗症。于凤芝就像照顾婴儿一样照顾儿媳妇，帮助儿媳妇翻身、擦身、端屎、端尿，于凤芝在医院里度过了无数个紧张而疲惫的不眠之夜。

于凤芝常说："没事别找事，有事别怕事，生活中总会遇到困难，只要坚强面对，没有过不去的坎儿。"

也许是于凤芝的不离不弃，是她的坚持与执着，感动了苍天。在凌源市又住院治疗两个月后，儿媳妇的病情竟神奇地一天比一天好起来，又经过几周的针灸和理疗，可以回家进行康复锻炼了。医院的医护人员都称这是发生奇迹了，人们都说是于凤芝的善心感动了上苍。

于凤芝的儿媳妇出院了。虽然回了家，但儿媳妇生活仍不能自理。经过这一系列生死变故，于凤芝的家里已经负债累累，丈夫和儿子继续在外打工，家里家外的事，只有于凤芝一人忙前忙后，她更辛苦了。她知道自己不能倒下，这么多人需要她呢。每天早上四点钟她就起床，去田里干农活儿，之后回来做饭，再为儿媳推拿、梳头、洗脸、擦身子、喂水、喂饭、接大小便，还得兼顾二大伯子吃饭。上下午挤时间还得搀扶儿媳妇学走路。

于凤芝坚持每天为儿媳妇按摩，她的手关节疼痛难忍，连筷子都拿不动。

是呀，于凤芝的手，是福星之手，是神奇之手，经过一年半的精心护理，儿媳妇的身体神话般地康复了，一切恢复正常。

儿媳妇张艳春动情地说："在我六个多月大的时候，母亲就因病去世了，因此我从小就没有母爱，自从我嫁到婆婆家后，婆婆就像亲生母亲一样，给我满满的爱，是婆婆给了我第二次生命。我身体恢复后，一定要加倍报答婆婆！"

"儿媳妇卧床一年半，于凤芝精心伺候了一年半，就是亲妈也难以做到这点啊。"村里人纷纷这样说。

儿媳妇这场病共计花去三十多万元，这对于以种地和打工为收入来源的农家，可谓天文数字。于凤芝从来没心疼，她说："我这一辈子肩膀上一直扛着债，但不欠一分良心债。钱是人挣的，只要人在，金山银山都能挣回来。"有人说，于凤芝是有着一颗慈母心的平凡而伟大的母亲，这话一点儿不为过。

风雨彩虹，回归平静又难以平静

于凤芝的生活，一切都回归到正常的轨道上来了。

2011年冬天，于凤芝得知亲家公患有白内障，眼神不好，看不清东西，家里又没有人能照顾（儿媳家里只有一个姐姐，已经在外地安家），她就亲自把亲家接到自家一起生活，便于照顾。亲家公一住就是两年多。

于凤芝孝老爱亲的故事在村中流传，在她的感染和带动下，全村人都家庭和睦。三里五村的人都以她为榜样，孝老爱亲成为风气。

付出总有回报。近几年，于凤芝喜事连连。

2013年9月，她被评为凌源市首届道德模范。颁奖大会授予于凤芝的颁奖词是："她用韧劲扛住所有苦难，面对未来，她信心满满。"

2014年6月21日，于凤芝的孙子侯禹泽顺利出生，孙子的到来给全家增添了欢乐。

2015年，于凤芝被评为朝阳市"朝阳好人·最美人物"。

2015年5月，中央电视台《乡村大世界》栏目组来到凌源市录制节目。节目要求寻找一位乡村好人。大家想到的第一个人，就是于凤芝。于凤芝登上了中央电视台《乡村大世界》栏目的舞台。

也是2015年，于凤芝的二大伯子和儿媳的父亲一起在何氏眼科做白内障手术，而且复明效果很好。那一天，于凤芝比谁都紧张，撤掉纱布那一刻，她指着桌子上的小盆问二大伯子："快看看，那盆什么色？"二大伯子试探着说："这个是白色，那个是红色，对不？"于凤芝高兴地大声说："对，对，你的眼睛真的好了！"

二大伯子这儿看看，那儿看看，证实自己确实重见光明了，不禁流下激动的泪水。而对于弟媳妇这几十年的照顾，他感恩不尽。

几十年处在黑暗中，二大伯子性格变得孤僻，经常做一些很气人的事。于凤芝气不得恼不得，曾经跟二大伯子开玩笑说："你要是我小叔子，我非扇你两巴掌不可。"而现在，终于雨过天晴，一切辛苦与烦恼都成为过去，一切汗水与忧愁都成为历史。有的，都是惊喜，都是欢乐。

于凤芝的亲家带着光明与希望回乡生活去了。而二大伯子，依然如故地与于凤芝住在一个院子，依然在弟媳的照料下生活。于凤芝每天仍然给大伯子做饭，洗洗涮涮。二大伯子吃完饭，就到山下走走，和村里人唠唠嗑，说说话，日子过得很幸福。

2017年，于凤芝被评为第七届辽宁省道德模范。

2017年7月，笔者走进于凤芝去年给儿子儿媳在凌源市里买的新楼。新装修的楼房，窗明几净，宽敞漂亮。儿子在外打工，新楼平时就儿媳和孙子住。

孙子今年三岁，聪明伶俐。于凤芝夸起自己的孙子眉开眼笑，幸福满满："我大孙子会背诵好几首唐诗，爸爸妈妈爷爷奶奶一家四口人的手机号码都能记得住。"

于凤芝心中只有他人，没有自己。本来，帮儿子在城里买了楼房，儿子又在外打工，她完全可以和儿媳一起住。儿子和儿媳三番五次劝她，于凤芝都没有同意，仍然住在那个住了几十年的山沟里。她现在住的六间瓦房，还是1980年盖的，住了快四十年了。院子里种的全是各种蔬菜和水果：黄瓜、豆角、西红柿、生菜、葱、韭菜、草莓，等等，满眼绿色，满园馨香。她喜欢这个家，也离不开这个家。

今年五十三岁的于凤芝，个子高高的，给人的感觉就是朴实、善良。她性格直率，待人热情，做事麻利。这些年来，她孝敬公婆，善待亲人，为了照顾家人吃了很多苦。从她头上的根根白发，就可以看出这些年来她过得不容易。但于凤芝无怨无悔，她始终认为，家是最重要的，把家人照顾好，这是她一生最神圣的职业。其实，作为村妇联主任，她同样做得很出色。

于凤芝仍然很忙碌。她说，现在妇女主任的工作，重点是扶贫。

辽冀蒙三省份交界处的凌源市刘杖子乡，是远近闻名的葡萄之乡，曾被命名为"辽宁省优质葡萄生产基地""国家级标准化葡萄园"。乡里给贫困户提供葡萄苗、架杆，于凤芝挨家挨户走访，帮助培育、出售葡萄，以及填表上报，等等。见贫困户生活有了改善，她特别开心，很有成就感。于凤芝说，得到的荣誉越高，压力就越大，必须做好自己的工作。

于凤芝说，只有享不了的福，没有吃不了的苦。家里的十二亩地，于凤芝自己蹚地、种地，只有秋收时丈夫和儿子才能回来一个，帮把手。家里的果园，曾栽过两茬果树，因为病虫害，都没有多大收益，现在就摘些山杏，卖杏核。因为不年轻了，背着一袋子山杏下山，摔跤是经常的事，丈夫和儿子都不让她再干，她还是舍不得让山杏烂在山上。"毕竟家里贷款买的房，能挣点儿是点儿。"她说。

于凤芝是个闲不住的人。稍稍得闲，于凤芝就骑一个多小时摩托车进城去看大孙子，送些时令蔬菜水果。于凤芝终于享受到天伦之乐，品尝到生活的甜美。

邸玉超，省作协理事、朝阳市作协主席，小说、散文、报告文学作家，辽宁文学奖得主。